Moment mal!

Lehrwerk für Deutsch als Fremdsprache

Arbeitsbuch 2

von
Lukas Wertenschlag
Martin Müller
Theo Scherling
Cornelia Gick

in Zusammenarbeit mit
Eva Fontana
Heinrich Graffmann
Paul Rusch
Martin Turnherr
Edelgard Weiler

Langenscheidt

Berlin · München · Wien · Zürich · New York

Visuelles Konzept, Gestaltung und Illustrationen: Theo Scherling
Umschlaggestaltung: Theo Scherling und Andrea Pfeifer, unter Verwendung eines Fotos von Tony Stone Ass.
GmbH (großes Foto) und eines Fotos von Theo Scherling (kleines Foto)
Aussprache-Teile: Heinrich Graffmann
Rückschau-Teile: Cornelia Gick
Redaktion: Gernot Häublein
Verlagsredaktion: Sabine Wenkums

Autoren und Verlag danken Kolleginnen und Kollegen, insbesondere Christine Lemcke, die **Moment mal!**
erprobt, begutachtet sowie mit Kritik und wertvollen Anregungen zur Entwicklung des Lehrwerks beigetragen haben.

Moment mal!
Lehrwerk für Deutsch als Fremdsprache
Materialien

Lehrbuch 2	3-468-47771-6
Cassetten 2.1 *(2 Lehrbuch-Cassetten)*	3-468-47776-7
CDs 2.1 *(2 CDs zum Lehrbuch)*	3-468-47788-0
Arbeitsbuch 2	3-468-47772-4
Cassette 2.2 *(1 Arbeitsbuch-Cassette)*	3-468-47777-5
Cassette 2.3 *(1 Aussprache-Cassette zu Lehrbuch und Arbeitsbuch)*	3-468-47778-3
CDs 2.2 *(2 CDs zu Arbeitsbuch und Aussprache)*	3-468-47789-9
Arbeitsbuch-Package *(Arbeitsbuch und 2 CDs zu Arbeitsbuch und Aussprache)*	3-468-47790-2
Lehrerhandbuch 2	3-468-47773-2
Folien 2	3-468-47774-0
Testheft 2	3-468-47775-9
Cassette 2.4 *(1 Testheft-Cassette)*	3-468-47778-3
CD 2.3 *(1 CD zum Testheft)*	3-468-47810-0
Glossar Deutsch–Englisch 2	3-468-47780-5
Glossar Deutsch–Französisch 2	3-468-47781-3
Glossar Deutsch–Griechisch 2	3-468-47782-1
Glossar Deutsch–Italienisch 2	3-468-47783-X
Glossar Deutsch–Spanisch 2	3-468-47784-8
Glossar Deutsch–Russisch 2	3-468-47785-6
Glossar Deutsch–Türkisch 2	3-468-47786-4
Workbook 2	3-468-96952-X
Workbook-Package 2 *(Workbook und 2 CDs zu Workbook und Aussprache)*	3-468-96953-8
Eserciziario 2	3-468-96956-2
Βιβλίο ασκήσεων 2	960-7142-54-3

Symbole in **Moment mal! Arbeitsbuch 2:**

Ü2	**Übung** 2		Lösungen zu dieser Übung / zu diesem Übungsteil: im „Lösungsschlüssel", S. 165–174
A7	**Aufgabe** 7 im *Lehrbuch*	**38**	**Lerntipp 38**
	Hören Sie! *(Arbeitsbuch-Cassette)*	⚠	**Achtung!** Das müssen Sie lernen!
	Hören Sie! *(Aussprache-Cassette)*		**Rückschau**: Das haben Sie gelernt.
W	Wiederholungsübung *(Aussprache)*		

Moment mal! berücksichtigt die Änderungen, die sich aus der Rechtschreibreform von 1996 ergeben.

Umwelthinweis: Gedruckt auf chlorfrei gebleichtem Papier

Druck:	5.	4.	3.	2.	1.	Letzte Zahl
Jahr:	2001	2000	99	98	97	maßgeblich

Druck: Druckhaus Langenscheidt, Berlin
Printed in Germany · ISBN 3-468-**47772**-4

Inhaltsverzeichnis

1 Hat man mit 17 noch Träume?

Ü1

Personen beschreiben

a) Wie sehen die jungen Leute aus? Schreiben Sie.

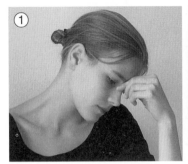

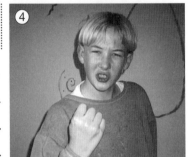

| fröhlich | locker | nachdenklich | traurig | glücklich |
| ernst | zufrieden | wütend | unzufrieden | unglücklich |

1. Die junge Frau sieht _____ aus.

2. Die Mädchen sind _____.

3. _____.

4. _____.

b) Ordnen Sie die Sprechblasen den Fotos zu und ergänzen Sie.

Ⓐ Ich weiß nicht so recht...?

Ⓑ Lass mich in Ruhe, du Idiot!

Ⓒ

Ⓓ Niemand versteht mich.

Ü2

Über Vergangenes berichten

a) Unterstreichen Sie die Perfektformen.

„Als Kind hatte ich Tiere sehr gern. Ich bin oft geritten und habe von einem eigenen Pferd geträumt. So mit 12, 13 habe ich viel gelesen, am liebsten spannende Geschichten. Als Teenager bin ich oft wütend auf meine Eltern gewesen, weil sie mich nicht verstanden haben. Das war hart. Mit siebzehn Jahren bin ich gerne mit meinen Freunden ausgegangen. Ich bin meistens zu spät nach Hause gekommen und habe dann auch in der Schule Probleme bekommen. Das war ein schwieriges Jahr!"

> **WIEDERHOLUNG**

b) Wie bildet man das Perfekt? Ergänzen Sie die Regel.

Perfekt: _____ + _____

oder _____ + _____ = Verben mit der Bedeutung „Bewegung zu einem Ziel", z.B. *gehen*

⚠ Auch Perfekt mit *sein*:   sein / ich *bin* gewesen   bleiben / ich *bin* geblieben

TIPP: Regelmäßig wiederholen = Gelerntes nicht vergessen
Was?   Wortschatz (WS), Grammatik (GR) und Aussprache (AUS).
Wie?   Notieren Sie konkrete Übungen und Lernmöglichkeiten.
Bis wann?   Nehmen Sie sich Zeit: nicht alles gleichzeitig machen!
Kann ich es?   Überprüfen Sie Ihren Erfolg zusammen mit Ihrem Partner / Ihrer Partnerin.
                   Fragen Sie auch Ihren Lehrer / Ihre Lehrerin.

WAS?	WIE?	BIS WANN?	KANN ICH!
GR: Perfekt	Übungen in Band 1	1.11.	✓ (29.10.)
WS: Zahlen	Liste aufhängen	7.11.	
„Wie heißt du?", ...	Leute fragen	sofort!	

„Damals **hat** (1) es noch nicht so viele Diskotheken gegeben. Wir _____ (2) uns bei Freunden getroffen und Musik gehört. Wir _____ (3) gern zu Rockkonzerten gefahren und _____ (4) Platten gesammelt. Damals _____ (5) wir auch mal Drogen probiert. Als ich zwanzig war, _____ (6) ich an die Uni gegangen. Wir _____ (7) viel über Politik diskutiert und gehofft, dass wir die Welt verändern können. Mit einundzwanzig _____ (8) ich sehr verliebt gewesen."

Ü3

Ergänzen Sie die Perfektformen.

	Ich:	Mein Partner / Meine Partnerin:
als Kind		
mit 13, 14		
mit 17		
mit …		

Ü4

Über die eigene Jugend sprechen

a) Was war für Sie wichtig? Notieren Sie.
b) Fragen Sie Ihren Partner / Ihre Partnerin.
c) Erzählen Sie.

„Mach, was du willst – und tanze"
Interview mit Techno-Veranstaltern über Jugendbewegung und Drogen

Etienne　　**Marek**　　**Michael**　　**Styro**

Ü5

Zustimmen und ablehnen

a) Notieren Sie für jede Person die wichtigste Aussage.
b) Wie denken die vier Leute über Techno und Drogen?
c) Unterstreichen Sie im Text drei Ausdrücke für „Ablehnung".

Was ist Techno für ein Lebensgefühl?

Marek: Die Techno-Euphorie gehört heute zur westeuropäischen Kultur.
Styro: Das euphorische Gefühl und die Musik sind zwei verschiedene Dinge. Aber dieses Gefühl nimmt heute wieder ab.

Euphorie mit Drogen …?

Etienne: Stimmt nicht …
Styro: Doch! Techno ist so populär, weil es die Droge Ecstasy gibt. Die Euphorie kommt nicht aus dem Nichts.
Marek: Da bin ich nicht einverstanden: Ich habe noch keine Pille geschluckt, und Techno hat mich doch gepackt! Niemand weiß, wie

viele Pillenschlucker es wirklich gibt – 90 oder 5 Prozent?
Etienne: Jeder soll doch mal Ecstasy schlucken. Das tut gut.
Michael: Das ist doch Blödsinn! Es ist in der Szene leider üblich, dass viele Raver Pillen nehmen. Und das ist einfach gefährlich!
Marek: Wir Alten können doch nicht wirklich über die Jungen und ihre Drogen reden. Ecstasy ist einfach ein super Marketinginstrument: Techno ist auch deshalb spannend, weil es ein bisschen illegal klingt.

Und was bedeutet Techno heute?

Michael: Techno ist heute viel kommerzieller als früher. Der

Underground-Aspekt ist weg.
Marek: Und das stört dich? Es war doch gerade das Ziel, dass möglichst viele Leute Techno hören sollten.
Michael: Aber die Botschaft ist weg. Selbstdarstellung ist jetzt die einzige „Botschaft".
Etienne: Die Street Parade bedeutet aber immer noch „Love, Peace and Happiness". Sie zeigt dieses Lebensgefühl und macht die graue Stadt bunter.
Styro: Techno hat für mich keine Botschaft und keine intellektuellen Inhalte. Und denken kann ich selber, dazu brauche ich keine Musik. Die einzige emotionale Botschaft von Techno lautet: „Mach, was du willst – und tanze."

Ü6

Konflikte beschreiben

a) Setzen Sie die Satzzeichen und Großbuchstaben ein.

ihr habt die wahre welt zerstört mich gejagt

und mich getrieben mich belogen und betrogen ...

reich und schön ist das neue gesetz ...

ich kann nicht glauben dass sich alles nur noch um kohle dreht

ich nehm mein leben in die hand und geb es nicht mehr her

nein nie wieder nie mehr

ich sag nein genug ist genug und ab hier geh ich allein ...

b) Wer ist wohl ICH, wer ist wohl DU/IHR? Notieren Sie.

(ICH)   (DU/IHR)

_____ / _____   _____ / _____

 Ü7

Was möchte der eine vom anderen? Ordnen Sie zu und schreiben Sie eigene Sätze.

1. Ich will nicht mehr in die Schule gehen! 2. Du sollst mich nicht immer stören! 3. Du darfst nicht so viel fernsehen! 4. Nie hast du Zeit für mich! 5. Heute musst du zu Hause bleiben! 6. Ich bin alt genug! 7. Nie darf ich machen, was ich will! 8. Räum endlich dein Zimmer auf! 9. Wie siehst du denn schon wieder aus?

_____ sagt: *1,* _____   _____ sagt: _____

 Ich möchte endlich ...   Ich will aber nicht, dass du ...

WIEDERHOLUNG

Ü8

„müssen/dürfen"

a) Ergänzen Sie.

„müssen" und „dürfen":

● **Gebote** (= müssen)   und **Verbote** (= nicht dürfen):

   Du _____ hier bleiben!   = Du _____ nicht weggehen!

● **Erlaubnis** (= dürfen, nicht müssen):

   Du _____ zu dem Konzert fahren. = Du _____ nicht zu Hause bleiben.

b) Wie lautet die positive, wie die negative Antwort? Schreiben Sie.

● Kann ich hier rauchen?   ○ ⟨ Ja, gut, Sie _____ .
                              Nein, _____ nicht _____ !

● Ich will das nicht machen! ○ ⟨ Na gut, du _____ nicht _____ .
                                 Aber du _____ !

c) Spielen Sie kurze Dialoge zu zweit.

Darf man hier parken? ● ○ ...
Kann ich heute ins Kino gehen? ● ○ ...
Darf ich dir einen Kuss geben? ● ○ ...
Ich mag diese Medizin nicht nehmen. ● ○ ...
Man kann doch nicht jeden Tag lernen! ● ○ ...

2 Jung und Alt

1. Lara denkt, _____ Erwachsene freier sind als Jugendliche. ☐

2. _____ man Kinder hat, muss man öfter Kompromisse schließen. ☐

3. Man ist vielleicht nicht mehr so frei, _____ man erwachsen ist. ☐

4. Laras Mutter freut sich auch an kleinen Dingen, _____ sie schon viel erlebt hat. ☐

5. Lara kann sich nicht vorstellen, _____ sie einmal älter wird. ☐

6. _____ sie noch jung ist, ist sie nie unter Stress. ☐

> **Regel:** Konjunktionen wie **weil, dass, wenn** stehen im Nebensatz am _____.
>
> Das Verb steht im Nebensatz am _____.
>
> Der Nebensatz kann _____ oder _____ dem Hauptsatz stehen.
>
> Wenn der Nebensatz vor dem Hauptsatz steht, beginnt der Hauptsatz mit dem _____.

a) und: _____ oder: _____

b) Die Konnektoren *und, oder, aber* verbinden:

Wörter/Satzteile: 1. Vorteile _____ Nachteile

2. Ich gehe noch in die Schule _____ habe lange Ferien.

3. für meine Freunde _____ fürs Skifahren

Sätze: 4. zu wenig Freizeit _____ zu viel Arbeit. 5. Ich möchte am liebsten ausziehen, _____ das geht nicht. 6. Als Jugendlicher kann man seinen Wohnort nicht selbst wählen, _____ man darf überhaupt nur wenig selbst entscheiden.

	jung sein **+**	jung sein **−**	erwachsen sein **+**	erwachsen sein **−**
Lara				
Horst				
ich				
mein Partner / meine Partnerin				

Freiheit auf der Straße?

Roberto ist von zu Hause weggelaufen, _____ (1) seine Eltern ihn nicht verstanden haben. Sein Vater wollte, _____ (2) er die Schule fertig macht; _____ (3) Roberto hat genug gehabt. Er ist nach Berlin gefahren _____ (4) hat dort auf der Straße gelebt. Geschlafen hat er in leeren alten Häusern _____ (5) am Bahnhof. _____ (6) er Hunger hatte, hat er Passanten um Geld gebeten. Zuerst hat Roberto das freie Leben gut gefallen, _____ (7) nach fünf Monaten ist er doch nach Hause zurückgegangen. _____ (8) er hat sich oft einsam gefühlt, _____ (9) er ist auch ein paar Mal krank gewesen.

Ü9 🔑

Nebensätze

a) Ergänzen Sie „weil", „dass" oder „wenn".

b) Welche Aussagen sind richtig? Markieren Sie ✓.

◁ WIEDERHOLUNG

c) Ergänzen Sie die Regel.

Ü10 📼 AB

Konnektoren

a) Wie oft hören Sie „und"/„oder"?

🔑

b) Hören Sie und ergänzen Sie.

🔑

c) Vergleichen Sie: Grammatik zu K 16.

Ü11

Vor- und Nachteile vergleichen

a) Was denken Lara und Horst? Sammeln Sie.

b) Was denken Sie und Ihre Partnerin / Ihr Partner?

Ü12 🔑

Satzverbindungen

Ergänzen Sie die Konjunktionen und Konnektoren.

Ü13

Texte erweitern

a) Lesen Sie den Text laut.
b) Schreiben Sie mit jeder Zeile einen Satz.
c) Schreiben Sie ein eigenes Gedicht.

junge Männer   junge Frauen

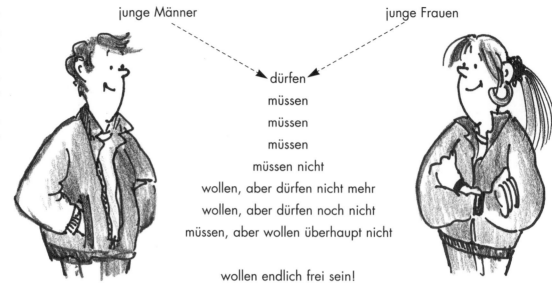

dürfen

müssen

müssen

müssen

müssen nicht

wollen, aber dürfen nicht mehr

wollen, aber dürfen noch nicht

müssen, aber wollen überhaupt nicht

wollen endlich frei sein!

Ü14

Was denken Sie? Schreiben Sie „wenn"-Sätze.

Wenn man jung ist ...
Wenn man erwachsen ist ...

3 Moden früher und heute

Ü15

Texte korrigieren

Korrigieren Sie mit Ihren Notizen zu A7.

1. Gabi erinnert sich noch genau an die Zeit der Beatles: 2. Sie war damals 16 und ihr Bruder Uwe war 13. 3. Bei ihnen zu Hause hat es immer wieder Streit gegeben. 4. Denn Uwe hatte kurze Haare, und sie hat um jeden Zentimeter Maxirock gekämpft. 5. Alle modernen Jungen hatten kurze Haare damals, und wenn man mit dazugehören wollte, musste man einfach Maxi tragen. 6. Sie haben so oft Streit mit den Eltern gehabt, weil damals eben lange Haare bei Jungen und Miniröcke bei Mädchen normal waren. 7. Kurze Haare waren revolutionär. 8. Kein ordentlicher Mensch ist damals so herumgelaufen.

(39) **TIPP: Sachtexte zum gleichen Thema lesen = gezielt ähnliche Informationen suchen**

Konzentrieren Sie sich bei Sachtexten auf das **Was** und auf das **Wie**. Markieren oder notieren Sie wichtige Substantive und passende Adjektive aus dem Text.

Ü16

Informationen zusammenfassen

a) Lesen Sie die Texte zu A8. Notieren Sie.

b) Was ist heute?

	1965	1971	1997	heute
Musik/Film				
Mode				
Frisuren				

Die junge Generation

Die junge Generation hat nur eines gemeinsam: Jeder und jede ist jung. Die „Jungen" von 15 bis 25 sind sonst ganz unterschiedlich. Es gibt viele verschiedene Gruppen – mit ihrer eigenen Mode, mit ihrer eigenen Musik, mit speziellen Frisuren. In diesen Gruppen finden junge Leute Identität, Gemeinschaft, Spaß. Das fehlt ihnen oft in der Familie, in der Schule oder im Beruf.

Die „Jungen" der 90er Jahre: *Beauties, Punks, Schickies, Skinheads* und *Technos*.

Sie wollen Erfolg haben. Sie interessieren sich vor allem für Geld.
Sie tragen modische Kleider, Kostüme, Anzüge. Sie haben einen perfekten Haarschnitt.

Das sind die _____ (1).

Sie wollen berühmt werden. Ihre Vorbilder sind international bekannte Models. Für sie sind drei Dinge wichtig: Schönheit, Mode und Kosmetik.

Sie heißen _____ (2).

Sie tragen Bomberjacken und Armee-stiefel. Sie rasieren sich die Haare ab. Sie teilen sich in zwei Gruppen, hier geht es um die rechts gerichtete Gruppe: Ihre Parolen sind nationalistisch. Sie fordern: „Ausländer raus".

Sie nennen sich _____ (3).

Sie färben sich die Haare knallbunt. Sie hören aggressive Musik. Ihre Kleider sind meist alt und kaputt. Sie wollen frei sein und Spaß haben.

Das sind die _____ (4).

Sie leben für ihre Musik und ziehen sich verrückt an: bunte Shirts, Minis, große Mützen. Sie sagen „Mach, was du willst – und tanze".

Man nennt sie _____ (5).

Ich trage ...
Ich will ...
Mir ist wichtig, dass ...

Im Jahr 2050:

Ü17

Text: Referenz
Was gehört zusammen? Unterstreichen Sie und malen Sie Pfeile.

Ü18

Frisur und Kleidung
a) Ordnen Sie die Bilder den Texten zu.
b) Markieren Sie wichtige Wörter und Ausdrücke.
c) Ergänzen Sie weitere Wörter und Ausdrücke.

Ü19
a) Welcher Typ sind Sie?
b) Wie sehen die Leute im Jahr 2050 wohl aus? Zeichnen Sie oder schreiben Sie.

Ü20

Wortschatz: Materialien

Was ist aus welchem Material? Bilden Sie neue Substantive.

4 Kleider machen Leute

| die Mütze der Hut die Brille der Ohrring die Bluse der Ring die Kette der Gürtel |
| das Hemd der Mantel die Jacke das Kleid der Pullover der Rock die Hose die Unter- |
| hose die Strümpfe die Socken der Stiefel der Schuh der Skianzug das Nachthemd |

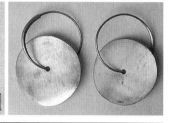

Seiden-	Baumwoll-	Leder-	Silber/Gold/Plastik
Seidenbluse	*Baumwollhemd*	*Lederschuhe*	*Ohrringe aus Silber/...*

Ü21

Wortschatz: Adjektive

Ergänzen Sie.

weiß – beige – gelb – orange (!) – … gestreift ▦ – kariert ▨ – gemustert ▨

eng – _____ lang – _____ hell – _____

Ü22

Adjektivdeklination

a) Ergänzen Sie die Adjektivendungen.

WIEDERHOLUNG ▷

b) Notieren Sie Ihre eigenen Beispiele.

Adjektiv und bestimmtes Artikelwort

Singular

NOM	der grün **e**	Pullover	das rot___	Kleid	die weiß___	Bluse
AKK	den grün___	Pullover	das rot___	Kleid	die weiß___	Bluse
DAT	dem grün___	Pullover	dem rot___	Kleid	der weiß___	Bluse

Plural

| NOM/AKK | die grün___ | Pullover/Kleider/Blusen |
| DAT | den grün___ | Pullovern/Kleidern/Blusen |

Adjektiv und unbestimmtes Artikelwort

Singular

NOM	ein grün___	Pullover	ein rot___	Kleid	eine weiß___	Bluse
AKK	einen grün___	Pullover	ein rot___	Kleid	eine weiß___	Bluse
DAT	einem grün___	Pullover	einem rot___	Kleid	einer weiß___	Bluse

Plural

| NOM/AKK | ☐ grün___ | Pullover/Kleider/Blusen |
| DAT | ☐ grün___ | Pullovern/Kleidern/Blusen |

Ü23

Kleider genau beschreiben

a) Beschreiben Sie die Gruppe. Ihr Partner / Ihre Partnerin darf 3x raten.
b) Was passt (nicht) zusammen? Schreiben und diskutieren Sie.

● Wer ist die Frau mit dem blauen Pullover?
● Falsch! Wer ist die Frau mit dem langen, blauen Pullover und der weißen Bluse?
● Richtig!

○ Michaela?

○ Frau Horvath?
○ Jetzt bin ich dran. Wer ist der Junge mit den gestreiften Socken?

Passt zusammen:

| *Ich trage gerne einen gemusterten Pullover zu meiner karierten Leinenhose. Mir gefallen Jeans und dazu gestreifte T-Shirts aus Baumwolle.* |

Passt nicht zusammen:

| *Ich finde braune Schuhe mit roten Socken nicht schön. Ohrringe aus Plastik und eine Kette aus Gold passen nicht zusammen.* |

○ Guten Tag, kann ich Ihnen helfen?

● Ja, also, ich suche eine Lederjacke.

○ Entschuldigung, _____ (1)
Jacke? _____ (2) Lederjacke?

● Ja, genau, ich möchte eine sportliche,
eine elegante, eine lange oder vielleicht
eine kurze.

○ Kein Problem. Wissen Sie schon,
_____ (3) Farbe Sie gerne
möchten?

● Naja, eigentlich schon: braun vielleicht,
oder grün, aber sicher keine schwarze.

○ Darf ich Ihnen mal die verschiedenen
Modelle zeigen?

● Ja, sehr gerne.

○ _____ (4) Größe haben Sie?

● Das weiß ich nie.

○ Ja, so etwa Größe 46?

● Genau! Die blaue Jacke dort gefällt mir.

○ _____ (5)? _____ (6) da?
Oh, ja, die steht Ihnen bestimmt gut.

● Kann ich die mal probieren?

○ Ja, sicher.

● Tja, nein, die passt mir doch nicht. Äh,
übrigens, _____ (7) preiswerte
Freizeithosen haben Sie denn da?

○ Da habe ich zum Beispiel
_____ (8) schöne Hose aus
Baumwolle im Sonderangebot.

● Haben Sie auch Lederhosen?

○ _____ (9) suchen Sie denn?
_____ (10) kurze oder
_____ (11) lange?

● Ja, äh …

	r	f
1. Der Kunde sucht eine schwarze Lederjacke.		
2. Der Kunde kennt seine Kleidergröße nicht.		
3. Die Verkäuferin zeigt ihm eine violette Jacke.		
4. Der Kunde kauft die Jacke.		
5. Der Kunde interessiert sich auch für Baumwollhosen.		

Ü24

**Einkaufs-
gespräche führen**

a) „Welch-",
„was für ein-",
„die" oder „ein-"?
Ergänzen Sie.

b) Richtig oder
falsch?
Kreuzen Sie an.

c) Was passt
zusammen?
Machen Sie Pfeile.

Auf die Frage **„Was für ein …?"**	Antwort mit dem **bestimmten Artikel.**
Auf die Frage **„Welche/r/s …?"**	Antwort mit dem **unbestimmten Artikel.**

◄ **REGEL**

Ü25

Schreiben Sie die
Antworten.

1. Was für einen Pullover suchen Sie? (weich, warm) _____ *Einen weichen, warmen.*

2. Für welchen Pullover haben Sie sich entschieden? (weiß) _____

3. Was für ein Kleid möchten Sie? (lang, bunt) _____

4. Was für eine Jacke wollen Sie? (blau oder grün) _____

5. Wissen Sie schon, welche Jacke Sie nehmen wollen? (kariert) _____

6. Welches Kleid darf ich Ihnen einpacken? (für 99,90) _____

Ü26

**Jemanden
beraten**

a) Schauen Sie das
Bild an und lesen
Sie den Text laut.
Variieren Sie.

ja
jaja
o ja
ach ja
aber ja
na ja
jawohl
ja doch
ja eben
ja klar
ja so?

(Aus: Hans Manz, *Mit Wörtern fliegen*)

b) Fragen Sie Ihren
Partner / Ihre
Partnerin.

● Was für ein Kleid soll ich zu meinem Rendez-vous anziehen? ● Welche Schuhe passen zu der orangefarbenen Hose? ● Welche Bluse / Welches Hemd passt zu meiner Jacke? ● Was für eine Hose soll ich mir kaufen? ● Mit welchem Hut sehe ich besser aus? ● Mit was für ein- ...? ● Welche Farbe steht mir?

Ü27

Dialog-Partikeln

a) Was passt
zusammen?
Ordnen Sie zu.

b) Lesen Sie laut
mit Ihrem Partner /
Ihrer Partnerin.

1	Wenn alle einverstanden sind, dann treffen wir uns morgen um vier.	Gut, wenn du meinst, dann komme ich auch mit ins Kino.	A
2	Und wie war der Film gestern?	Schön, dann bis morgen!	B
3	Ich habe gesagt: Die Jugendlichen waren früher nicht besser als heute.	Tja, so toll habe ich ihn nicht gefunden.	C
4	Kommst du jetzt mit?	Nein, das macht überhaupt nichts.	D
5	Ist es schlimm, wenn ich eine Viertelstunde später komme?	Ach, so hast du das gemeint?!	E

6	Habe ich es nicht schon immer gesagt?	Naja, schlecht war es nicht in Marokko, aber die Hitze ...	F
7	Die Männermode ist völlig daneben.	Eben, dann nehme ich die teuren.	G
8	Und wie waren die Ferien?	Ach ja, das habe ich ganz vergessen!	H
9	Wir sehen uns morgen!	Doch, du hast Recht gehabt.	I
10	Die für 20 Mark sind aus Wolle und viel besser.	Genau, da hast du völlig Recht. Und wie ist es bei den Frauen?	J

Ü28

Welche Bedeutung
haben die Äußerun-
gen? Notieren Sie.

Zustimmung	Zweifel	Widerspruch/Ablehnung
	1,	

5 Aussprache

die Jugendlichen   die Erwachsenen   die Frauenmode   die Verkäuferin

die Sonnenbrille   die Krawatte   der Badeanzug   der Rollkragenpullover

Konventionen   Kompromisse   das Engagement   protestieren

● Akzeptieren deine Eltern lange Haare?
   Meine Eltern möchten, dass ich sie abschneide.
   Ich denke nicht daran!

○ Kein Problem.
   Tust du das?
   Na, viel Glück!

Edith hat einen neuen Freund. Sie mag ihn sehr.
Ihre Eltern mögen ihn auch.
In den Ferien will sie mit ihm eine Reise machen.
Aber ihre Eltern sind dagegen, da sie sich
noch nicht lange kennen … .

● Wo haben Sie die neuen Sommerkleider?
   Und wo sind bitte die langen Röcke?
   Ja, genau die.
   Sind die Röcke sehr teuer?
   Kann ich den da mal anprobieren?

○ Im ersten Stock, bitte.
   Die aus dem Schaufenster?
   Hier, gleich um die Ecke.
   Nein, die sind sehr preiswert.
   Gerne, in der Kabine dort drüben.

Beispiel: Sie hören 1. *ihren*

	1.	2.	3.	4.	5.	6.	7.
[r]	X						
[ɐ]							

die Tür   – die Türen
ihr   – ihre
die Uhr   – die Uhren
der Friseur – die Friseure

der Bäcker – die Bäckerei
das Meer   – die Meere
das Bier   – die Biere
das Ohr   – die Ohren

[ən 'roːtn pʊ'loːvɐ]?   *Einen roten Pullover?*
[ə'nɔyən 'rɔk]?   _____
[nə 'ʃvartsə 'hoːzə]?   _____
[nə 'vaisə 'bluːzə]?   _____
[nə 'ʃikə 'jakə]?   _____

⚠ Lautschriftzeichen ['] = Hauptakzent vor der betonten Silbe.

Ü29

Akzent und Sprechmelodie
a) Hören Sie.
Markieren Sie
den Akzent.

b) Hören Sie.
Notieren Sie die
Sprechmelodie.

Ü30

Satzakzent: neue Information
a) Markieren Sie
den Satzakzent.

b) Hören Sie.
c) Lesen Sie laut.

Ü31

a) Markieren Sie
den Satzakzent.

b) Sprechen Sie.
c) Hören Sie.

Ü32

„r" als Vokal [ɐ]
a) Was hören Sie?
Kreuzen Sie an.

b) Unterstreichen
Sie die [ɐ]-Laute.
c) Sprechen Sie.

Ü33

Alltagssprache verstehen
Hören Sie und
schreiben Sie.

RÜCKSCHAU

R1

a) Wie gut können Sie das? Überlegen und bewerten Sie: ++, +, −, − −.

Sprechen in Situationen:
- über Mode sprechen
- Meinungen äußern/wiedergeben
- Personen und Stimmungen beschreiben

- Einkaufsgespräche führen
- Meinungen zustimmen/widersprechen

Grammatik:
- Textreferenz erkennen/verwenden
- Sätze mit Konjunktionen verbinden
- Sätze mit Konnektoren verbinden
- Definitionsfragen stellen

Wortschatz:
- Wortfeld „junge Leute"
- Wortfeld „Kleidung"
- Wortfeld „Mode"
- Partikeln für Zustimmung/Widerspruch

b) Was können Sie noch?

Das kann ich außerdem noch: _____

R2

a) A/B: Beschreiben Sie die Person. Vergleichen Sie mit den Fotos.
b) Was denken Sie über die Kleidung dieser Person? Diskutieren Sie.

c) Sie kaufen mit Ihrem Partner / Ihrer Partnerin neue Kleidung. Sprechen Sie miteinander.

d) Bewerten Sie: ++, +, −, − −. Vergleichen Sie mit R1.

Ich kann / Du kannst ...	A	B
• Personen/Aussehen beschreiben.		
• Meinungen äußern.		
• zustimmen/widersprechen.		

Ich kann / Du kannst ...	A	B
• Einkaufsgespräche führen.		
• Wörter zu „Kleidung".		

R3

a) Ergänzen Sie Pronomen und Satzverbindung.

b) Diskutieren Sie über die Meinungen 1.–3.

1. Ich finde, _____ die jungen Leute in Deutschland es heute gut haben: _____ können viel reisen, _____ _____ die Zeit dazu haben.

2. Die jungen Leute haben es heute schwerer, _____ sie finden keine Arbeit, _____ sie nicht viel lernen und hart arbeiten. Einige haben es leichter, _____ _____ Eltern sie sehr unterstützen.

3. Die jungen Leute interessieren sich nicht für Politik, _____ Politik ist wichtig. Sie wollen einfach das Leben genießen _____ ihren Spaß haben.

Moment mal!

▶ Sehen Sie sich zusammen mit jemandem Kleidung an (z.B. im Geschäft, in einer Zeitung, im Fernsehen). Sprechen Sie miteinander über diese Kleidung.
▶ Welche Musik hören Jugendliche bei Ihnen? Welche Bedeutung hat Musik für sie?
▶ Vergleichen Sie diese jungen Leute mit Jugendlichen in Deutschland, Österreich oder der Schweiz. Was gefällt ihnen? Was wollen sie? Wovon träumen sie?

1 Traumgeschichten

TIPP: Bildbeschreibung = zuerst genau beobachten und dann interpretieren

Beschreiben Sie zuerst, was Sie sehen: Gegenstände, Menschen, Tiere (Farbe, Größe, Aussehen). Beschreiben Sie: Wo ist etwas auf dem Bild (vorne, in der Mitte, hinten ...)? Erzählen Sie erst dann, was Sie über das Bild denken.

> die Straße der Baum die Gartenmauer der Zaun der Fahrradfahrer der Himmel das Gesicht die Arme das Gewicht fliegen springen abstürzen fahren klettern träumen links in der Mitte rechts unten oben vorn hinten im Vordergrund im Hintergrund komisch absurd lustig unglaublich verrückt der Scherz

Man sieht auf dem Bild ...

Ü1

Ein Bild beschreiben

Lesen Sie die Ausdrücke in der Wort-Kiste. Wählen Sie 10 Wörter und schreiben Sie eine kurze Geschichte.

● He, du, Sabine, _____ (1)! Schau dir das mal an.

○ Was ist _____ (2)? Wo?

● Da, _____ (3) da oben auf dem Baum.

○ Das ist _____ (4)! Ich glaub, ich _____ (5)! Das ist _____ (6) unser Vater!!!

● He, Mama, Mama, unser Vater sitzt im Baum, da draußen im Garten!

□ Ach, Christian, _____ (7)! Der wäscht doch gerade den Wagen.

○ Nein, Mama, echt, Christian hat Recht, Papa sitzt _____ (8) da draußen im Baum.

Ich hab es _____ (9) gesehen.

□ Ach, lasst mich jetzt bitte _____ (10) mit euren Scherzen. Wir fahren jetzt gleich los, in die Stadt. Macht euch bitte fertig!

● Aber Mama, bitte _____ (11), es ist die Wahrheit, Vater sitzt da draußen im Baum, ganz hoch oben!

○ Glaubst du, der spinnt? Oder _____ (12)?

Ü2

Erstaunen ausdrücken

Ergänzen Sie die Lücken.

1. die Leiter	2. der Nobelpreis	3. der Stress	4. die tolle Geschichte
Hilfe holen	fantastisch	verrückt	der Journalist
die Feuerwehr	gratulieren	der Krankenwagen	das Fernsehen
_____	_____	_____	_____
_____	_____	_____	_____
_____	_____	_____	_____

Ü3

Eine Geschichte erzählen

Wie geht die Geschichte weiter? Wählen Sie eine Variante: 1.–4. Ergänzen Sie Stichwörter. Schreiben Sie dann.

Ü4

Träume notieren

Notieren Sie Stichworte zu Ihrer Fantasie-Reise.

2 Träume und Wünsche

einsame Insel – große(r) Künstler(in) –

 Ü5

Infinitiv-Gruppe mit „zu"

a) Unterstreichen Sie die Infinitive und das Wort „zu".

Anleitung zu einer Fantasie-Reise

Wenn man eine Fantasie-Reise machen will, ist es wichtig, sich erst einmal zu entspannen. Es ist gut, sich ganz bequem hinzusetzen oder hinzulegen. Manchmal ist es nicht leicht, alle Gedanken loszulassen und ganz still zu sein. Aber versuchen Sie vor allem, ruhig zu atmen. Dann beginnen Sie bald zu „träumen" …

Versuchen Sie danach, sich an Ihren Traum zu erinnern und ihn aufzuschreiben.

b) Ordnen Sie.

trennbare Verben:	nicht trennbare Verben:
	zu entspannen

c) Ergänzen Sie die Regel.

Bei _____baren Verben steht das **„zu"** nach dem betonten Präfix.

Beispiel: hinsetzen ⟶ hin**zu**setzen

Ü6

Wie entspannen Sie sich? Schreiben Sie und erzählen Sie.

Wenn ich mich entspannen möchte, dann …

(41)

TIPP: Sich entspannen = besser lernen
Entspannen Sie sich und erinnern Sie sich an die letzte Deutschstunde:
Was wissen Sie noch? Was wollen Sie noch einmal wiederholen? Notieren Sie.

 Ü7

a) Ergänzen Sie „zu" + Infinitiv.

begleiten	landen	schweben	unterhalten	allein sein
aussteigen	vorbeifliegen	spazieren gehen	sitzen	reisen

Ich habe davon geträumt, in einem Raumschiff __*zu sitzen*__ (1) und durch die Galaxis _____ (2). Es war wunderschön, an den Sternen _____ (3) und im Weltall _____ (4). Es war aber auch eigenartig, so _____ (5). Ich war froh, nach einer Weile auf einem fremden Planeten _____ (6). Ich hatte keine Angst _____ (7). Überall waren exotische Pflanzen und Bäume. Ich hatte Lust, hier _____ (8). Plötzlich ist ein großes Tier mit blauem Fell und goldenen Augen gekommen. Es konnte schweben! Es hat mir vorgeschlagen, mich _____ _____ (9). Ich war glücklich. Wir haben gleich begonnen, uns _____ _____ (10). Ihr Name war Lalù.

b) Unterstreichen Sie den Hauptsatz vor der Infinitivgruppe.

c) Ordnen Sie.

Infinitiv-Gruppen stehen nach:		
Verb	**Adjektiv + sein**	**Substantiv + Verb**
träumen	*wunderbar sein*	*Angst haben*

Ich habe gehofft, dass ich den Rückweg nicht vergesse.

Ich habe gehofft, den Rückweg nicht zu vergessen.

1. Ich habe geträumt, dass ich mit Lalù den fremden Planeten kennen lerne. 2. Ich habe mir vorgestellt, dass ich ganz leicht bin und fliege. 3. Wir haben beschlossen, dass wir zuerst einen Berg ansehen. 4. Ich war sehr froh, dass ich fliegen konnte. 5. Ich war begeistert, dass ich so schnell oben war. Die Aussicht war einfach toll.

> Wenn das _____ im Haupt- und im _____satz gleich ist,
>
> verwendet man häufig eine **Infinitiv-Gruppe (statt „dass"-Satz).**

Ü8

a) Unterstreichen Sie das Subjekt im Hauptsatz und im Nebensatz.
b) Machen Sie aus dem „dass"-Satz eine Infinitivgruppe.

c) Ergänzen Sie die Regel.

◄ **REGEL**

pflücke ich (+)	pflücke ich nicht (−)
1. *eine Familie gründen*	1.
2.	2.
3.	3.
4.	4.

(+) ● Diese Blätter habe ich gepflückt, denn ich träume davon, einmal viele Kinder zu haben. Kinder sind nämlich das Wichtigste.
    ○ Ich finde es auch besonders wichtig, ... Ich habe Lust, ...
(−) ● Diese Blätter pflücke ich nicht, denn ich träume überhaupt nicht davon, ...
    ○ Und ich finde es gar nicht wichtig, ...
    ● Ich habe keine Lust, ...

Ü9
Begründen
a) Welche Blätter vom Traum-Baum pflücken Sie? Welche nicht? Notieren Sie.

b) Begründen Sie Ihre Auswahl.
c) Passt jemand zu Ihnen? Suchen Sie.

Ich:

Ich habe vor, *Deutsch zu lernen*

Ich versuche, _____

Ich wünsche mir, _____

Ich habe mich entschlossen, _____

Mein Partner / Meine Partnerin:

_____

_____

_____

_____

● Was wünschst du dir?   ● Haben Sie vor, ...?   ● Willst du auch ...?

Ü10
Pläne formulieren
a) Welche Pläne haben Sie für dieses Jahr? Notieren Sie.
b) Fragen Sie Ihren Partner / Ihre Partnerin und notieren Sie.

TRAUM- — *land*

● Was ist dein Traumland?   ○ Mein Traumland ist ... .
    ○ Ich weiß es nicht.
    ○ Das sag ich nicht!

Ü11
a) Welche Komposita mit „Traum-" kennen Sie?

b) Machen Sie eine Umfrage und notieren Sie.

Namen	*Alice*			
Traumland	*Wunderland*			
Traum				

3 Traum und Wirklichkeit

 Ü12

Einen Text genau lesen

Lesen Sie den Text von A7. Wo stehen diese Sätze im Text? Notieren Sie die Zeilen.

A Viele Jahre hat Gundi Görg genauso gelebt wie die meisten anderen Leute. (Z. **6-7**)

B Gundi war bei ihrer Heirat noch sehr jung. (Z. _____)

C Sie hatte einen sehr guten Job bei einer Autofirma. (Z. _____)

D Erst mit 30 Jahren hat sie begonnen, sich für Politik zu interessieren. (Z. _____)

E Gundi hat in ihrer Freizeit für Amnesty International gearbeitet. (Z. _____)

F Das Leben in Ferndorf wurde für Gundi mit der Zeit zu eng und langweilig. (Z. _____)

 42

TIPP: Texte zusammenfassen = wichtige Informationen in kurzen Sätzen wiedergeben

Lange Texte haben oft Abschnitte. Suchen Sie aus jedem Abschnitt die zwei oder drei wichtigsten Informationen und machen Sie dann kurze Sätze.
Beispiel: *5 Jahre später: anderer Ort – 3 Jahre später: bei Mercedes aufgehört*
⟶ *„Gundi ist fünf Jahre später an einen anderen Ort gezogen. Wieder drei Jahre später hat sie bei Mercedes aufgehört. Dann ist sie …"*

Ü13

Modalverben im Präteritum
a) Ergänzen Sie.

	Das Leben von Gundi:	**Gundi erzählt:**
w**o**llen	Sie will nach Südamerika fahren.	„Ich woll**te** nach Südamerika fahren."
s ☐llen	Sie soll zuerst ihre Ausbildung beenden.	„Ich s__ll__ zuerst meine Ausbildung beenden."
m**ü**ssen	Sie muss sich auf den Beruf konzentrieren.	„Ich mu**sste** mich auf den Beruf konzentrieren."
d ☐rfen	Sie darf nicht nach Südamerika reisen.	„Ich d__rf__ nicht nach Südamerika reisen."
k**ö**nnen	Sie kann bei Mercedes viel Geld verdienen.	„Ich konn**te** bei Mercedes viel Geld verdienen."
m☐gen	Aber eigentlich mag sie ihren Job nicht.	„Aber eigentlich m__**ch**__ ich meinen Job nicht."

b) Ergänzen Sie die Regel.

Modalverben im Präteritum: Stammvokale

wollen/sollen: Das ___ bleibt ____.

müssen/dürfen: Aus ___ wird **u**. Nach dem Wortstamm kommt immer ein ____.

können/mögen(!): Aus **ö** wird ____.

 Ü14

a) Hören Sie und ergänzen Sie die Verb-Endungen.
b) Ergänzen Sie die Tabelle.

Ich woll-**t**-____ es schon immer!

Du woll-**t**-____ es doch auch.

Er woll-**t**-____ es, aber sie woll-**t**-**e** es nicht.

Was woll-**t**-____ wir damals eigentlich?

Ihr woll-**t**-____ es doch zuerst, oder?

Sie woll-**t**-____ alle, aber heute wollen sie nicht mehr.

Endungen im Präteritum	
Singular 1. P.	-_____
2. P.	-_____
3. P.	-**e**
Plural 1. P.	-_____
2. P.	-_____
3. P.	-_____

Einen Paralleltext lesen

a) Ergänzen Sie die Wörter und die richtige Form der Modalverben.
b) Unterstreichen Sie die Sätze:
Rot = Wirklichkeit,
Grün = Wunsch.

aber	und	oder	denn	weil

Eine Bekannte von Gundi erzählt:

Mit 30 war Gundi eine erfolgreiche Frau, _____ (1) sie hatte eine gute Stelle bei

Mercedes. _____ (2) sie war trotzdem nicht zufrieden, _____ (3) sie mehr vom

Leben w_____ (4) als einen gut bezahlten Job. Sie w_____ (5) immer schon

reisen _____ (6) interessante Menschen kennen lernen. Vor allem w_____ (7)

sie Südamerika kennen lernen, _____ (8) sie hat immer in Ferndorf gelebt. Gundi hat

schon mit 21 geheiratet. Daher k_____ (9) sie auch nach ihrer Berufsausbildung nicht

nach Südamerika fahren. Sie m_____ (10) zu Hause bleiben und Geld verdienen.

Eigentlich m_____ (11) sie ihren Job und das Leben in der Familie gar nicht. Später

hat sie am Wochenende bei Amnesty International mitgearbeitet _____ (12) sich mehr

für Politik interessiert. Das hat Schwierigkeiten gegeben, _____ (13) ihre Familie das

nicht verstanden hat. Eine Frau d_____ (14) in diesem kleinen Dorf nicht so leben.

Auch Gundi s_____ (15) ihre Freizeit zu Hause verbringen _____ (16) etwas

mit ihrem Mann _____ (17) ihrer Familie unternehmen.

1. Sie will einen sinnvollen Beruf haben: Sie wird Ärztin.
2. Wir träumen alle davon, dass wir einmal glücklich werden.
3. Wenn ihr viel übt, werdet ihr vielleicht eine berühmte Band.
4. Sie haben nur einen Traum: Sie werden Millionäre und haben
   keine Geldsorgen mehr.
5. Bald habe ich meine Traumfigur: Ich werde immer schlanker.
6. Du wirst älter, mach deine Träume wahr!

Das Verb „werden"
ich _____*werde*_____
du _____
er/es/sie _____
wir _____
ihr _____
sie/Sie _____

Das Vollverb „werden"

a) Unterstreichen Sie die Formen von „werden" und das Adjektiv oder Substantiv.
b) Notieren Sie die Verbformen.

c) Ergänzen Sie die Regel.

REGEL

Das Vollverb „werden"

„werden" bedeutet, dass sich etwas verändert.

werden + _____ (oft Komparativ)

Sie wird schlank (schlanker).

werden + _____

Sie werden Millionäre.

Ü17
Eine Geschichte erfinden

a) Ergänzen Sie „werden" + Adjektiv/Substantiv.

b) Wie geht das Leben von Gundi weiter? Was glauben Sie: A, B oder C? Kreuzen Sie an und schreiben Sie weiter. Diskutieren Sie.

glücklich	perfekt	wütend	Journalistin	vernünftig
berühmt		eine reiche Frau	Mutter	

A Gundi _wird aktiv_ . Sie besucht einen Spanischkurs. In kurzer Zeit _____ sie fast

_____ (1). Sie _____ _____ (2) bei einer Frauenzeitschrift.

Ihre Familie fragt: „Wann _____ du endlich _____ (3)?" Sie fliegt

allein nach Südamerika. Sie sagt sich immer: „Da bleibe ich jetzt." Ihr Mann _____

_____ (4). Gundi schreibt Reiseberichte und _____ _____ (5).

Sie _____ _____ (6) und kauft sich ein Haus in Chile. Sie bittet

ihren Mann nachzukommen. Sie _____ beide sehr _____ (7) in

Südamerika. …

B Gundi hört auf zu träumen. Sie _____ _____ (8) und geht nicht mehr

arbeiten. …

C _Meine Geschichte:_ _____

Ü18

a) Wovon träumen diese Leute? Was möchten sie werden? Erzählen Sie.
b) Vergleichen Sie mit Gundi.

● Sie träumen davon, …   ● Er/Sie möchte … werden.

Ü19

Das Pefekt von „werden"

a) Ergänzen Sie und ordnen Sie zu.

Er hat zu viel gegessen. Da _ist_ ihm schlecht _geworden_ .

1. He, was macht ihr da?
2. Dann ist der Herbst gekommen.
3. Wir hatten Glück mit dem Wetter.
4. Du isst kein Fleisch?
5. Sie hat es geschafft!
6. Ich habe lange nichts von ihm gehört.
7. Ich hatte nur noch 5 Minuten Zeit.

A Ich _____ nervös _____.
B _____ du jetzt Vegetarier _____?
C Sie _____ Weltmeisterin _____!
D Was _____ wohl aus ihm _____?
E Es _____ schon früher dunkel _____.
F _____ ihr verrückt _____?
G Wir _____ im Urlaub ganz braun _____.

b) Ergänzen Sie die Regel.

REGEL ▶ Das **Perfekt** von **„werden"** = Hilfsverb _____ + _____.

1. Meine Traumreise __wurde__ immer verrückter. 2. Ihr wart auch alle auf dem fremden Planeten und dort _____ ihr langsam dunkelblau. 3. Wir _____ alle große blaue Tiere wie Lalù. Dann sind noch die Verwandten von Lalù gekommen. 4. Sie _____ immer mehr und alles _____ blau. 5. Auch du _____ schon hellblau. Es hat immer bei den Augen angefangen. – – – 6. Da _____ ich wieder wach!

Ü20

Präteritum von „werden"

Lesen Sie die Regel und ergänzen Sie.

> Das **Präteritum** von **„werden"** hat immer den Wortstamm **wurd-**.
> Die Verb-Endungen sind wie bei den Modalverben.

REGEL

Es war einmal …

1. Sie wurde wütend. Sie hat ihn an die Wand geworfen. Da wurde er ein Prinz und sie wurden glücklich miteinander.

2. Er war Schneider. Er wurde auch wütend. Er hat 7 mit einem einzigen Schlag getötet. Da wurde er berühmt und ein Held. Später wurde er sogar König.

Ü21

a) Erraten Sie das Märchen.

b) Schreiben Sie eigene Rätsel.

	r	f
1. Gundi hat sich von ihrem Mann getrennt, weil er nie mit ihr geredet hat.		
2. Er wollte, dass sie wieder so wird, wie sie früher war.		
3. Gundi hat in vier Wochen in Madrid fast perfekt Spanisch gelernt.		
4. Sie hat dann auch mit einem Chilenen weitergeübt.		
5. Gundi ist 4 Jahre in Chile gewesen.		
6. Sie musste in dieser Zeit kein Geld verdienen.		

Ü22

Eine Geschichte verstehen

Hören Sie den ersten Teil von Hörtext A10 noch einmal. Kreuzen Sie an.

Es ist wunderbar, keinen Job und keine Familie zu haben. Endlich kann ich den ganzen Tag machen, was ich will. Ich bin froh, dass ich heute nicht so früh ① _____ muss. Ich kann im Bett ② _____ und noch ein bisschen ③ _____. Eigentlich will ich mir gerne die Stadt ④ _____. Ich bin ja erst gestern hier angekommen. Der Termin für ai ist dann nächste Woche. Da kann ich vorher mal ein paar Tage Urlaub ⑤ _____ und ⑥ _____. Soll ich im Speisesaal ⑦ _____? Ich bin doch hergekommen, weil ich Menschen ⑧ _____ möchte. Naja, am ersten Tag sollen sie mir doch lieber das Frühstück im Zimmer ⑨ _____.

Ü23

Textlücken schließen

a) Ergänzen Sie die Sätze.
b) Markieren Sie das Modalverb und den Infinitiv.

c) Ergänzen Sie die Regel.

REGEL

> Bei **M_____en** steht der _____ ohne „zu".

 Ü24

Verben mit Infinitiv ohne „zu"

a) Hören Sie und ergänzen Sie.

Wir haben ein Auto gemietet und fahren die schönsten Orte ansehen.
Das Land ist einfach fantastisch!
Hier ist alles so lebendig: die Natur und die Menschen.
Heute sind wir im Pazifischen Ozean geschwommen:

1. Komm, wir fahren ans Meer und _gehen schwimmen_. 2. Wir _____ die Wellen

an den Strand _____. 3. Wir _____ das Wasser und den Wind _____.

4. Wir _____ das Wasser am Körper _____. 5. Wir _____ einen

Moment so _____. 6. Jetzt _____ wir _____. 7. Wir _____

uns _____. 8. Fische _____ uns _____. 9. Die Fische

_____ uns _____. 10. Sie _____ uns _____.

b) Ergänzen Sie die Regel.

REGEL ▷

Diese **Verben** haben den Infinitiv **ohne „zu":**

fahren und **gehen, kom**_____ und **blei**_____,

seh_____, **hö**_____ und **füh**_____,

las_____, **hel**_____, **lern**_____ und **leh**_____.

Ü25

Warum ist Gundi nach drei Monaten nach Deutschland zurückgekehrt? Was ist geschehen? Erzählen Sie oder schreiben Sie.

TELEGRAMM   TELEGRAMM   TELEGRAMM   TELE

FAMILIE G[...]

BRAUCHE DRINGEND GELD +++ STOPP +++ SCHICKT 1.000 DM UND

FLUGTICKET +++ STOPP +++ WARTE IM HOTEL AUF ANTWORT +++ STOPP

+++ GRUSS GUNDI

4 Aussprache

Wie |alt| möchtest du werden?

Wofür bist du deinen Eltern dankbar?

Wie viele Freunde hast du zur Zeit?

Was hast du für einen |Tra\um?

Was fehlt dir zum Glück?

Was tust du für Geld nicht?

Wie viel Geld möchtest du besitzen?

Wen möchtest du nie treffen?

Wovor hast du Angst?

Was tust du nur für Geld?

„An den Wochenenden treffen wir uns mit unseren Freunden. Wir essen, scherzen und erfinden Geschichten: Dabei reisen wir auch in fremde Länder und begegnen dort interessanten Menschen. Dann vergessen wir alle Schwierigkeiten und genießen unsere Freiheit …"

Gundi ist nicht zufrieden. Und sie will nicht mehr bei Mercedes arbeiten. Sie möchte lieber nach Südamerika reisen. Nach ihrer Rückkehr hat sie in Deutschland Schwierigkeiten. Aber zum Glück kann sie eine Stelle im Düsseldorfer Landtag finden …

Buch	setzen	ping pong
Buchläden	übersetzen	ping pong ping
viele Buchläden	Bitte übersetzen!	pong ping pong
		ping pong

Ideogramm (E. Gomringer)

„Rudolf und ich haben geheiratet. Ich habe später ein Kind bekommen.

Das war wirklich eine tolle Erfahrung! Wir lieben unseren Sohn sehr.

David kommt bald in die Schule.

Später möchte ich ihm fremde Länder und Kulturen zeigen … ."

a) Beispiel: Sie hören 1. *liegen – legen – lögen – lügen*

	1.	2.	3.	4.	5.
A					
B					
C					
D	✗				

b) liegen – lügen
Fühler – Füller
Fliege – Flüge
spülen – spielen
vier – für
Hüte – Hütte
Ziege – Züge
Türe – Tiere
…

['hamzə 'kindɐ]? _____ *Haben Sie Kinder?*

['hasdən prɔ'bleːm]? _____

['brauxsdən dʒɔb]? _____

R1

Wie gut können Sie das? Überlegen und bewerten Sie: ++, +, −, − −.

Das kann ich:
- Fragen zur Lebensgeschichte einer Person stellen
- erzählen, was ein anderer gesagt oder gedacht hat
- etwas Vergangenes (z.B. einen Traum) erzählen
- Stationen eines Lebens verstehen und erzählen
- Vermutungen zu einem Bild äußern

Grammatik:
- Infinitiv-Gruppen in Texten erkennen
- Ergänzungen mit „zu" + Infinitiv bilden
- Präteritum von Modalverben

Wortschatz:
- Wortfeld „Lebensstationen"
- Wortfeld „Lebensträume"
- Wortfamilien erkennen
- Wörter in Wortfamilien ergänzen

R2

a) A/B: Erzählen Sie Lebensträume und Lebensgeschichte von Nina/Sven. Was erzählt Ihr Partner / Ihre Partnerin? Notieren Sie Stichworte.

Station:
Realität:
Traum:

b) Erzählen Sie mit Hilfe Ihrer Notizen. Beginnen Sie: „Du hast von Nina/ Sven erzählt …"

A: Nina

29	sich trennen
23	1. Kind
22	heiraten
19	im Büro
16	Ausbildung:
6	Büro Schule

einmal um die Welt reisen
ein Haus bauen
Erfolg im Beruf haben
sich verlieben
Ärztin werden

in Berlin aufwachsen

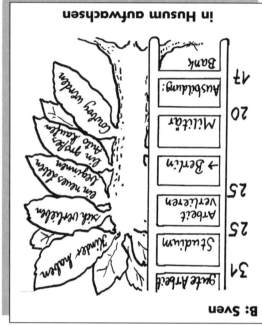

in Husum aufwachsen

17	Bank
20	Ausbildung:
	Militär
25	→ Berlin
25	Arbeit verlieren
31	Studium
	Gute Arbeit

Bauer werden
ein neues Auto kaufen
sich verlieben
Kinder haben

B: Sven

R3

Ergänzen Sie die Verben.

Gundi Görg ist in einem kleinen Dorf in der Nähe von Siegen auf_____. Mit 16 Jahren hat sie eine Ausbildung zur Industriekauffrau ang_____. Mit 18 Jahren hat sie ihren Mann ken_____ _____ und 3 Jahre später geheiratet. Gundi und ihr Mann haben sich nach ihrer Heirat auf den Beruf kon_____. Sie haben viel

R4

Suchen Sie einen Zeitungsartikel. Markieren Sie alle Infinitiv-Gruppen.

Geld ver_____ und ihre wenige Freizeit gen_____. Sie haben viele Kompromisse sch_____ müssen. Ihr Leben ist eigentlich ganz normal ver_____, aber Gundi hat sich immer unfreier gef_____. Sie wollte sich noch einen Lebenstraum erf_____…

R5

Bewerten Sie R2, R3 und R4. Vergleichen Sie R1.

Ich kann / Du kannst ...	A	B
• eine Lebensgeschichte erzählen.		
• Lebensträume erzählen.		
• erzählen, was ein anderer gesagt hat.		

Ich kann / Du kannst ...	A	B
• Wörter zu „Lebensstationen".		
• Wörter zu „Lebensträume".		
• Infinitivgruppen erkennen.		

Moment mal!

▶ Schreiben Sie nach dem Muster von Lehrbuch, Kapitel 17/3, Ihre eigene Lebensgeschichte.
▶ Fragen Sie Freunde und Bekannte nach ihren Lebensträumen.
▶ Arbeiten Sie mit jemandem aus dem Deutschkurs. Schneiden Sie aus Zeitungen interessante Fotos aus. Erfinden Sie Geschichten zu den Fotos.

1 Das Fotoalbum

	richtig	falsch
1. Johanna hat 3 Schwestern und 6 Brüder.	☐	☐
2. Sie ging gern zur Schule.	☐	☐
3. Ihr Vater war Anwalt.	☐	☐
4. Ihre Mutter machte den Haushalt.	☐	☐
5. Als Johanna heiratete, dachte sie noch nicht an Kinder.	☐	☐
6. Als sie heiratete, gab es praktisch keine unverheirateten Paare.	☐	☐
7. Sie machte eine Hochzeitsreise nach Venedig.	☐	☐
8. Johanna hat 2 Söhne und 4 Töchter.	☐	☐
9. Alle Kinder von Johanna haben geheiratet.	☐	☐
10. Sie hat 4 Enkelkinder.	☐	☐

Ü1

Über die Familie sprechen

Hören Sie den Text von A2. Richtig oder falsch? Kreuzen Sie an.

der Schwager

die Schwester

Ü2

Wer ist wer?

a) Notieren Sie Verwandtschaftsnamen.
b) Zeichnen Sie Ihre Familie:

● Wie viele Geschwister hast du?
● Wie viele Kinder haben deine Großeltern?

der Bruder meiner Schwester: **mein Bruder** 1. die Mutter meiner Mutter: ____

_____ 2. die Schwester meines

Vaters: _____ _____ 3. der

Großvater meines Kindes: _____

_____ 4. die Tochter meiner

Tochter: _____ _____ _____

○ Ich habe ... Sie heißen ...
○ Die Eltern von meiner Mutter ...
   Die Eltern von meinem Vater ...

5. Mein Vater ist der Sohn von meinem

_____ und von meiner _____-

_____. 6. Ich bin _____

_____ meiner Geschwister. 7. Die

Schwestern meiner _____ sind

meine Tanten. 8. Mein Bruder ist der

_____ meiner Großeltern.

Ü3

Sprechen Sie mit Ihren Partnern/innen.

Ü4

a) Wer ist wer? Ergänzen Sie.

b) Machen Sie ähnliche Übungen mit Ihrem Partner / Ihrer Partnerin.

Ein Mädchen hat gleich viele Schwestern wie Brüder, aber jeder Bruder hat nur halb so viele Brüder wie Schwestern.
Wie viele Söhne und Töchter hat die Familie?

Ü5

Rätsel. Begründen Sie die Lösung.

Ü6

Präteritum bilden

Unterstreichen Sie die Verben im Präteritum.

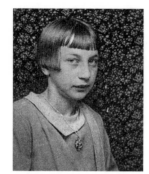

Als ich gestern mit Johanna Fotos anschaute, gab sie mir dieses Foto. Zum zweiten Mal. Es erinnert mich an unsere Kindheit. Ich sah Johanna immer, wenn sie in die Kirche ging. Sie kam immer zusammen mit ihren Schwestern. Nach der Kirche traf ich mich gewöhnlich mit zwei von ihren Brüdern. Aber einmal traf ich sie, als sie allein vor der Kirche stand. Ich sagte zu ihr: „Du bist schöner als deine Schwestern. Du bist die Schönste." Da gab sie mir dieses Foto und sagte: „Wenn ich einmal groß bin, heiraten wir." Von da an wusste ich, dass sie mich liebte. Wir trafen uns immer wieder und redeten viel miteinander. Wir dachten an unsere gemeinsame Zukunft. Als sie sich plötzlich mit einem andern verlobte, war ich sehr enttäuscht. Ich schickte ihr das Foto zurück. Das ist jetzt aber schon lange her. Heute freue ich mich immer, wenn ich Johanna mit ihrem Mann treffe. Ich mag die beiden. Wir essen oft zusammen. Bei schönem Wetter machen wir gemeinsame Spaziergänge. Wenn es regnet, spielen wir meistens zusammen Karten.

Ü7

a) Sortieren Sie die Verben im Präteritum aus Ü6.
b) Ergänzen Sie die Infinitive mit Hilfe der Liste der unregelmäßigen Verben im Lehrbuch, Kapitel 18/7b).

sagte sagen
redete reden

wusste wissen

sah sehen
ging

Regelmäßige Verben: **-(e)t-**	**Unregelmäßige Verben:** **Merkwort!**

Ü8

Verben im Präteritum

a) Wie sind die Präteritum-Formen? Ergänzen Sie die Tabelle.
b) Wie sind die Endungen? Ergänzen Sie die „Endung"-Spalten.

Regelmäßige Verben

	sagen	reden		denken	wissen	Endung
ich		red-**et**-e			w**u**ss-**t**-e	-e
du	sag-**t**-est	red-**et**-est				-est
er/es/sie		red-**et**-e				
wir	sag-**t**-en	red-**et**-en		d**ach**-**t**-en		
ihr	sag-**t**-et	red-**et**-et				
sie/Sie	sag-**t**-en	red-**et**-en				

Unregelmäßige Verben

	sehen	gehen	stehen	Endung
		ging-	stand-	
	sah-st	ging-st	stand-**est**	-(e)st
	sah-			
	sah-en	ging-en	stand-en	
	sah-t	ging-t	stand-**et**	-(e)t
	sah-en	ging-en	stand-en	

PRÄTERITUM-SIGNALE

c) Ergänzen Sie die Regel.

REGEL

1. Das **Präteritum-Signal** ist bei **den regelmäßigen Verben** _____ oder _____.

2. Verben wie *denken* oder *wissen* haben auch das **Präteritum-Signal** _____ und **verändern den Stamm.**

3. Die _____ **Verben** haben **kein -t-** als Präteritum-Signal.

Infinitiv	Präteritum	Partizip II	Beispielsatz
geben	*gab*	*hat gegeben*	*Meine Freundin gab mir einen Kuss.*
stehen			
sehen			
gehen			
treffen			
essen			
sein			
wissen			
kennen			
denken			

Ü9
a) Ergänzen Sie die Verbformen.
b) Kontrollieren Sie mit der Liste der unregelmäßigen Verben im Lehrbuch-Anhang.
c) Schreiben Sie Beispielsätze im Präteritum.

TIPP: Mit Merkwörtern lernen = besser behalten

Am besten lernen Sie die Stammformen der unregelmäßigen Verben (Infinitiv – 3. Person Singular Präteritum – Partizip II) auswendig. Ordnen Sie die Verben den „Merkwörtern" zu, z.B.:

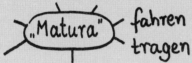

fahren	fuhr	ist gefahren
tragen	trug	hat getragen

Ü10

Welche Verben passen zum Merkwort „Kimono"? Wie heißen die Stammformen?

1. Als ich gestern mit Johanna Fotos angeschaut habe, hat sie mir dieses Foto gegeben. 2. Ich sah Johanna immer, wenn sie in die Kirche ging. 3. Aber einmal traf ich sie, als sie allein vor der Kirche stand. 4. „Wenn ich einmal groß bin, heiraten wir." 5. Wenn es Feste gab, tanzte ich oft mit ihr. 6. Als sie sich verlobte, war ich enttäuscht. 7. Heute freue ich mich jedes Mal, wenn ich Johanna mit ihrem Mann treffe. 8. Wenn es regnet, spielen wir meistens Karten.

Ü11

Temporalsätze mit „wenn" und „als"

a) Ordnen Sie die „wenn"- und „als"-Sätze.

Handlung/Ereignis	in der Vergangenheit	in der Gegenwart/Zukunft
einmalig (Zeitpunkt oder Zeitdauer)	*1,*	
wiederholt (immer/oft/jedesmal ...)	*2,*	

b) Ergänzen Sie die Regel.

Temporalsatz mit „wenn" oder „als":

1. Handlung/Ereignis ist **vergangen und einmalig** = _____.

2. Handlung/Ereignis ist **vergangen und wiederholt** = _____.

Handlung/Ereignis ist in der **Gegenwart oder Zukunft** = _____.

Ich war 15 Jahre alt. Ich lernte meine erste Freundin kennen.
1. Wir hatten wenig Geld. Wir hörten oft zu Hause Musik. 2. Wir wollten mit anderen zusammen sein. Wir trafen uns immer in der Disco. 3. Ich lernte Nina kennen. Ich hörte mit dem Rauchen auf. 4. Wir fuhren einmal auf der Autobahn. Uns ging das Benzin aus.

Ü12

Verbinden Sie die zwei Sätze mit „als" oder „wenn".

Als ich 15 Jahre alt war, lernte ich meine erste Freundin kennen.

TIPP: Grammatik visualisieren = Regeln lernen
Stellen Sie Regeln bildlich dar. So bleiben sie leichter im Gedächtnis.

Ü13

a) Erklären Sie die Darstellung Ihrem Partner / Ihrer Partnerin.
b) Suchen Sie eine eigene Darstellung für „als" und „wenn".

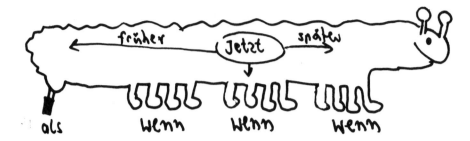

Ü14

a) Schreiben Sie Sätze.
b) Schreiben Sie eigene Beispiele.

Als ich im Kindergarten war, …
Als ich … Jahre alt war, …
Als ich zum ersten Mal verliebt war, …
Ich war zum ersten Mal im Ausland, als …
Ich habe meine erste Zigarette geraucht, als …

Immer wenn ich Geburtstag hatte, …
Manchmal, wenn ich kein Geld hatte, …
Oft, wenn ich an … denke, …
Wenn es mir schlecht geht, …
Immer wenn ich mich verliebe, …

2 Die Lebensalter früher und heute

Ü15

Lebensabschnitte beschreiben

Lesen Sie und ordnen Sie zu.

1 Zuerst kommen Kinder
2 Ein Mädchen und ein Junge
3 Eine junge Frau und ein junger Mann
4 Mit 30 Jahren
5 Mit 50
6 Mit 80
7 Am Ende

A sind sie alt und krank:
B auf die Welt:
C spielen miteinander:
D sind sie sehr erfolgreich:
E sind sie Eltern:
F sterben sie:
G verlieben sich:

a das Erwachsensein
b das Alter
c die Geburt
d der Tod
e die Kindheit
f der Höhepunkt
g die Jugend und erste Liebe

1 *B* + *C*   2 __ + __   3 __ + __   4 __ + __   5 __ + __   6 __ + __   7 __ + __

Ü16

Schreiben Sie Begriffe aus Ü15 auf die Treppe.

die Geburt

Ü17

Eine Statistik beschreiben

a) Was stimmt nicht? Unterstreichen Sie und korrigieren Sie dann.
b) Hören Sie den Text von A6 und kontrollieren Sie Ihre Korrekturen.

Falsch:

1. In den letzten 200 Jahren hat die Kindersterblichkeit <u>zugenommen</u>.
2. Früher hatte man viel weniger Kinder.
3. Die Familie hat sich zur Großfamilie entwickelt.
4. Von 1945 bis 1992 hat sich die Zahl der Scheidungen halbiert.
5. Warum diese Abnahme der Scheidungen?
6. Die Lebenserwartung ist heute kürzer als im Jahr 1800.
7. Das heißt, die Menschen sterben heute jünger als früher.

Richtig:
abgenommen
_____
_____
_____
_____
_____
_____

Ü18

Ü18

a) Lesen Sie die Statistiken und den Text. Wählen Sie die passenden Verbformen (einige zweimal). Schreiben Sie den Text zu Ende.

(sich) verdreifachen   steigen   (sich) verändern   sein

(sich) verdoppeln   zeigen   betragen   leben

Die Statistik _____ (1) die Lebenserwartung der Frauen bei der Geburt in den letzten knapp 200 Jahren. Im Jahr 1800 _____ (2) die Lebenserwartung von neugeborenen Mädchen 25 Jahre. Im Lauf der Zeit _____ (3) sie sich. 1945 _____ (4) sie schon 65 Jahre. Sie _____ (5) weiter. 1992 _____ (6) sie 81 Jahre. In rund 200 Jahren hat sie sich also mehr als _____ _____ (7). Und nun die nächste Frage: Wie hat sich das durchschnittliche Heiratsalter in den vergangenen zwei Jahrhunderten _____ (8)? Ein Blick in die Statistik _____ (9), dass es sich seit 1800 nur wenig _____ (10) hat. 1945 _____ (11) die Frauen, wenn sie heirateten, im Durchschnitt 24 Jahre alt. Damit _____ (12) sie bei der Heirat ein Jahr jünger als im Jahr 1800 und heute. Nun die letzte Frage: Wie viele Jahre _____ (13) ein Paar früher und heute durchschnittlich zusammen?

Lebenserwartung bei der Geburt (Frauen)	
1800	25 Jahre
1945	65 Jahre
1992	81 Jahre

Durchschnittsalter der Frauen bei (erster) Heirat	
1800	25 Jahre
1945	24 Jahre
1992	25 Jahre

Anzahl Jahre, die ein Paar zusammen verbringt (ohne Scheidung)	
1800	17
1945	38
1992	46

b) Warum ist die Lebenserwartung gestiegen? Warum leben die Paare immer länger zusammen? Diskutieren Sie.

Durchschnittliche Anzahl Geschwister	
Schwestern	
Brüder	
insgesamt	

Wie viele Kursteilnehmer/innen haben ein eigenes …	Anzahl	%
… Fahrrad?		
… Mofa?		
… Auto?		

Anzahl von Kursteilnehmern/innen, die zum Kurs kommen:	Anzahl	%
zu Fuß/mit dem Fahrrad		
mit öffentl. Verkehrsmitteln		
mit Mofa/Motorrad/Auto		

Ü19

Eine Statistik erstellen

Machen Sie eine Umfrage im Kurs. Schreiben Sie dazu Statistiken und Texte.

3 ALTERnativen

	richtig	falsch
1. Das Foto zeigt, wie Frau Reitz aussieht.	☐	☐
2. Im Artikel steht, wie alt Frau Reitz ist.	☐	☐
3. Der Leser erfährt, wie viele Kinder sie hat.	☐	☐
4. Er erfährt, wie die Kinder heißen.	☐	☐
5. Am Schluss weiß man, in welcher Stadt sie wohnt.	☐	☐
6. Man erfährt, welche Haustiere sie hat.	☐	☐
7. Man erfährt etwas über ihren früheren Wohnort.	☐	☐
8. Der Text beschreibt ihre Ausbildung.	☐	☐
9. Der Text sagt etwas über ihren Beruf.	☐	☐
10. Der Text berichtet über ihre Gesundheit.	☐	☐
11. Der Text erklärt, warum sie an einem Kurs teilnimmt.	☐	☐
12. Man erfährt, wer die „Grauen Panther" sind.	☐	☐

Ü20

Einzelheiten eines Textes verstehen

Lesen Sie den Text von A7 und sehen Sie das Foto an. Richtig oder falsch? Kreuzen Sie an.

Ü21

Zeitung lesen

Woher kommen die „Grauen Panther"? Was wollen sie?

Ü22

Leben im Alter beschreiben

a) Was machen die Menschen auf den Fotos? Wie fühlen sie sich? Beschreiben und diskutieren Sie.

Die „Grauen Panther" (Gray Panthers) entstanden um 1970 in den USA. Zu dieser Zeit waren auch die Black-Panther-Bewegung und die Frauenbewegung aktiv. Die Grauen Panther sind eine Selbsthilfe-Organisation; sie engagieren sich für eine gerechte Altenpolitik, für Ökologie und für die Lösung von Wohn- und Verkehrsproblemen, oft zusammen mit jungen Leuten. Jede Frau und jeder Mann ab 18 Jahren kann mitmachen. Heute gibt es die Grauen Panther auch in Deutschland, Österreich und in der Schweiz.

b) Was tun Sie, wenn Sie einmal alt sind? Schreiben Sie.

Wenn ich einmal alt bin, ...

Ü23

a) Was dürfen/ sollen die alten Menschen Ihrer Meinung nach? Kreuzen Sie an und ergänzen Sie die Liste.
b) Vergleichen Sie mit Ihrer Partnerin / Ihrem Partner.

Umfrage

	Alte Menschen ...		
	dürfen ...	sollen ...	sollen nicht ...
... ihre Kontakte auf die eigene Generation konzentrieren	☐	☐	☐
... sich verlieben	☐	☐	☐
... Schulden machen	☐	☐	☐
... den Jungen Platz machen	☐	☐	☐
... Kampfsport treiben	☐	☐	☐
... für sich selber sorgen	☐	☐	☐
... so lange arbeiten, wie es die Gesundheit erlaubt	☐	☐	☐
... heiraten	☐	☐	☐
... sich organisieren und politisch aktiv sein	☐	☐	☐

Ü24

Wofür sollen sich ältere Menschen bei Ihnen engagieren? Schreiben Sie ein Plakat/Flugblatt/ Transparent.

Welchen Beruf hatten die Eltern von Fritz?

Wie viele Geschwister hatte Fritz?

Was hat Fritz beruflich gemacht?

Hatte er eher Glück, Erfolg oder Unglück, Misserfolg?

Hat Fritz geheiratet?

Wo wohnt Fritz heute?

Womit beschäftigt er sich?

Ü25

**Eine Lebens-
geschichte
rekonstruieren**

Schauen Sie das
Foto an.
Notieren Sie
Vermutungen zu
den Fragen.

Gesprochen:

*„Er hatte sieben Geschwister, und sein
ältester Bruder hat den Hof der Eltern bekommen. Für Fritz hat es keinen Platz mehr
gegeben. Er ist zu einem fremden Bauern
gegangen. Dort hat er ein Zimmer und etwas
zu essen bekommen. Viel hat er nicht verdient. Ferien hat es damals nicht gegeben.
Später hat er in einer Fabrik eine Arbeit
bekommen; für diese war keine berufliche
Ausbildung nötig. Der Lohn war etwas höher,
aber er musste auch für die Wohnung Miete
bezahlen."*

Tempus: _____

Geschrieben:

Er hatte sieben Geschwister. Sein ältester
Bruder bekam den Hof der Eltern. Für Fritz
gab es keinen Platz mehr.
Er ging zu einem fremden Bauern. Dort
bekam er ein Zimmer und etwas zu essen.
Viel verdiente er nicht. Ferien gab es damals
nicht.
Später bekam er in einer Fabrik eine
Arbeit, für die keine Berufsausbildung nötig
war. Der Lohn war ein wenig höher als
auf dem Bauernhof. Aber er musste die
Wohnungsmiete bezahlen.

Tempus: _____

Ü26

**Präteritum und
Perfekt**

a) Hören und
vergleichen Sie mit
Ihren Vermutungen.
b) Unterstreichen
Sie alle Verben im
geschriebenen
Text.
In welchem Tempus
war der Hörtext?

---

1. Wenn man **über Vergangenes spricht**, verwendet man meistens das _____,

   außer bei *sein*, _____ und den Modalverben.

2. Wenn man **über Vergangenes schreibt**, verwendet man meistens das _____.

---

c) Ergänzen Sie die
Regeln.

 REGEL

Ich kenne jemanden,
der früher … .

Einmal ist er …,
und dann hat er … .

Ü27

a) Erzählen Sie
von einem alten
Menschen,
den Sie kennen.

MEINE GROSSMUTTER
Sie hatte zwei Schwestern und einen Bruder. Sie war die
Älteste. Deshalb musste sie sich oft um die jüngeren
Geschwister kümmern. Sie heiratete mit 19 Jahren. Ihr
Mann war 25 Jahre alt, als

b) Schreiben Sie
über das Leben
eines alten
Menschen,
den Sie kennen.

18

Ü28

Einen Text nacherzählen

a) Lesen Sie den Text von A10. Ergänzen Sie weitere Stichwörter und erzählen Sie.
b) Warum ist der Tod ein Ziel? Diskutieren Sie.

4 Gespräch zwischen den Generationen

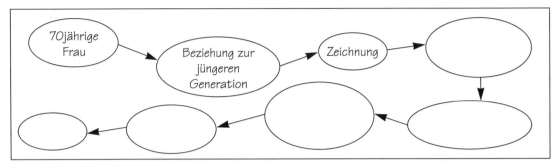

70jährige Frau → Beziehung zur jüngeren Generation → Zeichnung →

Ü29

Präteritum

a) Ergänzen Sie die passenden Verbformen.
b) Vergleichen Sie Ihre Lösungen mit A13.

In einem Hof (spielen) _____ (1) einmal zwei Kinder ein lustiges Spiel. Sie (denken) _____ (2) sich eine eigene Sprache aus. Sie (können) _____ (3) miteinander (reden) _____ (4) und niemand (verstehen) _____ (5) sie. „Brif, braf", (sagen) _____ (6) der Erste. „Braf, brof", (antworten) _____ (7) der Zweite. Und dann (lachen) _____ (8) alle beide ganz toll. Im oberen Stockwerk des Hauses (sitzen) _____ (9) ein alter Mann auf dem Balkon und (lesen) _____ (10) seine Zeitung. Im Haus gegenüber (schauen) _____ (11) eine alte Frau zum Fenster hinaus.

Ü30

Eine Geschichte in der Vergangenheit schreiben

a) Ergänzen Sie die Notizen mit eigenen Ideen. Verwenden Sie auch Verben aus der Wort-Kiste.

| lassen | gehen | schreiben | verschwinden | anrufen | verlassen | nehmen | denken |
| erschrecken | finden | schließen | bleiben | kommen | geben | sehen | laufen |

der Clown

das Kind

der Zirkusdirektor

der Tiger

Figuren

b) Schreiben Sie mit Hilfe Ihrer Notizen eine Geschichte im Präteritum.

Anfang
↓
1.
↓
2.
↓
Ende

Kind
Clown kennen lernen
anrufen

Es war einmal ein Kind, das hieß ...
Es lernte einen Clown kennen ...

5 Aussprache

1. Als es noch Großfamilien gab, waren die Kinder nicht so oft allein zu Hause.
2. Manchmal ist es gut für die Kinder, wenn die Eltern sich scheiden lassen.
3. Elsbeth dachte sicher nicht oft ans Sterben, als sie zwanzig war.
4. Wenn alte Menschen viel Sport treiben, leben sie gesünder.
5. Man muss anderen Menschen helfen, wenn man noch die Kraft dazu hat.

das Fotoalbum

die Selbstverteidigung

die Lebenserwartung

der Bilderbogen

die Enkelkinder

die Scheidungsrate

die Kindersterblichkeit

ein Freund der Mutter

ein Mann im Regenmantel

ein Ort in Deutschland

die Beziehung zur Jugend

ein Teil des Gesprächs

die Hochzeitsreise nach Venedig

ein Foto meiner Eltern

In einem Hof spielten einmal zwei Kinder ein lustiges Spiel.

Sie dachten sich eine eigene Sprache aus.

Sie konnten miteinander reden,

und niemand verstand sie.

Im oberen Stockwerk des Hauses saß ein alter Mann

auf dem Balkon und las seine Zeitung.

Alle Menschen soll**ten** Sport treiben. Viele sit**zen** zu viel im Büro – dabei könn**ten** sie in den meis**ten** Or**ten** z. B. einen Karate-Club fin**den** und dort sogar an den Wochenen**den** Trainingsstun**den** bekommen! Da üben dann die Al**ten** neben den Jungen. Manche, die in kleineren Städ**ten** arbei**ten**, rei**sen** sogar mit ihren Freun**den** und Bekann**ten** an. Sie wür**den** alles tun, um sich einen gesun**den** Körper zu erhal**ten**.

Sie reden über jeden. / Wir warten schon zwei Stunden. / Sie streiten mit den Tanten. / Wir werden sie schon finden. / Im Süden, Norden, Osten. / Sie suchen sich seit Stunden. / Sie lesen auf den Wiesen. / Wir reiten auf den Pferden. / Sie werden heute baden.

Es saust und braust
von Nord und West;
halt dich fest!

Ein Student mit Stulpenstiefeln
stolpert über Stock und St_____.

In der Höhle stöhnt der Löwe.
H___ die T___: L___t___.

['hasdə də 'tsaɪ̯tʊŋ gə'leːzn]? *Hast du die Zeitung gelesen?* _____

[kanst zə 'haːbm]. _____

['fiːln daŋk]. _____

[gɛrn gə'ʃeːn]! _____

Ü31

Hauptsatz + Nebensatz: Sprechmelodie

a) Sprechen Sie.
b) Hören Sie zur Kontrolle.

Ü32

Substantiv-Ausdrücke: Hauptakzent

a) Lesen Sie die Komposita und die Ausdrücke.
b) Hören Sie zur Kontrolle.

Ü33

W Neue Information betonen

a) Hören Sie und markieren Sie die Satzakzente.

c) Lesen Sie laut.

Ü34

W Elimination des unbetonten [ə]

a) Sprechen Sie.
b) Hören Sie zur Kontrolle.

Ü35

Rhythmisch sprechen

a) Hören und ergänzen Sie.

b) Sprechen Sie.

Ü36

Alltagssprache verstehen

Hören/Notieren Sie.

R1

Wie gut können Sie das? Bewerten Sie:
++, +, –, – –.

Das kann ich:
- vom Leben einer Person erzählen
- Stationen eines Lebens benennen
- Statistiken vergleichen
- über Beziehungen sprechen
- Wortfeld „Familie" verwenden

Grammatik:
- Bedeutung der Tempora erkennen
- Präteritum-Formen bilden
- Präteritum unregelmäßiger Verben
- Temporalsatz mit „wenn"/„als" bilden
- Genitivformen bilden/verwenden

R2

a) A/B: Was vermuten Sie über das Leben dieser Person? Notieren Sie Stichworte:

Alter
Geschwister
Heirat
Kinder
Enkel
Stationen
Aktivitäten
Beziehungen

b) A/B: Erzählen Sie die Geschichte. Notieren und fragen Sie.

Frau Neumann

Herr Giese

c) Bewerten Sie. Vergleichen Sie mit R1.

Ich kann / Du kannst ...

	A	B
• vom Leben einer Person erzählen.		
• Stationen eines Lebens erzählen.		

Ich kann / Du kannst ...

	A	B
• das Präteritum anwenden.		
• Temporalsätze benutzen.		

R3

Was sagt die Statistik? Vergleichen Sie 1973 und 1986. Notieren Sie.

UMFRAGE: „Was denken die Schweizer(innen), wenn eine junge Frau und ein junger Mann unverheiratet zusammenleben?"

Antwort	1973	1986
„Das geht zu weit!"	20%	11,1%
„Nichts dagegen."	59%	73,9%

Antwort	1973	1986
„Das kommt darauf an."	18%	14,4%
„Weiß nicht ..."	3%	0,6%

 R4

Schreiben Sie die Sätze. Wählen Sie das richtige Tempus.

1. Das Leben der alten Menschen (ändern) sich in den letzten Jahren sehr. Früher (leben) sie immer im Kreis ihrer Familie, (helfen) im Haushalt und (aufpassen) auf die Enkelkinder.
2. Sie (haben) ihre Aufgaben und (fühlen) sich nicht allein. 3. Wenn sie alt und krank (sein), (pflegen) die Kinder sie, bis sie (sterben). 4. Heute (sein) das oft nicht mehr möglich.

Moment mal!

▶ Betrachten Sie Menschen genau: auf der Straße, im Bus, im Zug, auf Fotos, in Zeitungen. Was denken Sie über diese Personen? Welche Fragen fallen Ihnen ein, wenn Sie die Personen ansehen? Erfinden Sie Geschichten.
▶ Erzählen Sie von Ihrem Land: Welche Beziehungen gibt es zwischen den Generationen? Vergleichen Sie die Situation bei Ihnen mit der Situation in Deutschland, Österreich oder der Schweiz.

1 Alles dreht sich ...

Ü1

**Meinungen
ausdrücken**

a) Ordnen Sie die
Wörter den Bildern
zu.
b) Vergleichen Sie
mit Ihrem Partner /
Ihrer Partnerin.

> ruhig nah natürlich fantastisch wirklich gefährlich geheimnisvoll angenehm fern
> kreisen aufgehen fliegen untergehen bedrohen
> die Gefahr die Zeichnung der Gewinn die Bewegung die Faszination die Gesundheit
> das Wasser vergiften die Natur schützen Angst haben, dass sich drehen um

der Krieg
die Macht
das Geld
der Mond
die Erde
die Umwelt
die Natur
...

die Faszination

das Interesse

die Sorge

der Krieg

die Angst

Ü2

a) Was fasziniert
Sie? Was macht
Ihnen Angst?
Und wie sehr?
Tragen Sie Wörter
in die Skala ein.
b) Vergleichen Sie
mit Ihrem Partner /
Ihrer Partnerin.

1. Der Mensch im Universum macht mir Angst. 2. Ich finde es faszinierend, wie der Mensch von der Natur lernt. 3. Ich habe Angst, dass wir bald nicht mehr genug Trinkwasser haben. 4. Die Fische sind in Gefahr. 5. Der Wechsel der Jahreszeiten fasziniert mich. 6. Die Wasserverschmutzung macht mir Sorgen. 7. Ich bin besorgt, dass man so viele Abfälle ins Meer wirft. 8. Ich finde es wichtig, die Natur zu schützen. 9. Ich finde es toll, dass Menschen zum Mond fliegen können.

Angst/Sorge *1.* _____   Faszination *2.* _____

Ü3

a) Welche Sätze
drücken Angst/
Sorge bzw.
Faszination aus?
Ordnen Sie zu.

b) Schreiben Sie
eigene Beispiele.

2 Der Wasserkreislauf

1. Die Sonne erwärmt das Meer.

___ Durch die Erwärmung verdunstet Wasser, das in Form von Dunst in die Luft steigt.

___ Hier kühlen sie sich ab.

___ Der Dunst formt sich zu Wolken.

___ Das Regenwasser sammelt sich in Bächen, Seen und Flüssen und fließt ins Meer zurück.

___ Die Abkühlung bewirkt, dass es regnet.

___ Die Wolken steigen in die Höhe auf, wo es kälter ist.

Ü4

**Einen Vorgang
beschreiben**

a) Nummerieren
Sie die Sätze
in der richtigen
Reihenfolge.

b) Begründen Sie
Ihre Lösung.

19

 Ü5

Was passt
zusammen?
Verbinden Sie.

Die Sonne	1.		A	verdunstet.
Das Wasser	2.		B	fallen.
Der Dunst	3.		C	führen das Wasser ins Meer.
Die Wolken	4.		D	fließt in Flüsse und Seen.
Die Regentropfen	5.		E	bildet Wolken.
Das Regenwasser	6.		F	erwärmt das Meer.
Die Flüsse	7.		G	kühlen sich ab.

Ü6

Beschreiben Sie
den Wasser-
kreislauf.

Die Sonne erwärmt das Meer. Dadurch verdunstet Wasser. Der Dunst …

TIPP: Struktursignale = Orientierungshilfe in schwierigen Texten

Viele Sprecher strukturieren ihre Texte, so dass sich die Hörer leichter orientieren
können. Solche **Struktursignale** sind z.B.: *am Anfang, zuerst, erstens, zweitens …,
der nächste Punkt, der letzte Punkt, zum Schluss.*

 Ü7

**Textstrukturen
hören**

a) Hören Sie den
Text von A5:
Welche Struktur-
signale verwendet
der Sprecher?
Markieren Sie und
zeichnen Sie Pfeile.

Am Anfang möchte ich …

Erstens …

Der nächste Punkt: …

Zusammenfassend lässt sich sagen …

Abschließend …

Zuerst einmal…

zweitens ist zu sagen …

einerseits … andererseits …

Ich komme zum letzten Punkt:

Zum Schluss …

b) Welche Gründe
nennt der Sprecher
in A5?
Kreuzen Sie an.

Das Wasser ist schlechter geworden, weil …

1. viele Chemikalien und Dünger ins Grundwasser gelangen.
2. die Landwirtschaft zu viel Grundwasser braucht.
3. es zu viele Schiffe gibt.
4. es auf dem Meer viele Ölkatastrophen gibt.
5. man viele Abfälle ins Meer wirft.
6. die schmutzige Luft den Regen vergiftet.

Ja **Nein**
☐ ☐
☐ ☐
☐ ☐
☐ ☐
☐ ☐
☐ ☐

c) Kennen Sie
weitere Gründe?
Schreiben Sie.

*In den letzten Jahren ist die Qualität des Wassers schlechter
geworden. Dafür gibt es mehrere Gründe. …*

 Ü8

Aktiv und Passiv

a) Unterstreichen
Sie die Verben
im Aktiv und
im Passiv.

AKTIV
1. Der Mensch missbraucht immer noch
Flüsse, Seen und vor allem das Meer als
Mülleimer.
2. Die Industrie leitet viele giftige Abwässer
ins Meer.
3. Die Leute werfen giftige Stoffe ins Meer.

PASSIV
Flüsse, Seen und vor allem das Meer werden
immer noch als Mülleimer missbraucht.

Viele giftige Abwässer werden ins Meer
geleitet.
Giftige Stoffe werden ins Meer geworfen.

b) Ergänzen Sie die
Regeln.

REGEL

Aktiv und Passiv:

1. **Aktiv** = Wer/Was **tut** etwas? ◄──► **Passiv** = Was **wird getan**? / Was **passiert**?

2. **Passivformen** = Hilfsverb „_____" + **Partizip II**.

Kreislauf:

Blatt

Pflanze

Wurzel

1. Die Wurzeln der Pflanzen nehmen Wasser auf.

2. Das Wasser wird in die Blätter der Pflanze transportiert.

3. Das Wasser wird von der Pflanze an die Luft abgegeben.

4. In der Luft werden Wolken gebildet.

5. Die Wolken werden in kälteren Luftschichten kühler.

6. Aus den Wolken fallen Regentropfen oder Schneeflocken.

7. Im Frühling wird aus dem Schnee wieder Wasser.

8. Das Wasser fließt zu den Wurzeln der Pflanzen.

A
P

Ü9

Markieren Sie das Verb „werden" und das Partizip II. Welche Sätze sind im Passiv (= P)? Welche Sätze sind im Aktiv (= A)?

1. Das Wasser	**wird**	durch die Wurzeln	**aufgenommen.**	
2. Das Wasser	**wurde**	durch die Wurzeln	**aufgenommen.**	
3. Das Wasser	**ist**	durch die Wurzeln	**aufgenommen worden.**	*Perfekt*

Ü10

Tempusformen

Ergänzen Sie das Tempus.

1. Früher wurde vor dem Baden das Wasser erwärmt. 2. Heute wird einfach der Warmwasserhahn geöffnet. 3. Früher ist das Wasser am Brunnen geholt worden. 4. Wie sind die Kleider früher bei euch gewaschen worden? 5. Wo werden Autos mit Trinkwasser gereinigt? 6. Wie viel Wasser wurde vor 50 Jahren pro Haushalt täglich verbraucht? 7. Und wie viel Wasser wird heute pro Haushalt verbraucht?

Ü11

a) Unterstreichen Sie alle Verbformen.

Präsens:	Präteritum:	Perfekt:
	1	

b) Sortieren Sie die Sätze.

1. Zuerst wird das Projekt geplant. 2. Das Thema, die Hauptziele und die Aufgaben werden bestimmt. 3. Dann wird das Projekt durchgeführt. 4. Die Aufgaben werden erledigt. 5. Zum Schluss wird das Projekt bewertet. 6. Was wird gut gemacht?

Ü12

Schreiben Sie die Sätze im Präteritum und im Perfekt.

Präteritum	Perfekt
1. Zuerst wurde.	Zuerst ist ...

AKTIV

1. Der Regen reinigt den Wald.

2. Das Regenwasser liefert auch einen Teil der Energie, die wir verbrauchen.

3. Welche Katastrophen verursacht der Regen?

4. Manchmal zerstören starke Regenfälle Straßen, Brücken und Häuser.

5. Wie messen Wissenschaftler die Menge des Regens?

PASSIV

Der Wald wird durch den Regen gereinigt.

Ein Teil der Energie, die von uns verbraucht wird, wird vom Regenwasser geliefert.

Welche Katastrophen werden vom Regen verursacht?

Manchmal werden durch starke Regenfälle Straßen, Brücken und Häuser zerstört.

Wie wird die Menge des Regens gemessen?

Ü13

Aktiv – Passiv

Markieren Sie im Aktiv das Subjekt mit einer Farbe und die Akkusativ-Ergänzung mit einer anderen. Markieren Sie die gleichen Wörter im Passivsatz. Was ist anders?

 Ü14

Ergänzen Sie die Regel.

Aktiv-Passiv-Beziehungen

1. Die **Akkusativ-Ergänzung** im Aktiv ⟶ **Subjekt** im Passiv

2. Das **Subjekt** im Aktiv ⟶ Ø oder **Ausdruck mit „von"/„durch"** im Passiv

	AKTIV	**PASSIV**	
⟶ + Akkusativ-Ergänzung			(+ Ausdruck mit „von"/„durch")

1.

2.

 Ü15

Modalverben und Passiv

a) Unterstreichen Sie die Modalverben und die Infinitive.

Stadt unter Wasser

Brig – Gestern früh ist der Stadtbach wegen heftiger Regenfälle über die Ufer getreten. Viele Dorfbewohner, darunter auch Touristen, mussten in Sicherheit gebracht werden. Nach amtlichen Angaben wurde niemand getötet, aber mehrere Personen wurden verletzt. Ein Mann musste ins Spital eingeliefert werden. Gestern Abend konnte er zum Glück schon wieder entlassen werden. Der Gemeindepräsident meint dazu: „Wir sind schockiert. Wir haben gewusst, dass der Dorfbach gefährlich ist, aber niemand konnte das Unglück voraussehen. Man kann sich an die Gemeinde wenden, wenn jemand Hilfe braucht."

Die Räumungsarbeiten beginnen voraussichtlich heute. Deshalb muss mit Behinderungen gerechnet

werden. Die genauen Ursachen der Überschwemmung werden im Verlauf der nächsten Wochen von Fachleuten untersucht.

b) Ergänzen Sie die Verben.

	Modalverb ◀	**Satzklammer Aktiv** ▶	**Infinitiv Aktiv**
1. Niemand	*konnte*	das Unglück	*voraussehen*
2. Man		sich an die Gemeinde	

	Modalverb ◀	**Satzklammer Passiv** ▶	**Infinitiv Passiv**
3. Viele Dorfbewohner		in Sicherheit	
4. Ein Mann		ins Spital	
5. Gestern Abend		er	
6. Deshalb		mit Behinderungen	

c) Ergänzen Sie die Regeln.

Satzklammer mit Modalverb und Infinitiv Passiv:

1. Das **Modalverb** steht in Position _____, der **Infinitiv Passiv** am _____.

2. Der **Infinitiv Passiv** wird mit dem **Partizip II** + „_____" gebildet.

1. nicht dürfen: Abfälle ins Meer werfen 2. müssen: in Zukunft – das Trinkwasser schützen
3. nicht können: gestern – wegen der Überschwemmung – die Straße befahren 4. müssen:
die Fische retten 5. nicht dürfen: in diesem Raum rauchen 6. können: in den letzten Jahren
viel – für die Umwelt tun

Ü16

Schreiben Sie
Sätze im Passiv.

> *1. Abfälle dürfen nicht ins Meer geworfen werden. 2. In Zukunft ...*

Früher: **Heute:**

Ü17

a) Was kann man
mit Wasser alles
machen?
Schreiben Sie
Infinitivgruppen
zum Bild.

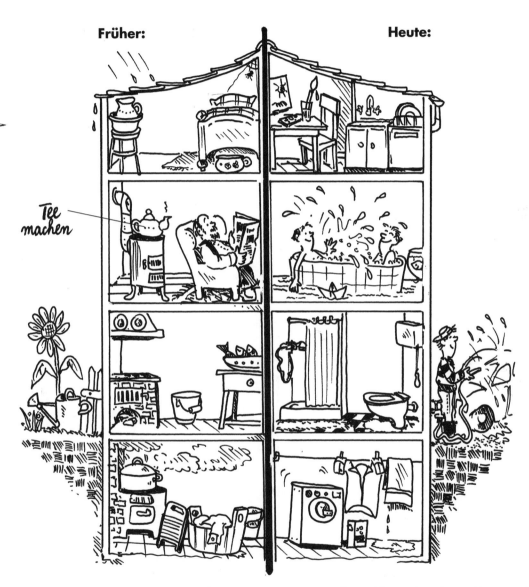

Tee
machen

● Wo ist früher bei dir zu Hause ... worden?
○ Bei uns ist früher ... worden.

● Wie musste damals ... werden?
○ Damals musste ... werden.

● Wie oft wird heute bei dir zu Hause ...?
○ Heute wird bei uns ...

● Wie kann heute ... werden?
○ Heute kann ... werden.

b) Fragen Sie
Ihren Partner /
Ihre Partnerin.

> *Bei uns wurde vor 100 Jahren wahrscheinlich weniger Wasser verbraucht als heute. Damals ...*

Ü18

Wie war das bei
Ihnen früher?
Schreiben Sie.

3 Was tun *Sie* für die Umwelt?

46

TIPP: Beim Hören sich an Fragen orientieren = das Thema identifizieren

Achten Sie bei Diskussionen auf die Diskussionsleiterin / den Diskussionsleiter. Ihre/Seine Fragen und kurzen Zusammenfassungen helfen Ihnen zu verstehen, worüber gerade gesprochen wird.

Ü19

Eine Diskussion verstehen

Hören Sie den Text von A8: Was tut die Moderatorin in der Radiodiskussion? Kreuzen Sie an.

Wie die Moderatorin die Diskussion leitet:

	tut sie	tut sie nicht
1. die Zuhörerinnen und Zuhörer begrüßen	☐	☐
2. Fragen stellen	☐	☐
3. die Diskussionsteilnehmer vorstellen lassen	☐	☐
4. ihre persönliche Meinung sagen	☐	☐
5. die Diskussion zusammenfassen	☐	☐
6. einzelnen Diskussionsteilnehmer(inne)n widersprechen	☐	☐
7. sagen, wer Recht hat	☐	☐
8. die Diskussion abschließen	☐	☐

Ü20

a) Hören Sie den Text von A8 noch einmal. Kreuzen Sie an.

	richtig	falsch	weiß nicht
1. Herr Koller findet das Benzin zu teuer.	☐	☐	☐
2. Frau Haupt findet Benzin auch zu teuer.	☐	☐	☐
3. Sie findet Sonnenenergie wichtig, um die Natur zu retten.	☐	☐	☐
4. Herr Hansen hat früher viel für den Schutz der Umwelt getan.	☐	☐	☐
5. Frau Svoboda spart bewusst Energie.	☐	☐	☐
6. Sie badet oft und duscht selten, um Wasser zu sparen.	☐	☐	☐
7. Herr Koller hat ein neues Auto.	☐	☐	☐
8. Er glaubt, dass die Natur in Gefahr ist.	☐	☐	☐
9. Frau Haupt kauft keine tiefgekühlten Lebensmittel.	☐	☐	☐
10. Sie lädt Batterien mehrmals wieder auf.	☐	☐	☐

b) Wie ist die Adresse? Schreiben Sie.

Adresse: _____

_____

_____

_____

c) Schreiben Sie einen Brief.

Liebe Mara Altenberg,
zu Ihrer Sendung "Das heiße
Thema" über Ökologie möchte ich

Ü21

Wortschatz: Umwelt

a) Was ist in dem Abfall? Notieren Sie.
b) Wohin kommen diese Abfälle? Sortieren Sie.

Kompost

Altpapier

Glas-Container

Ü22

Machen Sie eine Collage zum Thema „Abfall".

1. Herr Hansen fährt Auto, **um** der Wirtschaft zu helfen.
(Herr Hansen hilft der Wirtschaft.)

2. Die Politiker reden bei uns nicht über den Umweltschutz, **damit** die Leute sie wieder wählen.
(Die Leute wählen sie wieder.)

3. Was kann man konkret machen, _____ unsere Kinder noch eine Zukunft haben?
(Unsere Kinder haben noch eine Zukunft.)

4. Brauchen wir wirklich Atomenergie, _____ zu leben?
(Wir leben.)

Ü23

Finalsätze

a) Unterstreichen Sie das Subjekt. Wo ist das Subjekt im linken und rechten Satz gleich?
b) Ergänzen Sie „um" oder „damit".
c) Ergänzen Sie die Regel.

> **Gleiches** Subjekt = meistens _____ ; **verschiedene** Subjekte = _____

◀ REGEL

Rotkäppchen und der Wolf
1. Rotkäppchen brachte der Großmutter etwas zum Essen. Die Großmutter wurde gesund.
2. Rotkäppchen ging zu Fuß. Sie sparte Benzin. 3. Der Wolf war im Bett. Rotkäppchen konnte ihn nicht erkennen. 4. Er trug eine Bettmütze. Ihm wurde nicht kalt. 5. Der Wolf hatte große Ohren. Er konnte das Rotkäppchen besser hören. 6. Der Wolf hatte große Zähne. Er konnte das Rotkäppchen besser fressen.

Ü24

Verbinden Sie die Sätze mit „damit" oder „um ... zu". Vergleichen Sie mit der Regel.

> *1. Rotkäppchen brachte der Großmutter etwas zum Essen, damit sie...*

Das Rotkäppchen ging durch den Wald zu seiner Großmutter. Es wollte der Großmutter Kuchen, Wein und Blumen bringen. Als es ins Haus der Großmutter kam, sah es, dass der Wolf der Großmutter Tee ans Bett brachte. Wozu tat der Wolf das? Welche Absicht hatte er?

Ü25

Absichten ausdrücken

a) Wozu hat der Wolf der Großmutter Tee gebracht? Schreiben Sie Erklärungen mit „damit" und „um ... zu".
b) Vergleichen Sie mit Ihrer Partnerin / Ihrem Partner.

> *Der Wolf gab der Großmutter Tee, damit sie gesund wurde. Er fraß nur Fleisch, um ...*

Fragen des Interviewers

☐ 1. Welches sind die wichtigsten gemeinsamen Ziele dieser Organisationen?
☐ 2. Was heisst WWF?
☐ 3. Wann wurde der WWF gegründet?
☐ 4. Ist Ihre Organisation erfolgreich?
☐ 5. Können Sie ein Beispiel geben?
☐ 6. Was tut Ihre Organisation?
☐ 7. Was heißt das konkret?
☐ 8. Haben Sie eigene Zeitschriften?
☐ 9. Glauben Sie, dass der WWF die Umwelt retten kann?
☐ 10. Glauben Sie, dass schon zu viel zerstört worden ist?

Ü26

Ein Interview verstehen

a) Welche Fragen hören Sie? Kreuzen Sie an.

b) Beantworten Sie diese Fragen.

 Ü27

Wörter bilden

a) Ergänzen Sie die Infinitive und Substantive.

leb - en	das Leben	1. „das" + Infinitiv = **neutrales** Substantiv
	das Essen	
lös-en	_____	2. „die" + Verbstamm + „-ung" = **feminines** Substantiv
	die Bedrohung	
_____	der Schutz	3. „der" + Verbstamm = **maskulines** Substantiv
_____	der Fluss	(Der Vokal kann sich ändern.) ⚠ das Spiel

b) Bilden Sie Substantive aus den unterstrichenen Verben.

Die Erde ist wahrscheinlich der einzige Planet, wo Pflanzen, Tiere und Menschen <u>leben</u>. Das _____ (1) auf der Erde ist <u>bedroht</u>. Die _____ (2) kommt daher, dass wir die Umwelt zu stark <u>verschmutzen</u>. Wenn die _____ (3) der Umwelt weiter zunimmt, <u>sterben</u> die Wälder und die Atmosphäre <u>erwärmt</u> sich. Um das _____ (4) der Wälder und die _____ (5) der Atmosphäre zu verhindern, müssen wir die Umwelt <u>schützen</u>. Der _____ (6) der Umwelt beginnt damit, dass wir weniger Wasser und Energie verbrauchen.

Ü28

Konsekutivsätze

a) Unterstreichen Sie den Grund ...... und die Folge ___.

b) Schreiben Sie die Sätze neu. Verwenden Sie „so dass".

<u>Die Meere sind verschmutzt.</u> <u>Die Fische sterben.</u>
Grund ⟶ Folge

1. Die Industrie produziert nicht umweltbewusst genug. Die Umwelt geht kaputt. 2. Die Kinder haben oft Husten. Die Luft ist schlecht. 3. Man verbraucht zu viel Wasser. Das Wasser wird knapp. 4. Das Wasser wird von der Sonne erwärmt. Das Wasser verdunstet. 5. Es gibt immer mehr Autos auf den Straßen. Fast alle Leute kaufen sich ein Auto. 6. Der Wirtschaft geht es schlecht. Die Menschen denken weniger an die Umwelt.

Die Meere sind verschmutzt, so dass die Fische sterben.

4 Das Auto der Zukunft oder Zukunft ohne Auto?

Ü29

Zukunft beschreiben

a) Wie sieht das Auto der Zukunft aus? Beschreiben Sie.

b) Wie sieht die Zukunft ohne Auto aus? Was passiert mit den Autobahnen, den Straßen und Plätzen in einer Stadt? Bauen Sie _Ihre_ Zukunft.

5 Aussprache

Heizt ihr schon mit |Son|nenenergie? Ist das teuer?

Könnt ihr euch das leisten? Ist das sehr kompliziert?

Ist es bei euch im Winter |k/alt? Oder ist es nur feucht?

Habt ihr oft Schnee? Und gibt es manchmal Eis?

auf Wolken warten   Wasser trinken   den Garten pflegen

im Regen stehen   ohne Auto leben   keine Lügen glauben

gesund bleiben   die Luft rein halten   sich Gedanken machen

TIPP: Wörter auf „-en" oder „er" sammeln ⟶ Endungen richtig sprechen

- Sammeln Sie laufend Wörter mit den Endungen „-en" oder „-er" auf zwei Postern, Listen, Karteikarten usw.
- Sprechen Sie die Wörter in Gruppen: den Wortstamm **laut**, die Endung aber so **leise**, dass man sie gerade noch hört. Beispiele: **trink-en**, **Wass-er**.

---

die Natur

der Schutz der Natur

Wir arbeiten für den Schutz der Natur.

die Schweiz
Orte in der Schweiz
Sie besuchen Orte in der Schweiz.

⚠ Der Hauptakzent bleibt hier immer auf dem letzten Wort.

die Reichen
die Macht der Reichen
Sie kämpfen gegen die Macht der Reichen.

Erst wenn ihr den letzten Baum gerodet,
den letzten Fluss vergiftet,
den letzten Fisch gefangen habt,

dann stellt ihr fest,
dass man Geld nicht essen kann.

Aus: Der **Lattenzaun** *(Christian Morgenstern)*

Es war einmal ein Lattenzaun
mit Zwischenraum, hindurchzuschaun.

Ein Architekt, der dieses sah,
stand eines Abends plötzlich da –

und nahm den Zwischenraum heraus
und baute draus ein großes Haus.

['bɪtə 'aɪnʃtaɪgn̩]!   *Bitte einsteigen!*

['ɪmɐ 'laŋzaːm]! _____

['tyːɐn 'ʃliːsn̩]! _____

['tʃʊldɪgʊŋ]! _____

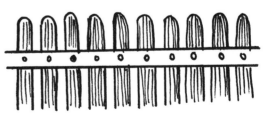

Ü30

Entscheidungs-fragen: Akzent

a) Hören Sie:
Notieren Sie Akzent und Melodie.

b) Sprechen Sie.

Ü31

Assimilation: „-en" am Wortende
Hören/Sprechen Sie.

 (47)

Ü32

W **Substantiv-Ausdrücke: Hauptakzent**

a) Lesen Sie.
b) Hören Sie.
c) Bauen Sie eigene Sätze auf.

Ü33

W **Hauptsatz + Nebensatz: Sprechmelodie**

Lesen Sie den Text halblaut mit.

Ü34

Rhythmisch sprechen

Hören Sie und sprechen Sie nach.

Ü35

Alltagssprache verstehen

Hören/Schreiben Sie.

R1

Wie gut können Sie das? Bewerten Sie: ++, +, −, − −.

Das kann ich:
- Abläufe verstehen und erklären
- Verhalten beschreiben
- Pro und Kontra diskutieren

Wortschatz:
- Wortfeld „Zustand der Natur"
- Wortfeld „Umweltbelastungen"
- Wortfeld „Umweltverhalten"

Das kann ich:
- das Vorgangspassiv …
- Passivumschreibungen mit „man" …
- Nebensätze mit „so dass" …
- Nebensätze mit „damit" und „um zu" …

… bilden.	… benutzen.

R2

a) Erzählen Sie: Was wird getan, um die Umwelt zu schützen? Notieren Sie die Passiv-Formen.
b) Vergleichen und korrigieren Sie.

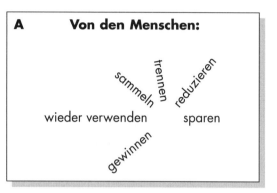

A   Von den Menschen:

sammeln trennen reduzieren
wieder verwenden sparen
gewinnen

B   Von Staat und Wirtschaft:

Verkehr
teurer machen
billiger machen
reduzieren
reinigen
verbessern
verbieten
Abgase

R3

In Deutschland wird der Müll getrennt:
a) Erklären Sie den Ablauf.
b) Schreiben Sie einen kurzen Text.
c) Korrigieren Sie Ihren Text gemeinsam.

R4

Diskutieren Sie mit Ihrem Partner / Ihrer Partnerin über die Mülltrennung.

A   PRO
- die Umwelt schützen
- Rohstoffe sparen
- den Müll reduzieren

B   KONTRA
- nur ein Geschäft, schützt nicht wirklich
- teuer und kompliziert
- viel Energie brauchen

R5

Bewerten Sie: ++, +, −, − −. Vergleichen Sie mit R1.

Ich kann / Du kannst …	A	B
(R2) Umweltverhalten beschreiben.		
(R3) Abläufe erklären.		
(R4) Pro und Kontra diskutieren.		

Ich kann / Du kannst …	A	B
• Wortschatz zu „Umweltverhalten".		
• Passivformen richtig benutzen.		
• „man" + Verb im Aktiv anwenden.		

Moment mal!
- ▶ Fragen Sie Freunde, was sie über Umweltschutz denken und was sie dafür tun.
- ▶ Suchen Sie in Zeitungen Artikel zum Thema Umweltschutz. Oder suchen Sie unter dem Stichwort „Umweltschutz" Informationen im Internet.

1 Reise-Impressionen

1. Wenn ich die Augen schließe, dann denke ich *an* ___ klare Meer ___ Griechenland.

2. Mir kommen meine Erlebnisse im letzten Sommer ___ Venedig ___ den Sinn.

3. Ich sehe vor mir die großen Wälder ___ Brasilien.

4. Ich erinnere mich ___ ___ vielen armen Menschen in den Großstädten Indiens.

A Woran _____ ?

B Was ___ *kommt dir in den Sinn?* ___

C Was _____ ?

D An wen _____ ?

> *Ich denke an ... – Mir kommt ... in den Sinn*

Ü1

Reise-Impressionen erfragen und beschreiben

a) Ergänzen Sie die Sätze.

b) Stellen Sie Fragen zu den Sätzen.

c) Schreiben Sie eigene Reise-Impressionen auf.

		Text
A	Die Autorin weiß keine Antwort auf die Frage, warum sie gerne fliegt. Sie heißt Jacqueline Cochran und war Berufspilotin. Sie hat das etwa 1954 gesagt.	
B	Reisen ist weggehen und heimkehren. Das meint der kleine Michael. Er ist erst 6 Jahre alt.	
C	Die Autorin meint, dass junge Leute eine andere Art des Reisens mögen. Sie selbst ist Reisejournalistin. Der Text wurde in den 90er Jahren geschrieben.	
D	Der Autor möchte mit einem lieben Menschen in den Süden reisen. Er heißt J. W. Goethe. Er hat das Gedicht 1780 geschrieben.	
E	Früher reiste man nicht so schnell wie heute. Das meint Franz Kafka. 1911 hat er das in sein Tagebuch geschrieben.	
F	Annette von Droste-Hülshoff beschreibt in ihrem Text aus dem 19. Jahrhundert zwei Personen. Die eine findet das Reisen wunderbar, die andere hat Angst davor.	
G	Die Autorin hat Sehnsucht nach weit entfernten Ländern. Der Text stammt aus dem Jahre 1933 und ist von Mascha Kaléko.	
H	Der Autor fragt sich, ob Reisen heute noch angenehm ist. Er ist Reisejournalist. Der Text ist aus einer Tageszeitung aus dem Jahr 1996.	

Ü2

Texte genau lesen

Lesen Sie die Texte ①–⑧ im Lehbuch, Kapitel 20/1, noch einmal. Welche Aussagen passen zu welchen Texten? Notieren Sie.

1. das ~~Hotel~~	der Zug	das Flugzeug	das Auto
2. ankommen	fragen	bleiben	weggehen
3. unterwegs	schnell	in den Ferien	im Urlaub
4. fahren	fliegen	gehen	schreiben
5. der Bahnhof	die Insel	der Flughafen	der Parkplatz
6. einfach	die Fahrkarte	teuer	hin und zurück
7. der Pass	der Berg	die Grenze	der Zöllner

Ü3

Wortschatz „Reisen"

a) Was passt nicht? Streichen Sie.

b) Wählen Sie 8 Wörter und schreiben Sie eine kurze Geschichte.

> *Ich bin letzten Sommer mit ...*

 48

TIPP: Die „Verstehensspirale" = vom Bekannten zum Unbekannten

1. Vom Bekannten ausgehen:
Was weiß ich über das Thema?
→ nachdenken
→ Stichwörter notieren

2. Dem Unbekannten näher kommen:
Was denken wohl andere?
Was steht wohl in diesem Text?
→ raten/vergleichen
→ Titel noch einmal lesen
→ sich auf das Bekannte konzentrieren

3. Ins Unbekannte vorstoßen:
Ich lese oder höre den Text (mehrmals).
→ neue Wörter/Ausdrücke entdecken
→ mit Hilfe des Kontextes erschließen
→ Wörter nachschlagen / fragen

4. Das Neue mit dem Bekannten verbinden:
Was weiß ich jetzt mehr?
Was ist wichtig für mich?
→ Notizen machen
→ über den Text reden

 Ü4

Stimmen zum Thema Reisen

a) Sie hören zwei Texte: Ergänzen Sie Stichwörter zu den Spiralen.
b) Erzählen Sie und vergleichen Sie.

Ü5

Was bedeutet für Sie Reisen? Notieren Sie ein Erlebnis als „Spirale" und erzählen Sie.

Text 1:

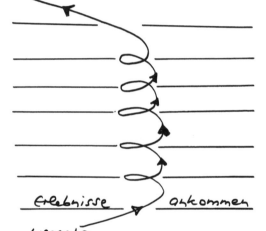

Erlebnisse   ankommen
weggehen

Text 2:

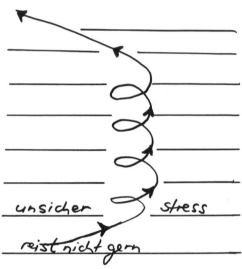

unsicher   stress
reist nicht gern

 Ü6

Indirekte Fragesätze und Fragewörter

a) Unterstreichen Sie die Verben im Hauptsatz und die Fragewörter im Nebensatz.

1. Ich erinnere mich nicht mehr genau, wann das war. 2. Aber ich weiß noch genau, wo es passiert ist: mitten in der Stadt, auf dem Marktplatz. 3. Da steht plötzlich eine junge Frau vor mir und fragt mich, wie spät es ist. 4. Sie fragte mich, wer ich bin und woher ich komme. 5. Sie wollte wissen, ob es mir hier gefällt, wie lange ich bleibe und wie oft ich schon hier war. 6. Ich habe ihr dann erzählt, warum ich fürs Leben gern Reisen mache. 7. Und dann musste ich ihr genau beschreiben, wo ich lebe und wie es dort aussieht. 8. Aber ich musste ihr auch erzählen, was ich mache und wofür ich mich interessiere. 9. Ich habe mich ständig gefragt, wozu sie das alles wissen wollte. Es wurde dunkel. Wir gingen stundenlang durch die Stadt. 10. Sie zeigte mir die Stadt und erklärte mir, wie alt die Häuser sind und wem sie gehören. 11. Ich kann mich nicht erinnern, worüber wir alles gesprochen haben. 12. Am anderen Tag nahmen wir zusammen den Zug. Wir wussten nicht, wohin er fuhr.

b) Notieren Sie die Verben im Infinitiv.

Verben: *sich erinnern, wissen*

c) Schreiben Sie die Fragewörter in die Tabelle.

Personen: *wer?*	Sachen: *was?* *wor-?*		Zeit: *wann?*
NOM _____	was?		*Wann?*
AKK wen?	_____	_____	_____
DAT _____			
GEN wessen?			_____
Qualität, Quantität, Umstände	Position, lokale Angabe		Begründung
wie?	*wo?*		GRUND _____
_____	_____		ZWECK _____
Indirekte Entscheidungsfrage: mit der Konjunktion _____ .			

Ü7

Ergänzen Sie Fragewörter.

wie teuer – ~~wohin~~ – worauf – was – ~~wessen~~ – warum – wie lange – ob – ~~mit wem~~ – wie viel

1. Ich weiß nicht, **wohin** ich in die Ferien soll. 2. Ich bin noch nicht sicher, _____ ich dieses Jahr Urlaub machen kann. 3. Ich weiß nie, _____ ich meiner Freundin mitbringen soll. 4. Im Reisebüro fragen sie mich immer zuerst, ____ _____ Geld ich ausgeben will. 5. Können Sie mir sagen, ____ _____ das ist? 6. Ich habe vergessen, **mit wem** du dieses Jahr in die Berge fährst. 7. Ich verstehe nicht, _____ du nicht gerne ans Meer gehst! 8. Es war ein Chaos auf dem Flughafen. Niemand wusste mehr, **wessen** Koffer er hatte. 9. Niemand konnte uns sagen, ____ _____ das dauert. 10. Ich fragte mich, _____ alle warteten.

Ü8

Fragen stellen
a) Was möchten Sie wissen? Notieren Sie Fragen zu den Fotos.
b) Notieren Sie indirekte Fragen.
c) Fragen Sie Ihre Partnerin / Ihren Partner.

W-Fragen

Wo ist das?
Wovon leben die dort?
Weißt du, wo ...?

Entscheidungsfragen

Ist der Mann freundlich oder aggressiv?
Haben die Touristen Angst?
Kannst du mir sagen, ob der Mann ...?

 Ü9

Relativsätze

a) Unterstreichen Sie Bezugswort und Relativpronomen.

Das Foto, das Sie hier sehen, hat meine Freundin gemacht. Und der Mann, der da auf dem Motorrad sitzt, das bin ich. Das Motorrad, mit dem ich hier fahre, ist eine Honda. Eine alte Honda übrigens, die wir auf der Insel gemietet haben. Das Bild stammt aus dem Urlaub, den wir letztes Jahr in Griechenland verbracht haben. Den Namen des Dorfes, in dem wir drei Wochen verbracht haben, habe ich leider vergessen. Aber den Namen der Insel, auf der wir waren, weiß ich noch: Sie heißt Lefkás. Die Leute, die dort wohnen, sind sehr gastfreundlich. Die Ferien waren toll; nur die Straßen, auf denen man da fährt, sind nicht gut. Wir haben auch einen kleinen Unfall gehabt, bei dem aber zum Glück niemand verletzt wurde.

b) Ergänzen Sie die Tabelle.

c) Was ist anders als beim bestimmten Artikel? Markieren Sie und ergänzen Sie die Regel.

Das Relativpronomen

	SINGULAR			PLURAL
	MASKULIN	NEUTRUM	FEMININ	
NOM _____	*das*	*die*		*die*
AKK _____	_____	_____		*die*
DAT _____	_____	*der*		_____

REGEL

Die Formen des Relativpronomens sind identisch mit dem bestimmten Artikel.

⚠ Nur im _____ _____ ist die Form anders: Sie heißt _____.

 Ü10

a) Wie findet man das richtige Relativpronomen? Markieren Sie wie im Beispiel 1.

1. ⌐Das⌐ Foto, (das) Sie hier sehen, hat meine Freundin gemacht. 2. Die Honda, mit der wir über die Insel fuhren, war sehr alt. 3. Der Urlaub, den wir letztes Jahr in Griechenland verbracht haben, war wirklich toll! 4. Wie heißt das Dorf, in dem ihr gewohnt habt? 5. Die Leute, die hier leben, sind sehr nett, aber auch die Touristen, mit denen wir Kontakt hatten.

b) Ergänzen Sie die Regel.

REGEL

Das **Relativpronomen** ist im **Genus** (MASKULIN, NEUTRUM, FEMININ) **und im Numerus** (SINGULAR, PLURAL) **gleich wie** der **A_____ vom Bezugswort**.

Das **V_____** im Nebensatz bestimmt den Kasus (NOM, AKK, DAT).

Ü11

Verbinden Sie zwei Sätze. Bilden Sie Relativsätze.

1. Siehst du den Mann? Er steht da vorn. 2. Wie heißt dein Freund? Ich habe ihm mein Motorrad gegeben. 3. Das Restaurant war sehr gemütlich. Wir haben jeden Tag in dem Restaurant gesessen. 4. Die Freunde kommen aus der Türkei. Wir waren mit ihnen in den Ferien. 5. Die Autorin ist Journalistin. Sie hat diesen Artikel geschrieben. 6. Hast du den Artikel schon gelesen? Ich habe ihn dir gestern gegeben. 7. Die Fotos kannst du morgen holen. Wir haben sie in den Ferien gemacht. 8. Die Flugzeuge machen viel Lärm. Sie landen täglich auf der Insel. 9. Erinnerst du dich an das Museum? Es war immer geschlossen. 10. Die Ferien waren eine Katastrophe! Wir haben uns so auf die Ferien gefreut.

1. Siehst du den Mann, der da vorne steht?

2 Heinrich Heine: Reisebilder (1822–28)

A	B	C
Der Autor ärgert sich über bestimmte Touristen, die nach Italien kommen und überall die Nase reinstecken.	Im Text erzählt der Autor, was er im Gespräch mit einer Italienerin erlebt hat.	In diesem Text wird die Natur beschrieben und erzählt, dass die Stimmung der Menschen oft ähnlich ist wie die der Natur.

D	E	F
Im Text wird die Natur beschrieben und erzählt, wovon die Menschen in dieser Region leben.	Heine beschreibt, wie die Menschen aussehen, wovon sie leben, wie sie sprechen.	Heine erzählt, was er in einem Restaurant zu essen bekommt und was er nach dem Essen macht.

Text A **7**   Text B ____   Text C ____   Text D ____   Text E ____   Text F ____

Ü12

Leserätsel

a) Welche der Reisebilder 1–7 von Heine werden hier beschrieben?
b) Welches „Reisebild" fehlt? Lernen Sie diesen Text auswendig.

3 Auf Heines Spuren

TIPP: Biografien lesen = gezielt Informationen suchen und ordnen

In einer Biografie finden Sie meistens Informationen zu
- Geburtsdatum
- Eltern
- Schule
- Ausbildung
- Beruf
- Wohnort/Auslandsaufenthalt
- Tod
- Besonderes

(49)

	Heinrich Heine	ICH
Geburtsdatum/Geburtsort		
Eltern		
Schule		
Ausbildung		
Beruf		
Wohnorte/Auslandsaufenthalte		
Todesdatum/Ort		

Ü13

Biografien lesen

a) Lesen Sie die Heine-Biografie in A9 noch einmal und notieren Sie.

b) Notieren Sie wichtige Angaben aus Ihrem Leben.

Annette von Droste-Hülshoff
wurde 1797 als Tochter konservativer, adeliger Eltern auf der Wasserburg Hülshoff bei Münster (Norddeutschland) geboren. Als junge Frau wollte sie mit einer Freundin eine Reise nach Italien machen, was ihr aber von der Mutter verboten wurde. Die meisten Gedichte schrieb sie in Meersburg am Bodensee, wohin sie zur Kur fuhr. Sie war oft krank und starb 1848 in Meersburg.

A

Johann Wolfgang Goethe
wurde 1749 in Frankfurt a. M. geboren. Er studierte Jura in Leipzig und Straßburg. Goethe unternahm schon in jungen Jahren Reisen in den Harz, nach Potsdam und in die Schweiz. 1786 zog es ihn fort nach Italien, wo er zwei Jahre blieb. 1788 kehrte er nach Weimar zurück, wo er bis zu seinem Tod lebte. Er unternahm noch bis ins hohe Alter viele Reisen, u. a. auch nach Frankreich. Er starb 1832 in Weimar.

C

Mascha Kaléko
wurde 1912 in Polen geboren. Ihr Vater war Russe, ihre Mutter war Österreicherin. In den dreißiger Jahren lebte sie in Berlin, wo sie mit ihren Gedichten sehr berühmt wurde. 1938 floh sie vor den Nazis in die USA.
Später zog sie in die Schweiz nach Zürich, wo sie 1975 starb.

B

Franz Kafka
wurde 1883 im damals zweisprachigen Praha/Prag geboren. Er machte in seiner Jugend Vergnügungs- und Bildungsreisen nach Helgoland, Paris, Berlin, Venedig und Verona, später nach Lübeck, Wien und Meran. Er arbeitete aber als Jurist fast das ganze Leben lang in seiner Geburtsstadt Prag, die er erst ein Jahr vor seinem Tod verließ. Er starb 1924 in Berlin.

D

Ü14

Biografien vergleichen

a) Welche der vier Biografien ist ähnlich wie die von Heine? Warum?
b) Suchen Sie Gemeinsamkeiten in den fünf Biografien.
c) Vergleichen Sie die Texte im Lehrbuch, Kapitel 20/1, mit den Biografien. Sehen Sie einen Zusammenhang?

 **20**

Ü15

Sicherheit/ Unsicherheit ausdrücken

Wissen Sie, welches Bild zu welcher Biografie gehört? Sind Sie sicher? Ergänzen Sie.

 ①  ②  ③  ④

1. Ich weiß <u>nicht</u> genau, <u>ob</u> Bild ____ zur Biografie von _____ gehört.

2. Ich bin <u>nicht</u> sicher, <u>ob</u> _____

3. Ich weiß genau, <u>dass</u> das Bild _____

4. Ich bin ziemlich sicher, <u>dass</u> Bild _____

 ### Ü16

Relativsätze mit „wo"/„wohin"/ „woher"

a) Markieren Sie das Bezugswort (und den Artikel).

b) Ordnen Sie die Relativsätze.
c) Ergänzen Sie die Regel.

1. Wie heißt gleich wieder die Stadt, <u>in der</u> Kafka gelebt hat? 2. Heine lebte mehrere Jahre in Paris, <u>wohin</u> er emigriert war. 3. Mascha Kaléko zog nach Zürich, <u>wo</u> sie 1975 starb. 4. Heine ist in Westdeutschland geboren, <u>woher</u> auch Annette von Droste-Hülshoff stammt. 5. Die Stadt, <u>in der</u> Goethe geboren wurde, ist heute ein wichtiges Wirtschaftszentrum. 6. Ich suchte früher immer Orte, <u>wohin</u> man nur zu Fuß gehen konnte. 7. Der Berg, <u>auf dem</u> wir übernachtet haben, war 2500 Meter hoch. 8. Gibt es eine Gegend, <u>in die</u> es dich zieht?

„wo": *1*_____ „woher": _____ „wohin": _____

REGEL ▶

> **Relativsätze mit lokaler Bedeutung** beginnen mit „w____", „w_____" oder
>
> „w_____". Wenn das **Bezugswort einen Artikel** hat, kann
>
> *Präp* _____ + das Relativpronomen stehen.

Ü17

Ergänzen Sie.

1. Entschuldigung, wie heißt die Stadt, *aus der* du kommst? 2. Erzähl mir von den Ländern, _____ du schon Urlaub gemacht hast. 3. Erinnerst du dich noch an den Ort, _____ du zum ersten Mal in den Ferien warst? 4. Wir fahren dieses Jahr wieder einmal auf die Insel Rügen, _____ wir früher oft in den Ferien waren. 5. Ich erinnere mich gut an das Restaurant, _____ man sich wie zu Hause fühlte. 6. Die Terrasse, _____ wir gegessen haben, war direkt am Meer. 7. Meine Eltern erzählen mir immer wieder von ihrer Reise nach Österreich, _____ sie vor zwanzig Jahren einmal gefahren sind. 8. Sie wohnten in einem Hotel, _____ es nur zwei Zimmer gab. 9. Es gibt heute kaum mehr ein Dorf auf der Erde, _____ die Touristen nicht kommen. 10. Es gibt nur ein Land, _____ man nicht fliegen kann: Das Land der Träume.

Ü18

Spuren suchen

Wählen Sie ein Thema: Suchen Sie Informationen. Stellen Sie die Ergebnisse vor.

Gibt es Spuren in Ihrer Umgebung oder in Ihrem Land, die nach Deutschland, Österreich oder in die Schweiz führen? Deutsche Straßennamen? Einen Architekten, der ein Gebäude gebaut hat? Eine Schauspielerin, die jetzt in Ihrem Land lebt? Einen Sportler, der in Deutschland geboren wurde und jetzt für Ihr Land startet? Fernsehsendungen, die über die deutschsprachigen Länder berichten? Zeitungen, die auf Deutsch erscheinen? Einen Nachbarn, der schon lange in Ihrem Land lebt? Suchen Sie Spuren!

4 „Wenn einer eine Reise tut, dann kann er was erzählen ..."

Auskunft erfragen:

1. Wo kann ich _____ ?

2. Nehmen die da auch _____ ?   *Bank*

3. Was kostet _____ ?   _____

4. Und können Sie mir _____ ?   _____

5. Was kann _____ ?   _____

6. Und wann _____ ?   _____

7. Und wo _____ ?   _____

8. Haben Sie _____ ?   _____

Auffordern:

1. Fragen Sie da vorn noch einmal. _____

2. Geben Sie mir bitte fünf Marken zu 80 Pfennig und sieben zu einer Mark. _____

3. Sagen Sie mir doch bitte einmal Ihren Namen. _____

4. So, jetzt steigen Sie bitte mal aus. _____

5. Da müssen Sie zur Post gehen. _____

6. Es tut mir leid, aber für Telefonauskünfte müssen Sie zum Schalter 13 gehen. _____

7. Fahren Sie doch bitte hier rechts raus. _____

> **TIPP: Ein Wort vergessen haben / nicht kennen = Wörter umschreiben**
>
> Wenn Sie ein Wort vergessen haben oder noch nicht kennen, beschreiben Sie einfach, wie „es" aussieht. Was ist ähnlich oder was kann man damit machen? Oder zeigen Sie darauf, wenn es gerade da ist. Ihr Partner / Ihre Partnerin versteht Sie. Beispiele:
> „Das ist so ein rundes, großes Ding, mit dem man fliegen kann."
> „Es ist ähnlich wie ein Büchsenöffner, aber es ist ein Ding, mit dem man eine Flasche öffnet."
> „Kannst du mir das da / das Ding da geben?"

1. Das ist so ein Ding aus Holz, mit dem man schreiben kann. = _____

2. Das ist so ein Ding, aus dem man trinken kann. = _____

3. Es ist ähnlich wie Tennis, aber der Ball ist ganz anders, viel leichter. = *Federball*

4. Es ist ein Baum, der nur im Süden wächst, mit riesigen Blättern. = _____

5. Es klebt, man braucht es zum Reparieren oder zum Basteln. = _____

6. Es ist etwa so groß, und man kann damit Papier zerschneiden. = _____

A

B

C

D

Ü19

Auskunft auf der Post, Bank, Polizei oder am Zoll

a) Hören Sie die Dialoge von A12 noch einmal und ergänzen Sie die Fragen.
b) Notieren Sie den Ort zu jeder Frage.

Ü20

a) Wo kann man das sagen? Notieren Sie und ergänzen Sie.

b) Inszenieren Sie im Klassenzimmer Post, Bank, Polizei oder Zoll. Spielen Sie.

Ü21

Wörter umschreiben

Was ist das?
a) Notieren Sie.

b) Beschreiben/ Umschreiben Sie.

5 Aussprache

Ü22

Kontrastakzent:
Kontrastbe-
tonungen finden

a) Markieren Sie
den Hauptakzent.

b) Lesen Sie laut:
Was ist anders?

1. Heute habe ich ein Gedicht von Mascha Kaléko gelesen.   (nicht „gestern")
2. Heute habe ich ein Gedicht von Mascha Kaléko gelesen.   (keinen „Roman")
3. Heute habe ich ein Gedicht von Mascha Kaléko gelesen.   (nicht „von Heine")
4. Heute habe ich ein Gedicht von Mascha Kaléko gelesen.   (nicht „gehört")
5. Heute habe ich ein Gedicht von Mascha Kaléko gelesen.   (nicht „zwei")

 Ü23

a) Markieren Sie die
Kontrastakzente.

b) Lesen Sie laut.
c) Hören Sie zur
Kontrolle.

1. Auf Korsika waren wir schon. Jetzt fahren wir nach Kreta.
2. Italienisch können wir schon. Jetzt lernen wir Spanisch.
3. Bertolt Brecht habe ich schon gelesen. Jetzt lese ich Max Frisch.
4. Unsere letzte Reise haben wir mit dem Fahrrad gemacht. Jetzt fahren wir mit dem Zug.
5. Unsere Kinder möchten gerne Camping machen. Aber ich schlafe lieber im Hotel.
6. Clara fährt gerne im Frühling in die Ferien. Ich fahre lieber im Herbst.

Ü24

Kontrastakzent:
bestimmter
Artikel betont

a) Lesen Sie laut.
b) Hören Sie zur
Kontrolle.

1. In den Ferien habe ich Heine gelesen. **Den** Autor lese ich besonders gern.
2. In Rom habe ich eine schöne Postkarte gesehen. **Die** habe ich zehn Mal gekauft.
3. Der Polizist wollte meinen Pass mitnehmen. **Den** hätte ich fast angezeigt.
4. In Madrid haben wir einen VW „Käfer" gemietet. **Das** Auto hat mir gefallen!
5. Nach New York sind wir mit dem Schiff gefahren. **Die** Fahrt werde ich nie vergessen!
6. Mein Bruder ist nach Argentinien gefahren. **Die** Reise möchte ich auch gerne mal machen!

Ü25

Rhythmisch lesen

a) Markieren Sie
die starken und
schwachen
Betonungen.

b) Lesen Sie laut.
c) Hören und
vergleichen Sie
die Betonungen.
d) Diskutieren Sie
die Alternativen.

Fahrradtouren
(Aus einem Reiseprospekt)

Lassen Sie den Alltag hinter sich! Machen Sie einen Aktiv-Urlaub, bei dem Sie Zeit finden, die Schönheiten der Natur ohne Hektik zu genießen. Wir bieten Ihnen drei Radtouren – ideal als Auftakt oder Abschluss Ihres Urlaubs. Wir machen es Ihnen leicht mit Gepäcktransfer, Leihrad, perfekter Routenwahl auf ebenen, wenig befahrenen Straßen oder Radwegen. Eine Woche lang radeln Sie täglich drei bis vier Stunden ohne Anstrengung dahin, besichtigen viel Interessantes, und abends lassen Sie den Tag im Weinlokal oder Biergarten ausklingen. Unsere Touren sind problemlos für Durchschnittsradler.

Ü26

 Fragen:
Akzent/Melodie

a) Lesen Sie laut.
b) Hören Sie zur
Kontrolle.

Wie viel kostet das Zimmer?   Ist der Preis inklusive Frühstück?

Wann bezahlt man das Essen?   Darf man hier rauchen?

Ist das Zimmer ruhig?   Wo kann ich bitte telefonieren?

Wie weit ist es bis zum Bahnhof?   Ist eine Bushaltestelle in der Nähe?

Sprechen über ...
- Reiseerlebnisse
- die Bedeutung des Reisens
- den Autor eines Textes

Sprechen in Situationen:
- Geld wechseln
- Briefmarken kaufen
- eine Anzeige bei der Polizei machen
- an der Grenze / beim Zoll

R1

Wie gut können Sie das?
Bewerten Sie:
++, +, –, – –.

Grammatik:
- Relativsätze bilden
- indirekte Fragesätze mit „ob" bilden
- Fragewörter anwenden

Wortschatz:
- Wortfeld „Reisen"
- Wortfeld „Natur und Landschaft"

R2

a) Beschreiben Sie fünf Orte, an denen Menschen Urlaub machen. Beginnen Sie: „Das ist ein Ort, wo / der / an dem ... ." Ihr Partner / Ihre Partnerin muss den Ort herausfinden.
b) Wählen Sie ein Bildelement: Woran erinnert Sie das? Erzählen Sie ein Reiseerlebnis.

A
- Sie wollen in einer Bank Geld wechseln.
- Sie sind auf Reisen. Plötzlich ist Ihr Koffer nicht mehr da! Gehen Sie zur Polizei und erzählen Sie, was passiert ist.

B
- Sie wollen Postkarten und Briefe von Deutschland in Ihre Heimat schicken. Kaufen Sie auf der Post Briefmarken.
- Sie haben 20 Flaschen Wein im Auto und fahren mit dem Auto über die Grenze. Ein Zollbeamter / Eine Zollbeamtin hält sie an.

R3

a) Spielen Sie eine Situation.
b) Schreiben Sie einen Brief über Ihr Erlebnis auf/an ... . Benutzen Sie indirekte Fragesätze und Relativsätze.

Ich kann / Du kannst ...	A	B
• Wörter zu „Natur/Landschaft".		
• Relativsätze benutzen.		
• Reiseerlebnisse erzählen.		

Ich kann / Du kannst ...	A	B
• die Post-/Bank-Situation lösen.		
• die Polizei-/Zoll-Situation lösen.		
• indirekte Fragesätze benutzen.		

c) Bewerten Sie:
++, +, –, – –.
Vergleichen Sie mit R1.

Ich steige in den nächsten Zug, _____ ankommt. Ich weiß nicht, _____ er kommt; und ich will auch nicht wissen, _____ er fährt. Ich suche mir ein Abteil, _____ leer ist und in _____ auch niemand kommen soll. Ich frage mich, _____ ich wohl lange mit diesem Zug fahren kann oder _____ er bald sein Ziel erreicht. Auf dem Bahnsteig laufen Menschen mit Koffern vorbei, _____ sie fast nicht tragen können. Andere Menschen, _____ gerade angekommen sind, begrüßen Freunde oder ihre Familie. Ich beobachte sie und frage mich, _____ ich wohl morgen ankomme. Der Zug fährt los, und nach wenigen Minuten schlafe ich ein.

R4 🔑

a) Ergänzen Sie: Relativpronomen, Fragewörter oder „ob".
b) Korrigieren und bewerten Sie. Vergleichen Sie mit R1.

▶ Gibt es in Ihrem Heimatland Tourismus? Warum reisen Ausländer in Ihr Land?
▶ Stellen Sie sich vor: Sie sind deutschsprachiger Tourist und reisen in Ihrem Heimatland herum. Schreiben Sie einen erfundenen Reisebericht.
▶ Sind Ihre Eltern oder Großeltern früher verreist? Was haben sie erzählt?

Moment mal!

1 Wie man eine Stadt liest

Wortschatz: Stadt

Vergleichen Sie mit den Fotos im Lehrbuch, Kapitel 21/1: Was sehen Sie? Markieren Sie.

die Straße   der Platz   die Ecke   die Ampel   die Kreuzung   der Turm   das Rathaus   die Kirche   das Museum   das Theater   das Denkmal   der Brunnen   der Park   das Kino   die Oper   der Markt   das Stadion   der Bahnhof   der Fluss   das Geschäft   das Kaufhaus   die Tankstelle   die Gasse   die Fußgängerzone   der Spielplatz   die Brücke   das Straßencafé   die Haltestelle   der Gehsteig   das Schwimmbad   die Treppe   der Taxistand   die Stadtmauer   die Skulptur   das Restaurant   der Sonnenschirm   der Parkplatz   die Terrasse   die Statue   das Zentrum   der Wohnblock   die Siedlung   der Stadtrand   die Autobahn   das Verkehrsschild   die Disco   der Zebrastreifen   die Altstadt   das Ufer   der Wald

Ü2

a) Was sehen Sie auf den Fotos? Sammeln Sie passende Wörter.

b) Beschreiben Sie die Fotos. Verwenden Sie auch Adjektive.

① *das Museum*
_____

② *die Fußgängerzone*
_____

③ *der Parkplatz*
_____

④ *der Wohnblock*
_____

⑤ *die Kreuzung*
_____

⑥ *die Altstadt*
_____

① *Da sieht man einen großen Park mit einer schönen Skulptur. ...*

LERNTIPP: Bilder im Kopf = Wörter besser behalten
Machen Sie im Kopf eine Reise durch die Stadt, in der Sie Deutsch lernen. Benennen Sie dabei laut alles, was Sie kennen, z. B. die neue Post, die hässliche Kirche. Oder: Machen Sie eine Fotokopie vom Stadtplan. Schreiben Sie die wichtigen Wörter/Ausdrücke in den Stadtplan.

Paul kommt zu Besuch

Paul und Barbara sind Computerfans. Sie kennen sich über das Internet. Paul macht eine Europareise und möchte Barbara in der Schweiz kurz besuchen. Barbara weiß nicht, was sie Paul in zwei Tagen von der Schweiz zeigen soll. Sie ruft ihre Freundin Karin an. Karin (●) macht Barbara (○) Vorschläge.

● Bei schönem Wetter würde (1) ich mit ihm eine Stadtrundfahrt _____ (2), so richtig touristisch. Am Abend würde ich in die Altstadt gehen, und wenn er Käse mag, _____ (3) ich mit ihm ein Fondue _____ (4).

○ Und dann _____ (5) du sicher auch noch einen Alpenrundflug machen!?

● Nein, das nicht, aber am nächsten Tag _____ (6) ich auf jeden Fall in die Berge fahren. Das gehört zur Schweiz.

○ Ja, schon, aber meinst du wirklich, dass ihn das alles _____ (7) _____ (8)?

● Aber sicher! Und dir _____ (9) es gut _____ (10), mal einen Tag in den Bergen zu verbringen.

Ü3 AB

Konjunktiv II: Ratschläge geben

a) Hören Sie das Gespräch und ergänzen Sie die Verbformen.

Was dann wirklich geschieht:

Paul ist eben in Fribourg angekommen. Das Wetter ist schön. Paul und Barbara machen eine Stadtrundfahrt mit der kleinen offenen Stadtbahn. Am Abend gehen sie in ein typisches Restaurant in der Altstadt und essen ein Käsefondue. Paul findet es toll. Am nächsten Tag schlägt Barbara einen Alpenrundflug vor. Paul wird es schlecht dabei, aber er kauft sich danach mindestens 20 Postkarten mit schönen Bergen und Gletschern.

Präteritum	Konjunktiv II
ich wurde	ich würde
du wurdest	du
er/es/sie	

Den **Konjunktiv II** von **„werden"** bildet man mit den Formen des **Prä**_____ und dem Umlaut: Aus **„wurd-"** wird „_____".

b) Was haben Barbara und Paul wirklich gemacht? Vergleichen Sie.

Ü4

Das Verb „werden"

a) Notieren Sie die Präteritum-Formen. Ergänzen Sie die Konjunktiv-II-Formen in der Tabelle.
b) Ergänzen Sie die Regel.

◀ REGEL

zuerst   dann • nachher   zum Schluss
zeigen   gehen   besuchen   einladen   fahren   essen
verbringen   bleiben   machen

Zuerst ...

1. Ihr Chef gibt Ihnen plötzlich eine Woche frei.
2. Sie müssen für sechs Monate auf eine einsame Insel.
3. Der Kellner serviert Ihnen eine Suppe mit einer toten Fliege.
4. Sie wachen auf und können plötzlich neun Sprachen sprechen.
5. Sie stehen vor einem Cola-Automaten und haben kein Kleingeld.

Ü5

Mögliche Pläne formulieren

Was würden Sie einem Besucher in Ihrem Land zeigen? Erzählen oder schreiben Sie.

Ü6

a) Wie würden Sie reagieren? Schreiben Sie.
b) Suchen Sie andere Situationen: Fragen Sie andere.

Ü7

Hörtraining: Vortrag

a) Hören Sie den Text von A5 noch einmal und lesen Sie mit. Folgen Sie mit den Augen und dem Finger den Pfeilen.
b) Ergänzen Sie die Wortkette.

① Freiburg/Fribourg → Deutsch/Französisch _____ → _____ Jahre alt

soziale Situation im Mittelalter ← Altstadt _____ _____ ← _____ Einwohner

die Armen: _____ die Reichen: _____ → ② neuere Stadtteile _____ Jahrhundert → wirtschaftliches Zentrum: _____

Vergrößerungen _____ ← beim Bahnhof ←

N Industrie
W ——— O _____
Siedlung
S _____ → ③ Verkehrsproblem dringend lösen; außerhalb (wohnen) → Auto

2. Wunsch: _____ ← 1. Wunsch: _____ ← ④

2 Freiburg/Fribourg – eine zweisprachige Stadt?

Ü8

Mehrsprachigkeit

Sprechen Sie das „Gedicht" laut auf Deutsch und in Ihrer Sprache. Klingt es für Sie anders?

Akan	Mari
Bihari	Pai
Deutsch	Swasi
Frafra	Toba
Hindi	Urdu
Lahnda	Vai

Ü9

Wo sprechen Sie welche Sprache(n)? Machen Sie eine Liste.

Einsprachigkeit ist heilbar

Viele Menschen in Europa glauben, dass Einsprachigkeit die Regel ist – abgesehen von ein paar „Sonderfällen". Doch sie irren sich: Im Grunde gibt es wohl kaum ein einsprachiges Land. Für Hunderte von Millionen auf der ganzen Welt gehört Mehrsprachigkeit zum täglichen Leben: In vielen Ländern spricht man in der Familie eine andere Sprache als in der Schule oder bei der Arbeit oder in einem Amt. Man träumt oder rechnet in einer Sprache, in der anderen spricht man mit den Leuten. Wenn man mehrere Sprachen kann, kann man auf der Straße oder bei Freunden auch als Dolmetscher oder Übersetzerin helfen. „Sprachen", so sagt man, „sind das Tor zur Welt".

	zu Hause	in der Schule	bei der Arbeit
ich			

A
Hamburg (D), ca. 1,8 Mio. Einwohner; Wirtschafts- und Verkehrszentrum in Norddeutschland, wichtigster Seehafen an der Elbe und an der Nordsee; Flughafen, Stadtpark, Tierpark, Vergnügungsviertel St. Pauli. Verschiedene Museen, Universität und mehrere Hochschulen; großes kulturelles Angebot, älteste deutsche Oper.

B
Chur (CH), ca. 35 000 Einwohner, wirtschaftliches und kulturelles Zentrum des dreisprachigen Kantons Graubünden (Deutsch, Italienisch und Rätoromanisch); liegt nahe am Rhein und an der Autobahn, Tor zur schweizerischen Bergwelt; verkehrsfreie Innenstadt; Gymnasium, theologische Fakultät, Stadttheater; Wintertourismus, Knotenpunkt der Bahn.

C
Mariazell (A), ca. 2500 Einwohner; berühmter österreichischer Wallfahrtsort in der Steiermark, gotisch-barocke Kirche mit Kapelle, Marienstatue (12. Jh.); liegt inmitten hoher Berge, keine Industrie; Fremdenverkehrszentrum: Winter- und Sommertourismus, ca. 25 Hotels und Gaststätten; Hauptschule; nur mit Auto oder Bus erreichbar. Ruhige Waldwanderwege.

A _____ **B** *1* _____ **C** _____

1. Da wär[en] wir zufrieden, da könnten wir zwischendurch auch Italienisch sprechen. 2. Das wäre nichts für mich, in so einer Riesenstadt würde ich mich nicht wohl fühlen. 3. Also, zu viel Natur und ein kleines Dorf. Ich wüsste nicht, was ich da machen sollte. 4. Da sollten meine Eltern hin, da hätten sie endlich mal Ruhe und könnten wandern. 5. Das wäre toll! Ich wollte, ich würde in der Nähe vom Meer leben. 6. Hätten Sie Lust, mal so zu wohnen? – Ja, doch, da könnte man jeden Abend ausgehen. 7. Wir müßten ja mit dem Auto in die Stadt fahren, um einzukaufen oder ins Kino zu gehen. 8. Da möchte ich nie leben, ich brauche für meine Arbeit einen Flughafen in der Nähe. 9. Das sollte ich eigentlich mal ausprobieren. Ich mag Kleinstädte, aber nicht zu klein. 10. Ich wäre sofort dafür, dann müsstet ihr uns aber besuchen. Da könntet ihr toll Ski fahren! 11. Was hättet ihr denn am liebsten? – Wir hätten gern ein ruhiges Haus im Zentrum und die Berge vor der Tür. Aber das Dorf dürfte nicht zu klein sein!

sein	*wir wär-en* _____
haben	_____
werden	_____
wissen	_____
müssen	_____
können	_____
sollen	_____
wollen	_____

> Den **Konjunktiv II** von „sein", „haben", „werden" und „wissen" und der **Modalverben**
> bildet man mit dem *Pr*_____ + **Umlaut**.
> Bei allen anderen Verben kann man „würde" + _____ verwenden.

Ü10

Informationen sammeln und zusammenfassen

a) Was finden Sie über:

• geografische Lage?
• Einwohnerzahl?
• Verkehr?
• Wirtschaft?
• Kultur?
• Freizeit?
• Tourismus?

b) Was wissen Sie über Ihre Stadt? Ordnen Sie die Informationen und schreiben Sie einen kurzen Text.

Ü11

Aussagen ordnen

a) Welche Aussage passt zu A/B/C? Notieren Sie oben.

b) Wo würde es Ihnen am besten / gar nicht gefallen?
c) Markieren Sie alle Konjunktiv-Formen und Endungen.

Ü12

Konjunktiv II

a) Notieren Sie die Konjunktivformen aus Ü11.

b) Ergänzen Sie die Regel.

REGEL

Ü13

Irreale Wünsche

a) Schreiben
Sie Sätze im
Konjunktiv.

1. Fast alle wollen am liebsten in der Altstadt wohnen. 2. Aber viele leben auch gern in einer modernen Wohnung mit Terrasse am Stadtrand. 3. Am liebsten haben alle einen Garten mit Bäumen vor dem Fenster. 4. Am liebsten parkt jeder sein Auto vor seiner Haustüre. 5. Fast jeder kann eine größere Wohnung brauchen.

1. Fast alle würden am liebsten in der Altstadt wohnen. 2. Aber viele

b) Wie möchten Sie wohnen? Wo nicht?

Am liebsten hätte ich/würde ich

3 Was ist Heimat?

 Ü14

Informationen zu Personen

a) Notieren Sie wichtige Angaben zu den Personen.
b) Was ist für Donat und Patricio Heimat? Schreiben Sie.

Wo ist Heimat?

Jemand hat einmal gesagt, deine Heimat ist dort, wo dir niemand sagt: „Geh heim!" Und du fragst dich: Wo ist das überhaupt, meine Heimat? Dort, wo ich geboren wurde? Dort, wo ich gerade lebe? Oder etwa dort, wo ich sterben, beerdigt sein möchte? Ist Heimat nur Sehnsucht nach einem Ort, an dem ich mich wohl fühle? Du suchst in deiner Vergangenheit, prüfst deine Gegenwart und wagst einen Blick in deine Zukunft. Du stellst dir deine Lebensgeschichte vor und vergleichst:
Wie wäre es zum Beispiel, wenn du wie der 21-jährige Donat aus St. Blasien stammen würdest?

St. Blasien ist ein Ort irgendwo in Deutschland. Donat hat noch nie woanders gelebt als auf dem Bauernhof seiner Eltern, zusammen mit seinen vier Geschwistern.

Eine zweite Heimat

Wie wäre es, wenn du wie der 23 Jahre alte Patricio aus der chilenischen Hauptstadt Santiago kommen würdest? Er musste seine erste Heimat als Achtjähriger verlassen, weil in Chile der Diktator Pinochet an die Macht kam. Patricio hat heute eine zweite Heimat, in Deutschland. „Genauer gesagt: Zell", betont er, denn außer Zell kennt er wenig von Deutschland.

Die Umgebung als Heimat

„Im Moment ist die Gegend von St. Blasien meine Heimat", sagt Donat, „wegen der Berge, der Seen, der ganzen Umgebung, die ich gut kenne." – Patricio meint dazu: „Als ich mit meiner Familie hierher kam, habe ich versucht, mich wie ein normaler Zeller zu verhalten. Natürlich habe ich das nicht geschafft. Ich wusste ja nicht einmal, was alles zu einem richtigen Zeller gehört."

Heimat – sich daheim fühlen

„Ich kann mich nur an einem Ort daheim fühlen, den ich gut kenne", meint Patricio. Donat ist damit einverstanden: „Der Ort, an den du dich gewöhnst, wird zur Heimat." – „Zuerst hat mich das Leben in Chile geprägt, ich war eben Chilene", erzählt Patricio. „Dann mussten wir fliehen, und nun fühle ich mich hier zu Hause. Das hat meinen Heimatbegriff ziemlich verändert. Ich habe gelernt, meine vier Wände so einzurichten, dass ich mich dort daheim fühle."

Heimat ist für …   *Unter Heimat versteht …*

 Ü15

Hypothesen

Indikativ oder Konjunktiv? Sortieren Sie die Fragen im Text. Antworten Sie.

Indikativ	Konjunktiv
Wo ist überhaupt meine Heimat?	*Wie wäre es, wenn …*

Ü16

Assoziationen ordnen

a) Ordnen Sie die Begriffe dem Wort-Bild zu.
b) Assoziieren Sie weitere Wörter und zeichnen Sie Ihr eigenes Wort-Bild.

die Vergangenheit – die Gegenwart – der Körper – der Traum – die Erinnerung – die Töne – das Private – die Natur – die Familie – das Ich – die Anderen – das Auge – das Ohr – der Mund – die Hand – die Sprache – die Ruhe – das Essen – die Freunde – die Musik – …

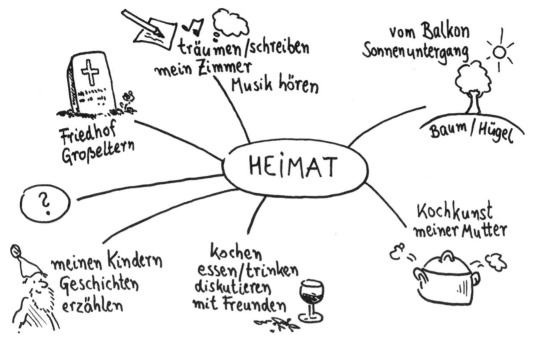

Machen Sie Interviews. Fragen Sie möglichst viele <u>Menschen</u>: freche Jungen und nette Mädchen, elegante Damen und gestresste Herren. Fragen Sie einen Studenten oder eine Passantin in der Stadt, einen Bauern oder eine Bäuerin auf dem Land. Reden Sie mit ihrem Nachbarn oder ihrer Nachbarin. Diskutieren Sie mit Ihrem Kollegen oder Ihrer Kollegin. Stellen Sie einem Touristen oder einer Touristin auf der Straße Fragen. Die Antworten eines Franzosen sind sicher nicht genauso wie die einer Deutschen. Und schauen Sie, wie die Leute reagieren. Machen Sie dazu Notizen.

Ü17

Projekt Straßen-Interviews

Befragen Sie verschiedene Leute zum Thema „Heimat".

① Einige maskuline Substantive **(Personen/Tiere):**
der Mensch

② Maskuline Substantive auf **-e**

③ Maskuline internationale Wörter auf **-ent / -ant / -ist / -at**

Ü18

Maskuline Substantive: Deklination

a) Unterstreichen Sie maskuline Substantive in Ü17.
b) Wie heißt der Nominativ Singular? Ordnen Sie.
c) Suchen Sie weitere Wörter.

d) Ergänzen Sie die Regel.

Diese maskulinen Substantive haben die **Endung** _____ oder _____ außer im NOM Singular.

 REGEL

4 „Wenn ich keine Heimat hätte ..."

Ü19

Interview lesen

Sammeln Sie Informationen und notieren Sie.

Herr Shorunmu, Sie sollen sich seit drei Wochen nur von Fisch und Reis ernähren?

Ike Shorunmu: Und von Brot und Tee. Das ist fast das Einzige, was ich hier vertrage: Fisch, Reis, Brot und Tee.

Was wäre Ihnen lieber?

Shorunmu: Etwas Gesundes, Scharfes. Ich fühle mich sehr, sehr wohl hier in Zürich, glauben Sie mir. Ich habe gute Teamkollegen, einen super Trainer, die Fans mögen mich. Und die Schweiz ist wirklich sehr schön. Aber das Essen!

Was ist damit?

Shorunmu: Zu fad. Ich habe Probleme damit. Spätestens in zwei Wochen kommt meine Frau in die Schweiz. Länger halte ich es nicht mehr aus. Ich will mich nicht beklagen. Aber richtiges Essen muss doch scharf sein! Ihr Schweizer esst immer nur Spaghetti und Pizza. Das bringt nichts.

Wie meinen Sie das?

Shorunmu: Wer gesund bleiben will, muss scharf essen. Das reinigt den Körper. Ihr lacht vielleicht darüber, aber wir Afrikaner glauben daran. Nach scharfen Speisen, vor allem mit Pfeffer, fühlen wir uns lebendiger. Scharfe Speisen verlängern unser Leben.

Was fehlt Ihnen von Afrika?

Shorunmu: Meine Familie, meine Freunde, Leute, mit denen ich reden kann. Ich sitze hier oft in meinem Zimmer, weil ich mit niemandem reden kann.

Einsam?

Shorunmu: Irgendwie fühle ich mich einsam, ja, die Schweiz ist nicht Afrika. In Afrika kannst du deine Freunde zu Hause besuchen, wann immer du Lust hast. Du gehst einfach hin. Sind sie zu Hause, trinkst oder isst du etwas und gehst nachher gemeinsam in eine Bar. Hier musst du dich zwei Wochen im Voraus anmelden, wenn du Leute besuchen willst. Ich kann das nicht: Ich weiß doch nicht, was in zwei Wochen ist! Darum bleibe ich zu Hause.

Fisch — Essen   Team — Beruf   Freunde — Heimat

Ü20

Konditionalsatz mit irrealer Bedingung

Was wäre, wenn ...? Schreiben Sie.

1. Wenn er zu Hause **w** _____, **mü** _____ er sich nicht von Fisch, Reis und Tee ernähren.
2. Wenn seine Frau hier _____, _____ sie ihm etwas Scharfes kochen.
3. Wenn die hier nicht immer nur Pizza essen _____, dann _____ es für ihn einfacher.
4. Wenn er nicht im Ausland arbeiten _____, dann k_____ er mit seinen Freunden reden.
5. Wenn seine Familie bei ihm _____, m_____ er nicht so oft allein sein.
6. Wenn er daheim in Afrika _____, dann _____ er sich nicht einsam fühlen.
7. Wenn er zu Hause _____, _____

Ü21

Konjunktiv II: höfliche Aufforderung/Bitte

a) Ordnen Sie die Sätze zu und ergänzen Sie die Adjektive.

b) Wie kann man das höflicher sagen?

1. Entschuldigung, kannst du mir etwas über die Stadt erzählen?
2. Entschuldigung, erzähl mir bitte etwas über die Stadt.
3. He du, erzähl mir etwas über die Stadt!
4. Entschuldigung, könnten Sie mir bitte etwas über die Stadt erzählen?

Befehl __ → Bitte __ → Frage __ → höfliche Frage __

unhöflich   höflich   höf_____   am _____sten: mit Konjunktiv

1. Ruhe!   2. Komm her!   3. Tür zu!   4. Gib her!   5. Erklär mir endlich den Konjunktiv II!
6. Hör auf!   7. Mach Platz!   8. Schreib auf!   9. Lösch endlich das Licht!   10. Geh weg!

1. Sei bitte ruhig! Kannst du bitte ruhig sein? Könntest/Würdest du bitte ruhig sein?

60 · sechzig

5 Aussprache

Kommst du auch mit? Willst du mir helfen? Brauchst du Geld?

Sind denn alle da? Kannst du Auto fahren? Ist das dein Freund?

Kennst du das Land ...? Sind das deine Bücher? Glaubst du die Geschichte?

Ü22

Silben verbinden
a) Sprechen Sie.
b) Hören Sie zur Kontrolle.

Beispiel: *heilen – eilen, zeigen – eigen*

heilen	zeigen	weiß	fort	Hund	halt	Fall	warm	leben	fast
Macht	der	saß	seine	dort	Mund	Rohr	Decke	fuhr	Haus
her	Nacht	Wort	Gast	teuer	kosten	wandern	raus	recht

Ü23

Silben trennen: „Knacklaut"
a) Sprechen Sie die Wörter mit und ohne den ersten Laut.
b) Lesen Sie laut.
c) Hören Sie zur Kontrolle.

das Fotoalbum die Lebenserwartung die Selbsterfahrung das Wochenende

sich erinnern sich verändern beeindrucken gearbeitet

miteinander unermesslich die Südseeinsel die Automobilindustrie

d) Markieren Sie die Knacklaute und lesen Sie.

e) Hören Sie.

Herr Allensbach wohnt direkt in der Altstadt. Im Mittelalter wohnten die Armen in der „Unterstadt" und die Reichen in der „Oberstadt". Heute wohnen viele im Osten außerhalb der Stadt. Sie fahren mit dem Auto zur Arbeit und zum Einkaufen. Wohnen in der Altstadt ist aber immer noch attraktiv. Am Abend treffen sich Jung und Alt im Zentrum am Bahnhof.

Ü24

W **Laute unterscheiden**
a) Hören Sie [øː] oder [eː]?

a) Sie hören: *1. Lehne*

	1.	2.	3.	4.	5.	6.	7.
[øː]							
[eː]	✗						

b) [øː] oder [œ]?

b) Sie hören: *1. tödlich*

	1.	2.	3.	4.	5.	6.	7.
[øː]	✗						
[œ]							

c) Beispiele: *Löhne – Lehne, Öfen – öffnen, konnte – könnte*

c) Sprechen Sie nach.

Aus dem Pegnesischen Schäfergedicht um 1650 *(S. von Birken / J. Klay)*

Es singen und klingen und ringen ... Und spritzen und schwitzen und nützen ...

Es bellen und gellen und schellen ... Es summen und brummen die Hummeln.

Es lallet und wallet und schwallet ...

Ü25

Rhythmisch sprechen
Hören und sprechen Sie.

['geːnvɐ in də ʃtat]? *Gehen wir in die Stadt?*

[tuːt miːɐ lajt]. _____

[maxt nıks]! _____

Ü26

Alltagssprache verstehen
Hören Sie. Schreiben Sie.

R1

Wie gut können Sie das? Bewerten Sie:
++, +, −, − −.

Das kann ich:
- Vermutungen formulieren
- Vorschläge und Pläne machen
- über Reiseerfahrungen berichten
- einen Begriff umschreiben

Verstehen:
- Informationen in einem Text sammeln
- zentrale Informationen verstehen

Wortfelder:
- „Stadt/Land"
- „Heimat"
- Wörter für vages Formulieren

Grammatik:
- Bedeutung des Konjunktiv II
- Konjunktiv II bilden
- Konditionalsatz (irreale Bedingung)
- Substantiv: n-Deklination

R2

a) Was würden Sie machen, wenn Sie in Hamburg / in Chur wären? Erzählen Sie: Nennen Sie 10 Aktivitäten.
b) Notieren Sie, was Ihr Partner / Ihre Partnerin sagt.
c) Vergleichen Sie Ihre Notizen mit dem Bild.

A   Hamburg

Menschen beobachten
St. Pauli ansehen
alte Häuser anschauen
durch das Zentrum gehen
Fisch essen

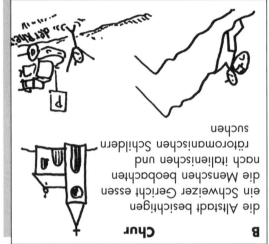

B   Chur

die Altstadt besichtigen
ein Schweizer Gericht essen
die Menschen beobachten
nach italienischen und rätoromanischen Schildern suchen

d) Bewerten Sie:
++, +, −, − −.
Vergleichen Sie mit R1.

Ich kann / Du kannst ... | A | B |
- Vermutungen formulieren.
- Pläne machen.

Ich kann / Du kannst ... | A | B |
- Wörter zu „Stadt/Land".
- den Konjunktiv II benutzen.

R3

a) Notieren Sie Wörter zu den Begriffen.
b) Was bedeutet der Begriff für Sie? Sprechen Sie miteinander: Formulieren Sie vage.

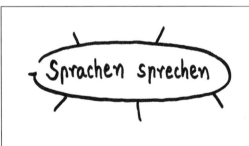
Sprachen sprechen

Nationale Symbole

c) Bewerten Sie:
++, +, −, − −.
Vergleichen Sie mit R1.

Ich kann / Du kannst ... | A | B |
- einen Begriff umschreiben.

Ich kann / Du kannst ... | A | B |
- Aussagen vage formulieren.

Moment mal!

▶ Welche Städte würden Sie besuchen, wenn Sie viel Geld zum Reisen hätten? Was würden Sie dort machen? Sprechen Sie mit Freunden und Bekannten.

▶ Fragen Sie andere: Wo möchten sie gerne leben? Was wäre wichtig, damit sie sich dort wohl fühlen?

▶ Was würden Sie machen, wenn ...? Machen Sie Pläne. Sprechen Sie mit anderen über Ihre Pläne oder schreiben Sie einen kurzen Text dazu.

Medien und Informationen

1 Wie funktioniert das?

Die Frau erklärt,
1. wie ein Computer funktioniert. ☐
2. wie ein CD-Player funktioniert. ☐
3. wie eine Kaffeemaschine funktioniert. ☐
4. wie ein Fahrscheinautomat funktioniert. ☐

Der Mann hat
5. verstanden, wie es funktioniert. ☐
6. nicht verstanden, wie es funktioniert. ☐

Ü1 AB

Funktionen beschreiben
a) Was ist richtig? Kreuzen Sie an.

🔑

b) Wie macht man das? Notieren Sie Infinitiv-Gruppen.

🔑

Anleitung
1. _____ *drücken* 2. _____ 3. _____

---

den Knopf/die Taste drücken – den Strom einschalten – den Stecker einstecken – die Cassette einlegen – warten, bis ... – die Tasse hinstellen – Wasser / den Kaffee einfüllen – die Lautstärke einstellen – STOPP – PAUSE – RECORD/AUFNAHME – eine Aufnahme machen – die Musik abspielen – anmachen/ausmachen ...

Ü2

a) Wählen Sie ein Gerät. Fragen Sie Ihren Partner / Ihre Partnerin, wie es funktioniert.
b) Können Sie das Gerät jetzt bedienen? Wiederholen Sie.

①  ②  ③

● Kannst du mir erklären, wie ...? / Wie mache ich ein(e/n) ...?

①  ②  ③  ④

⑤ ⑥

Ü3

a) Welcher Text gehört zu welchem Bild? Ordnen Sie zu.

🔑

b) Was gehört zu einem ...? Notieren Sie wichtige Wörter.

Ⓐ In eigener Regie
JVC GR-AX 260
VHS-Videokamera, 14fach-Zoom, Autofocus. Nachvertonung. Programm für Spezialeffekte, Titelgenerator.

Ⓑ Flach und formschön
SONY WM-EX 122
Walkman, Mega-Bass, Anti-Rolling. Batterie- oder Netzbetrieb. Inklusive Kopfhörer.

Ⓒ Die Kommunikationszentrale
CANON B-100
Normalpapierfax, Komforttelefon, digitaler Anrufbeantworter, automatische Faxerkennung, Kopiermöglichkeit.

Ⓓ Die Telefonzentrale
PHILIPS TD 9571 DECT
Digitales Schnurlos-Telefon, 20 Namen- und Nummernspeicher.

Ⓔ Großer Klang
PHILIPS AZ 8057
CD-Soundmachine,
UKW/MW/LW, 30 Watt Spitzenleistung, Kassettendeck. Mikrofon- und Kopfhöreranschluss.

Ⓕ Plug & Play – absolut einfache Installation
GRUNDIG TVR 3710
TV/Video-Combi, 37-cm-Bildröhre, Teletext, 69 Programmplätze, Menüsteuerung via Bildschirm, Timer.

Ü4

a) Machen Sie für sich eine Hit-Liste mit allen Geräten ①–⑥.
b) Was kosten die Geräte? Informieren Sie sich.

Ü5

Sie haben keinen Fernseher mehr. Schreiben Sie einem Freund / einer Freundin, was Sie erlebt haben.

*Liebe(r) ...
seit einer Woche habe ich keinen Fernseher mehr! ...*

Ü6 2 Wie leben Sie damit?

Medien-Konsum

a) Welche Sendungen interessieren Sie? Markieren Sie.
b) Was sehen Sie gerne? Wie heißen Ihre Lieblingssendungen? Ergänzen Sie.

SPORT

Samstag, 31. 8.
16.55 SF DRS. «Fussball». WM-Qualifikation. Aserbaidschan - Schweiz. Direkt aus Baku.
20.15 ORF 1. «Fussball». WM-Qualifikation. Österreich - Schottland. Direkt aus Wien.
22.30 RTL. «Boxen». WM-Kampf im Cruisergewicht. Torsten May - Adolpho Washington.

SERIEN

Sonntag, 1. 9.
13.25 PRO 7. «Alles total normal – Die Bilderbuchfamilie» straft ihr Image schnell Lügen, als «Der Truthahn-Mord am Hochzeitstag» für Zoff sorgt.

Dienstag, 3. 9.
22.05 ARD. Die Frühpensionierung empfindet Viktor (Heinz Schubert) als «Der Anfang vom

GESELLSCHAFT

Samstag, 31. 8.
19.20 3sat. «leben – lernen inklusive» ist der Auftakt eines Programmschwerpunktes zum Thema Bildung.

Sonntag, 1. 9.
18.00 SF DRS. Wie werden Knaben «Machos oder Softies?» «Lipstick» sucht «Neue Wege in

NATUR

Sonntag, 1. 9.
19.30 ZDF. «Von Leoparden und Schweinen» kann man lernen, dass das Erwachsenwerden auch in einer «Wunderbaren Welt» schwierig ist.

POLITIK

Dienstag, 3. 9.
21.10 ORF 2. Die «USA» liegen im Wahlfieber. Der «Report – spezial» untersucht die Fieberkurve des Landes.

KULTUR

Sonntag, 1. 9
21.15 3sat. In Richard Roglers Kabarett wird «Wahnsinn» zum Verzweifeln komisch.

0.30 ZDF. Autor Ephraim Kishon gehört zu den «Zeugen des Jahrhunderts», die nur mit Hilfe der Ironie überleben.

FILME

arte, 19.00   Lucky Luke   ★★★★☆☆
Er zieht schneller als alle anderen, selbst im Duell mit seinem Schatten: Lucky Luke, der Westernheld und Comicstar. In 52 Folgen bringen der einsame Cowboy, Jolly Jumper und Rantanplan allerlei übles Gesindel zur Strecke.   486005

S 3, 21.45   Tatort: Die Neue   ★★★★☆☆
Nach dem Abgang von Hauptkommissarin Wiegand übernimmt Lena Odenthal (Ulrike Folkerts) vom Sittendezernat die Mordkommission. Die Neue wird gleich mit einer Serie von Vergewaltigungen und Mord konfrontiert.   23219395

VOX, 0.25   Heller Wahn   ★★★★★☆
Die Frau eines Friedensforschers (Angela Winkler) leidet unter Depressionen und lebt am Rand des Selbstmords. Durch die Freundschaft zu einer Lehrerin (Hanna Schygulla) gewinnt sie Selbstvertrauen. Doch das erträgt ihr Mann nicht.   8335148

arte, 20.45   Jugend ohne Gott   ★★★★★☆
Die Faschisten rüsten sich zum Sturm auf Europa. Auch in den Schulzimmern macht sich Rassismus breit. Ein humanistischer Lehrer, der in einer Stadt am Rhein unterrichtet, gerät unter Druck und verstrickt sich unversehens in einen Mord.   187964

Folklore   Jugendsendungen   Kinospielfilme   Shows   Sport   TV-Serien   Werbung   Wetter   Politische Informationen   Quiz   Wirtschaft/Wissenschaft   Dokumentarfilme   Rock und Pop   Schlager

---

Ü7

Wie lange sitzen Sie jeden Tag vor dem Fernseher?
a) Machen Sie eine Umfrage.
b) Vergleichen Sie mit der Statistik.

Wie viele Minuten am Tag sitzt du / sitzen Sie vor dem Fernseher?		
Sabine	Yves	Durchschnitt
90 Min.	18 Min.	

Tägliche Fernsehnutzung in Minuten

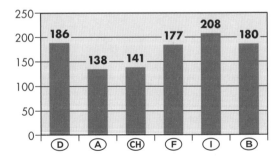

Ü8

Projekt: Fernsehkonsum

Was? Wann? Wie viel? Notieren Sie eine Woche lang.

	Sendung	Sender	Zeit (Min.)	Inhalt/Thema	neue Wörter	Bewertung (1–10)
Montag						
Dienstag						

1. Weil ich am Abend müde bin, sehe ich mir dann am liebsten einen leichten Spielfilm an. 2. Hast du gestern wirklich bis 3 Uhr ferngesehen, obwohl du schon um 7 Uhr aufstehen musstest? 3. Ich schaue fast jeden Tag den Wetterbericht an, weil ich den Typ mit seiner tollen Frisur so stark finde. 4. Ich bin richtig süchtig. Ich schaue am Mittwoch immer den „Derrick", obwohl er manchmal auch schwach ist. 5. Weil die Sendungen über Natur und Umwelt so informativ sind, haben sie immer sehr viele Zuschauer. 6. Ich fand die Fernsehdiskussion ziemlich spannend, obwohl der Moderator schlecht war.

Ü9

Konjunktionen „weil", „obwohl"

a) Notieren Sie die Satznummer im Regel-Kasten.

b) Ergänzen Sie die Regel.

---

1. In diesen Sätzen wird ein **Grund** für eine Handlung / einen Sachverhalt genannt: _1, ___.

Der **Nebensatz** beginnt mit der **Konjunktion** „_____".

2. In diesen Sätzen wird ein **Gegengrund** ausgedrückt: _____.

Der **Nebensatz** beginnt mit der **Konjunktion** „_____".

---

1. Ich höre gerne „Info" im Dritten Programm, _____ die Moderatorin so eine sympathische Stimme hat. 2. Wir schauen fast jeden Tag die Tagesschau an, _____ man auch nicht richtig informiert wird. 3. Das Fernsehen ist so interessant, _____ man immer ganz dicht an der Realität ist. 4. Im Radio kommen eigentlich die besseren Sendungen, _____ immer mehr Leute nur noch fernsehen. 5. _____ man immer mehr Sender bekommt, schaue ich immer weniger fern. 6. Ich schaue ab und zu deutsches Fernsehen, _____ ich nicht alles verstehe.

Ü10

a) „weil" oder „obwohl"? Ergänzen Sie.

b) Schreiben Sie eigene Sätze.

> *Die Kinder sitzen viel vor dem Fernseher, ...*

---

informativ   objektiv   spannend   unsympathisch   entspannend   lustig
unkritisch   interessant   modern   banal   aktuell   anstrengend   stark   intelligent
klug   kritisch   sympathisch   blöd   brav   veraltet   ernst   fiktiv   frech   leicht
langweilig   schwach   fantasielos   dumm   real   subjektiv   fantasievoll   locker
altmodisch   traurig   uninteressant

Ü11

Wortschatz: Eine Sendung beschreiben

Suchen Sie Gegensatz-Paare.

> *informativ – banal   ernst – leicht   ...*

Datum: _____   Sender: _____   Titel der Sendung: _____

_____

Inhalt: _____

gut: _____   schlecht: _____

Ü12

Eine Kritik schreiben

a) Notieren Sie Stichwörter zu einer guten/ schlechten Sendung.

b) Schreiben Sie eine Kritik dazu.

Ü13 Ein Blick ins „Cyberia"

Wörter ordnen

a) Sammeln Sie Wörter aus dem Text und notieren Sie!

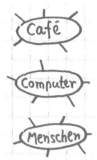

Als ich vor fünf Monaten das „Cyberia Café" in London betrat, dachte ich: Na und? Ist das alles? Zehn Computer, in der Mitte runde Tische mit Gartenstühlen, eine Kaffeebar, viele Kabel und Plakate an der Wand. Der Cappuccino und die Süßwaren waren gut, die Bedienung freundlich, auf dem Tisch stand eine Vase mit Blumen. Ich fühlte mich sofort wohl, fast schon ein bisschen zu Hause.

„Cyberia" war das erste Internet-Café der Welt. Und alles hat mit Eva begonnen: Eva Pascoe kommt aus Polen. Sie eröffnete mit einer Freundin vor ein paar Jahren das Internet-Café. Das Café musste an einer Straßenecke liegen, denn „Polen" haben eine Kaffeekultur, und die Kaffeehäuser liegen meist an einer Ecke. Da gibt es mehr Licht und ist gemütlicher. Das Kaffeehaus von gestern, wo Dichter und Revolutionäre diskutierten, hat heute ein neues Leben bekommen. Der Computer ersetzt die Zeitung. Viele Leute sitzen einfach mal im Café, trinken etwas und schauen den Profis zu.

Vielleicht versuchen Sie es auch einmal für ein paar Pfund. Die Bedienung ist da, um bei Problemen zu helfen oder um zu erklären, wie das Internet funktioniert. „Cyberia soll eine Schnittstelle zwischen Arbeit und Wohnung sein. Ein Ort, wo man Freizeit verbringt, Neues erfährt, den Umgang mit der neuen Technologie lernt", meint Eva. Sie möchte keinen „Technik-Clubraum", obwohl viel Technik herumsteht. „Cybercafés sollten deshalb", so meint Eva, „von Frauen organisiert werden."

Am Nachmittag wird es denn auch sehr sozial im Café. Ein Vater setzt sich mit seiner zehnjährigen Tochter an den Bildschirm, zwei ältere Ladies greifen zu Kuchen und Maus. Vier Londoner Punks mit grell gefärbtem Haar und Ringen in Ohren, Nase und Lippen kommen herein und fragen nach einem freien Platz. Zwei Teenager vergnügen sich mit einem E-Mail nach Irgendwo. Ich bestelle den letzten Cappuccino. „Cyberia" ist die Kneipe im Globalen Dorf. Es macht die Einsamkeit im Cyberspace erträglicher.

b) Wozu kann man den Computer benutzen? Ergänzen Sie das Wort-Netz.

☺ Die Smileys

Die Online-Plauderer haben einen Weg gefunden, ihre Gefühle auszudrücken, obwohl sie einander nicht direkt sehen können: Die Smileys sind „Stimmungsbilder" aus Tastaturzeichen. Hier die bekanntesten: TIPP: Drehen Sie das Buch um 90° nach rechts!

Ü14

Schreiben Sie Ihrem Partner / Ihrer Partnerin ein E-Mail.

:-) Das war ein Scherz, mir geht es gut.
:-D Mir geht es sogar sehr gut.
:-I Ist mir egal.
:-(Das ist leider kein Scherz, ich bin traurig.
:'(Mir kommen gleich die Tränen.

;-) Augenzwinkern: Du weißt schon, wie ich es meine. Auf jeden Fall nicht so, wie es da steht.
:-X Von mir erfährst du nichts.
:-P Rausgestreckte Zunge: Ätsch!
:-* Gruß und Kuss!

Ü15
Reziproke Verben
a) Wählen Sie
Verben aus der
Wort-Kiste
und schreiben Sie
weiter.
b) Was kann man
alles mit dem
Computer machen?
Wählen Sie Verben
aus der Wortkiste
und suchen Sie
neue.

> kennen lernen, kennen, lieben, verstehen, treffen, besuchen, sehen, schreiben, fragen, küssen, begegnen, helfen, sprechen mit, sich interessieren für, sich unterhalten mit, sich freuen auf

a)

Sie sahen einander

Sie sprachen miteinander

Sie verstanden einander

_____

b)

Man kann einander schreiben.

_____

_____

_____

1. Wir haben uns schon lange nicht mehr gesehen. 2. Wir haben uns gestern einen Krimi angesehen. 3. Habt ihr euch gut verstanden? 4. Wir haben uns am Anfang einfach geholfen. 5. Könnt ihr mir nicht auch einmal ein bisschen helfen? 6. Sie haben sich vor zehn Jahren kennen gelernt. 7. Ich unterhalte mich gerne am Computer mit Menschen, die ich persönlich nicht kenne. 8. Wir schreiben uns mit der elektronischen Post Briefe, sogenannte E-Mails.

Ü16

Bei welchen Sätzen
kann „einander"
stehen? Schreiben
Sie die Sätze neu.

3 Im Fernsehen: 8. Juni

a)

Lottozahlen

○ ○ ○

○ ○ ○ ○

Superzahl: ○

Spiel 77: ▢▢▢▢▢▢▢

Super 6: ▢▢▢▢▢▢

ohne Gewähr

b)

1. die glücklichen Momente ☐

2. die glücklichsten Momente ☐

3. Schokoladeschichten ☐

4. Schokogeschichten ☐

5. Welle für Welle ☐

6. Bälle für Bälle ☐

Ü17

Fernsehen
a) Lottozahlen:
Notieren Sie
die Glückszahlen.

b) Werbung:
Was hören Sie?
Markieren Sie.

c)

Unsere _____ in Berlin sind nicht

_____ als andere und _____ lernen

sie hier _____ und _____.

Warum? Wir praktizieren multi_____

Lernen über die Info-Bahn der deutschen

Telekom.

Mit Tele-Learning holen wir uns die Welt ins

_____.

Unsere Infobahnen eröffnen der _____

neue _____ – deutsche Telekom.

TIPP: Heute Radio hören / fernsehen ⟶ morgen die Tageszeitung lesen

Hören Sie am Radio Nachrichten. Machen Sie sich Notizen zu einem Thema.
Suchen Sie einen Tag später in einer Tageszeitung Informationen zu Ihrem Thema.
Vergleichen Sie mit Ihren Notizen.

Ü18

Textarten in Zeitungen

a) Ordnen Sie zu. Vergleichen Sie im Wörterbuch.

b) Suchen Sie weitere Beispiele.

4 In der Tageszeitung: 9. Juni

1. Der Bericht	gibt eine Meinung eines Journalisten zu einem bestimmten Problem wieder.	A
2. Der Kommentar	beantwortet in kurzer Form die Fragen WER? WAS? WO? WANN? WARUM? und WIE? einer Nachricht.	B
3. Das Interview	gibt über die knappe Meldung hinaus zusätzliche Informationen, die die Meldung ergänzen.	C
4. Die Meldung	bringt wörtlich oder gekürzt die Fragen eines Journalisten / einer Journalistin und die Antworten des / der Interviewten.	D

Ü19

Texte auswerten

a) Welche Textteile passen zusammen? Sortieren Sie.

① Axel Krause vom Platz

② SCHWERE GEWITTER IM NORDEN
Blitz erschlägt Mann

③ Wer hat Verletzten gesehen?

④ Leichte Verbesserung auf dem Arbeitsmarkt

A In Hamburg wurde ein 55-jähriger Mann von einem Blitz getötet. Nach Angaben der Polizei hatte der Mann unter einem Baum Schutz gesucht.

B Die Polizei bittet die Bevölkerung um Hinweise. Wer hat den Unfall beobachtet? Wer kennt den Motorradfahrer?

C (reuters). Trotz der gleich bleibend schlechten Lage der Wirtschaft hat die Zahl der deutschen Arbeitslosen im Juli um 20 000 oder 0,7 % abgenommen.

D München. – Wegen der starken Regenfälle kam es gestern um 13 Uhr an der Ecke Hansa-Straße / Birkenfeldstraße zu einem Unfall zwischen einem Auto und einem Motorrad. Der Motorradfahrer musste mit Verletzungen ins Krankenhaus eingeliefert wurden.

E Berlin. – Axel Krause (Hertha Berlin) wurde im Cup-Endspiel gegen den 1. FC Köln im Olympiastadion in München wegen einer Tätlichkeit vom Platz gestellt.

F Als der Krankentransport im Krankenhaus ankam, war der verletzte Motorradfahrer verschwunden.

G HAMBURG. Die heftigen Regenfälle verursachten in ganz Norddeutschland große Schäden. Mehrere Gebäude wurden von Blitzen getroffen und brannten ab. In Nordrhein-Westfalen stürzten Bäume auf die Straßen, in vielen Dörfern stand das Wasser

H Mit 12,5 % liegt die deutsche Arbeitslosenrate wie schon im letzten Jahr im EU-Durchschnitt.

I Das Sportgericht des Deutschen Fußballbundes bestrafte ihn am Montag mit einer Sperre bis zum 2. September.

b) Suchen Sie Informationen in den Texten und notieren Sie in der Tabelle.

	Thema	Wer?	Was?	Wann?	Wo?	Warum?	Wie?
Text 1							
Text 2							

Ü20

Suchen Sie Präpositionen in den Texten ①–④ für „wo?", „wann?" und „warum?".

	Präposition		
WO?			
WANN?	Uhrzeit:	Tag:	Monat:
WARUM?	Grund:		Gegengrund:

TIPP: Zeitung lesen – W-Fragen beantworten – darüber sprechen

Lesen Sie regelmäßig Zeitung/Zeitschriften. Wählen Sie Texte, die Sie interessieren. Beantworten Sie so viele W-Fragen *(Wer? Was? Wann? Warum?)* wie möglich. Sprechen Sie mit Leuten über das, was Sie gelesen haben. Oder vergleichen Sie mit einer Zeitung in Ihrer Sprache. So merken Sie, wie viel Sie vom Text verstanden haben.

1. <u>Wegen</u> des schlechten <u>Wetters</u> gab es viele Unfälle. 2. Es kam trotz starkem Verkehr zu keinen Behinderungen auf den Autobahnen. 3. „Ich finde es eine Frechheit, dass die Versuche trotz heftigen, weltweiten Protesten weitergehen." 4. Trotz des Computers wissen die Leute heute nicht mehr als früher. 5. „Ich konnte wegen dem Regen nicht früher kommen." 6. Der Spieler wurde wegen eines Fouls vom Platz gestellt. 7. „Eigenartig, dass trotz heißem Badewetter alle die Sendung am Samstagabend schauen."

Ü21

Präpositionen „wegen", „trotz"

a) Unterstreichen Sie die Konjunktion und das Kasus-signal.
b) Ordnen Sie die Sätze ein.

 REGEL

| „wegen"/„trotz" | **gesprochene Sprache:** Satz _____ = + DATIV |
| | **geschriebene Sprache:** Satz _____ = + GENITIV oder DATIV |

Ü22

„Wegen" oder „trotz"? Ergänzen Sie.

1. Die ABENDZEITUNG ist _____ der vielen Farbbilder sehr beliebt. 2. DIE PRESSE hat _____ ihrem altmodischen Aussehen viele Leserinnen und Leser. 3. Gefällt Ihnen Ihre „Lieblingszeitung" _____ der attraktiven Bilder oder _____ der interessanten Nachrichten? 4. Kaufen Sie Illustrierte _____ hoher Preise? 5. Lesen Sie Kommentare und Reportagen _____ vieler unbekannter Wörter?

Christa ist Journalistin. Sie weiß über alles Bescheid.

_____ (1) frage ich sie, wenn ich etwas über Politik oder Wirtschaft wissen will.

Manchmal hat sie keine Zeit. Ich frage sie _____ (2).

Sie ist _____ (3) manchmal sauer auf mich.

_____ (4) mag ich sie.

Und wenn sie Zeit hat, gibt sie ja gern Auskunft.

_____ (5) geh ich ja auch zu ihr mit meinen Fragen.

Ü23

a) Ergänzen Sie „darum", „deshalb", „deswegen" oder „trotzdem".
b) Unterstreichen Sie die Verben: In welcher Position stehen sie?
c) Ergänzen Sie die Regel.

REGEL

Position von „darum", „deshalb", „deswegen" und „trotzdem" = oft am _____ des Satzes.

1 Was ist das?

_____ Aber weshalb nennt man die Maus „Maus"?

_____ Das ist eine Maus. Damit kann man dem Computer Befehle geben. Schau mal …

_____ Deshalb!

_____ Und warum antwortest du mir mit „deshalb"?

_____ Weshalb denn?

_____ Weil mir deine Fragerei auf den Wecker geht.

Ü24

a) Machen Sie einen Dialog. Nummerieren Sie die Aussagen.

b) Spielen Sie den Dialog mit Ihrer Partnerin / Ihrem Partner.
c) Spielen Sie eigene Dialoge.

Ü25 5 Aussprache

Zahlen sprechen

Betonen Sie
a) die „Einer",
b) die „Zehner"
am stärksten.

Beispiel: 521   a) fünf-hundert-<u>ein</u>-und-zwanzig
              b) fünf-hundert-ein-und-<u>zwan</u>zig

       723   sieben-hundert-drei-und-zwanzig
     1 253   (ein)tausend-zwei-hundert-drei-und-fünfzig
     4 538   vier-tausend-fünf-hundert-acht-und-dreißig
    23 798   drei-und-zwanzig-tausend-sieben-hundert-acht-und-neunzig

 Ü26

Nummern sprechen

a) Hören Sie und sprechen Sie nach.
b) Lesen Sie die Nummern.

Beispiel: 18 15 10 → gesprochen entweder *eins-acht eins-fünf eins-null*
                                    oder   *achtzehn fünfzehn zehn*

Nummern im Telefonbuch/Telefaxbuch:

Deller Sabine Kiefernstr. 14	**76 52 03 13**	**Demirlek G.** Saaleweg 15	**89 37 15 34**
DeltaCom	**5 70 63 00**	**Deml Franz** Kellerstr. 27	**36 27 18 98**
Demic Serif Rupprechtpl. 32	**45 36 27 18**	**Demmel Th.** Adlerweg 31	**65 43 89 76**

 Ü27

Daten sprechen

Hören und sprechen Sie.

Schulferien:

| Weihnachten | Ostern | Pfingsten | Sommer | Herbst |
| 20. 12.–8. 1. | 31. 3.–5. 4. | 20. 5.–31. 5. | 31. 7.–31. 9. | 28. 10.–2. 11. |

 Ü28

Uhrzeiten sprechen

a) Lesen Sie.
b) Hören Sie zur Kontrolle.

Programm des Zweiten Deutschen Fernsehens (ZDF) am 12. August:

17.00 heute / Sport / das Wetter heute	19.25 Lovers – Fernsehfilm
17.15 Abendmagazin	21.00 Auslandsjournal
17.50 Der Alte – Krimiserie	21.45 heute-journal
19.00 heute / das Wetter	22.00 Ein Fall für drei – Komödie

 Ü29

Jahreszahlen, Nummern, Preise lesen

a) Lesen Sie.
b) Hören Sie zur Kontrolle.

Auto-Verkaufsanzeigen in der Zeitung:

VW Golf	**Audi 100**	**Toyota Starlet**	**Renault Clio**
Baujahr 1993,	Baujahr 1992,	Baujahr 1995,	Baujahr 1996,
60 000 km,	84 500 km,	15 500 km,	23 000 km,
DM 21 500,–,	DM 23 900,–,	DM 13 900,–,	DM 15 900,–,
Tel. 09 21/27 31 42	Tel. 33 00 97	Tel. 20 88 46	Tel. 0 92 21/1 67 59

 Ü30

Rhythmisch sprechen

a) Hören Sie.
b) Sprechen Sie.

Leute *(Günter Kunert)*

Kleine Leute, große Leute
gab es gestern, gibt es heute,
wird es immer geben,
über, unter, hinter, neben

dir und mir und ihm und ihr:
Kleine, Große sind wie wir.
Größer als ein großer kann
aber sein ein kleiner Mann.

 Ü31

Alltagssprache verstehen

Hören Sie und schreiben Sie.

['mœçtsdə nɪç 'mɪtfaːn

in də ʃvaits]?

[vas 'gɪbsn da]?

[nə 'paːtɪ bai 'peːtɐ

in 'baːzl].

Möchtest du nicht mit-
fahren in die Schweiz?
_____

_____

_____

RÜCKSCHAU

Das kann ich:
- Geräte beschreiben ☐
- Funktionen von Geräten erklären ☐
- über Medienkonsum sprechen ☐
- Themen in Medien nennen ☐

- Beschreibungen verstehen ☐
- Erklärungen verstehen ☐
- Themen in Medien erkennen ☐

R1

Wie gut können Sie das? Überlegen und bewerten Sie: ++, +, –, – –.

Wortfelder:
- „Geräte und Geräteteile" ☐
- „Umgang mit Geräten" ☐
- „Medien" ☐

Grammatik:
- kausale Begründungen mit „da", „weil", „wegen" ☐
- konzessive Begründungen mit „obwohl", „trotz" ☐
- Folgerungen mit „deshalb", „trotzdem" ☐
- reziproke Verben ☐

R2

a) A/B: Erklären Sie, wie der Apparat funktioniert.

Ich kann / Du kannst ... | A | B |
- Geräte beschreiben.

Ich kann / Du kannst ... | A | B |
- Funktionen erklären.

b) Bewerten Sie: ++, +, –, – –. Vergleichen Sie mit R1.

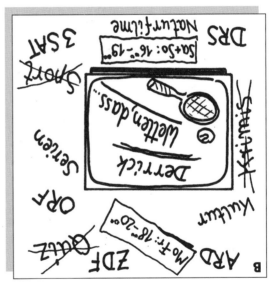

R3

a) A/B: Erklären Sie Ihrem Partner / Ihrer Partnerin von Ihren Fernsehgewohnheiten. Benutzen Sie nur die Informationen auf der Karte.
b) Schreiben Sie einen Brief über Ihre Fernsehgewohnheiten. Benutzen Sie: „da", „weil", „obwohl", „trotz", „trotzdem" und „deshalb".

Ich kann / Du kannst ... | A | B |
- über Medienkonsum sprechen.
- Wortfeld „Medien" benutzen.

Ich kann / Du kannst ... | A | B |
- „da", „weil", „wegen" benutzen.
- „obwohl", „trotz" benutzen.
- „deshalb", „trotzdem" benutzen.

c) Bewerten Sie: ++, +, –, – –.

▶ Vergleichen Sie die Fernsehgewohnheiten in Ihrem Heimatland mit denen in anderen Ländern.
▶ Beim interaktiven Fernsehen kann der Zuschauer darüber mitbestimmen, wie ein Film weitergeht. Fragen Sie Freunde, was sie über interaktives Fernsehen denken und ob sie es benutzen würden.
▶ Hören Sie Nachrichten. Notieren Sie die Hauptinformationen. Hören Sie am gleichen Tag noch einmal Nachrichten. Ergänzen, korrigieren und bewerten Sie Ihre Notizen.

Moment mal!

Zwischenstopp „Grundbaustein"

1 „Grundbaustein" – was ist das?

AB Ü1

Informationen zum „Grundbaustein" verstehen

Sie hören ein Interview:
a) Richtig oder falsch?
Kreuzen Sie an.

b) Notieren Sie die wichtigsten Informationen.

	richtig	falsch
1. Die Grundbaustein-Prüfung ist unabhängig vom Lehrbuch.		
2. Sie prüft, ob der Kandidat / die Kandidatin ein bestimmtes Niveau hat.		
3. Die Volkshochschulen und die Goethe-Institute bieten diese Prüfung an.		
4. An der Grundbaustein-Prüfung kann jede(r) teilnehmen.		

Aufbau der Grundbaustein-Prüfung
a) Schriftliche Prüfung

Prüfungsteil	Aufgabenzahl	Punkte	Zeit
	2–5 Texte mit 15 Aufgaben zum Inhalt	30 Punkte	
	2–5 Texte von der Cassette mit 10 Aufgaben zum Inhalt	30 Punkte	
	15 Aufgaben	15 Punkte	

b) Mündliche Prüfung

Kommunikation in Alltagssituationen	4 Aufgaben zu Situationen	12 Punkte	
	6 Fragen	18 Punkte	

Ü2
a) Lesen Sie den Text: Können Sie das?
b) In welchen Situationen können Sie Deutsch sprechen? Sammeln Sie.
c) Was können Sie über sich sagen? Notieren Sie.

a)

In der Grundbaustein-Prüfung zeigen Sie, dass Sie
• einfache Situationen im Alltag auf Deutsch lösen können,
• wichtige oder interessante Informationen aus Texten (z. B. Briefen, Zeitungsartikeln, Ansagen, Radiotexten) entnehmen können,
• in einem Gespräch von sich erzählen können.

b)

c)

Ich kann
• sagen, wie ich heiße.
• ...

Ü3
Sammeln Sie Argumente für und gegen Prüfungen.

(54)

TIPP: • **Informieren Sie sich über die Prüfung:**
Was wird geprüft? Welche Aufgabentypen gibt es?
• **Fragen Sie nach Modellprüfungen.**
• **Lesen Sie die Aufgaben immer genau durch, bevor Sie anfangen.**
Beispiele für die Grundbaustein-Prüfung finden Sie in Ü4 – Ü9, Ü11, Ü13 – Ü15.

2 Milan und Andrea: Grundbaustein-Prüfung

1. Milan ist noch zwei Tage in Stuttgart.
2. Er will Andrea besuchen.
3. Er ist am Freitag gegen acht Uhr abends in Bern.
4. Milan möchte etwas unternehmen.

1. Im Kino läuft ein Film zum Thema „Faszination Mensch".
2. In Langnau fängt die Kulturwerkstatt an.
3. Im Berner Münster gibt es armenische Folklore.
4. N. Simonian ist ein Mann.
5. Die Lieder der „Fantastischen Vier" haben deutsche Texte.

1. Es gibt zwei Züge, mit denen Milan ankommen könnte.
2. Es ist zu spät, Milan anzurufen.

1. Milan fährt über Basel.
2. Sein Zug kommt auf Gleis 9 an.
3. Der Zug ist pünktlich.
4. Milans Platz ist im Wagen 212.

1. Am Sonntagnachmittag ist es in Bern wahrscheinlich trocken.
2. Milan liest einen Bericht über das Grand-Slam-Turnier in Paris.
3. In der Zeitung steht, dass Martina Hingis auf Platz 1 der Weltrangliste ist.
4. Martina Hingis hat schon mit 2 Jahren mit Tennis angefangen.

1. Sven hat Ferien.
2. Svens Eltern leben in Oslo.
3. Sven will mit Andrea zum Konzert.
4. Andrea sagt, dass sie sicher kommt.
5. Svens neue Telefonnummer lautet: 2 46 32 72.
6. Andrea will Sven am Samstag anrufen.

Ü4
Eine Prüfung machen
Lesen Sie den Text von A2. Sind die Sätze „richtig" (+) oder „falsch" (–)? Markieren Sie.

Ü5
Lesen Sie die Zeitungstexte von A3. Markieren Sie die Sätze: + oder –.

Ü6
Lesen Sie A4. Markieren Sie: + oder –.

Ü7
Hören Sie den Text von A5. Markieren Sie: + oder –.

Ü8
Lesen Sie die Zeitungstexte von A6. Markieren Sie: + oder –.

Ü9
Was sagen die Personen? Markieren Sie: + oder –.

Ü10
Vergleichen Sie mit dem Lösungsschlüssel. Zählen Sie Ihre Punkte.

Punkteschlüssel (bestanden mit 18 oder mehr Punkten)			maximal	Resultat
Lesen	Ü4–Ü6, Ü8	für jede richtige Lösung = 2 Punkte	15 x 2 = 30	
Hören	Ü7, Ü9	für jede richtige Lösung = 3 Punkte	10 x 3 = 30	

AB 📼 **Ü11**

a) Hören Sie:
Wie würden Sie
reagieren?
Markieren Sie Ihre
Antwort.

1. a) Ich grüße Sie! b) Guten Tag! c) Ich heiße ….	**6.** a) Das kannst du mir glauben. b) Natürlich. c) Ja, das denke ich auch.	**11.** a) Nein, ich schreibe selbst. b) Danke, ich habe etwas. c) Nein, das geht nicht.
2. a) Nein, das macht nichts! b) Nein, das tut mir Leid! c) Ja, wie schade!	**7.** a) Ja, gern! b) Danke, gut! c) Das steht mir gut!	**12.** a) Danke, gleichfalls! b) Danke, ich habe Appetit. c) Sehr gern.
3. a) Danke, gut! Und Ihnen? b) Leider nein! c) Ich finde das gut!	**8.** a) Vielen Dank! b) Bitte schön! c) Danke, gern!	**13.** a) Ich habe keine Zeit. b) Ich habe Kopfschmerzen. c) Es geht.
4. a) Vielen Dank! b) Ja, das ist eine gute Idee. c) Ja, zum Tanzen.	**9.** a) Vielen Dank! b) Bitte sehr! c) Wie schön!	**14.** a) Guten Tag! b) Entschuldige! c) Bleib doch noch!
5. a) Einen Moment, bitte! b) Ich kaufe nichts. c) Ich nehme kein Geld.	**10.** a) Ja, wie schön! b) Ich gehe. c) Doch, ich komme mit!	**15.** a) Leider nein! b) Ich rauche nicht! c) Ich habe keine Zigaretten!

b) Vergleichen Sie
mit dem Lösungs-
schlüssel. Zählen
Sie Ihre Punkte.

🔑

Punkteschlüssel (bestanden mit 9 oder mehr Punkten)		**maximal**	**Resultat**
Kommunikative Situationen	für jede richtige Lösung = 1 Punkt	15 Punkte	

Ü12

a) Was antwortet
Andrea auf Milans
Brief in A2?
Ergänzen Sie.

> *Lieber Milan,* _____.
>
> *ich freue mich* _____.
>
> *Du* _____.
>
> *Hier in Bern* _____.
>
> *Wir* _____.
>
> *Das Wetter* _____.
>
> *Ich hole dich vom Bahnhof ab.*
>
> *Bis Freitag!*
>
> _____

b) Ihre Lehrerin /
Ihr Lehrer korrigiert:
Für die Postkarte
bekommen Sie
4 Punkte pro Satz,
also maximal
20 Punkte.

Punkteschlüssel (bestanden: 12 Punkte)	**pro Satz**
• keine Lösung oder Lösung unverständlich	0 Punkte
• man kann noch erkennen, was er/sie will	1 Punkt
• die Aussage ist klar, aber es gibt viele Fehler	2 Punkte
• sinnvoll und recht gut formuliert	3 Punkte
• sinnvoll und fast korrekt	4 Punkte

Satz	**Resultat**
ich freue mich …	_____ Punkte
Du …	_____ Punkte
Hier in Bern …	_____ Punkte
Wir …	_____ Punkte
Das Wetter …	_____ Punkte

Punkteschlüssel für jede Situation/Frage:

	ja	nein
Das sagt man normalerweise in der Situation.	☐	☐
Man kann die Äußerung trotz Fehlern verstehen.	☐	☐

Punkte:

2x ja = 3 Punkte
1 bis 2x nein = 0 Punkte

1
Sie möchten die Zugverbindungen nach Wien wissen. Was fragen Sie?

2
Sie möchten eine Fahrkarte von München nach Wien kaufen. Was sagen Sie?

3
Ihr Zug nach Wien ist schon weg. Was fragen Sie bei der Auskunft?

4
Sie suchen einen Platz in einem Zug. Der Zug ist sehr voll. Endlich finden Sie einen Platz, auf dem aber eine Tasche steht. Was sagen Sie?

5
„Die Fahrkarten, bitte!", ruft der Schaffner. Sie wissen nicht mehr, wo Sie Ihre Fahrkarte haben. Sie brauchen etwas Zeit zum Suchen. Was sagen Sie?

6
Der Getränkewagen kommt vorbei. Sie haben Durst und möchten etwas Warmes trinken. Was sagen Sie?

7
Sie sitzen im Zug und unterhalten sich mit einem Deutschen. Er spricht viel zu schnell. Was sagen Sie?

8
Der Zug hat Verspätung. Sie wollen zu Hause anrufen. Sie haben kein Kleingeld. Was fragen Sie?

9
Eine alte Frau kommt mit einem schweren Koffer. Sie möchten ihr helfen. Was sagen Sie?

1A
Beginnen Sie ein Gespräch mit einem anderen Reisenden. Sagen Sie etwas
• über das Wetter,
• über die Landschaft.

2A
Jemand spricht Sie an.
• Antworten Sie freundlich.
• Fragen Sie zurück.
• Führen Sie das Gespräch weiter.

2B
Beginnen Sie ein Gespräch.
• Fragen Sie nach dem Reiseziel.
• Sagen Sie etwas über das Reiseziel.
• Fragen Sie nach der Dauer der Reise.

1B
Jemand spricht Sie an.
• Stimmen Sie zu.
• Führen Sie das Gespräch weiter.

Fragen zur Person

Ihre Heimatstadt

Freizeitinteressen

Deutsch lernen

Wie lange …? Warum …?

Lehrbuch?

Deutsch lernen

viel sprechen?

schwere Sprache?

lernen Sie weiter?

Ü13
Kommunikative Situationen auf einer Reise

a) Sehen Sie den Punkteschlüssel an.
b) Spielen Sie mündliche Prüfung: Lesen Sie vier Situationen vor. Ihr Partner / Ihre Partnerin antwortet.
c) Bewerten Sie die Antworten. Tauschen Sie die Rollen.

Ü14

a) Spielen Sie die Situationen.
b) Bewerten Sie.

Ü15
Gelenktes Gespräch

Machen Sie ein Interview:
a) Wählen Sie ein Thema. Formulieren Sie 6 Fragen.
b) Interviewen Sie Ihren Partner / Ihre Partnerin. Bewerten Sie die Antwort zu jeder der 6 Fragen.

3 Sprachlernbiografie

TIPP: • **Schreiben Sie auf, was und wie Sie gelernt haben:**
– Notieren Sie in einem Heft: Welche Fremdsprachen kann ich?
– Wie gut kann ich die Fremdsprachen? Wie habe ich sie gelernt?
• **Sammeln Sie Beispiele für Ihre Sprachkenntnisse:**
– Texte, die Sie auf Deutsch geschrieben haben.
– Sprechen Sie mindestens einmal im Monat etwas auf Cassette.
Erzählen Sie z.B. von Ihren Interessen, Ihren Aktivitäten, Ihren Freunden.
– Kursbescheinigungen und Zeugnisse.

Ü16

Sprachlern-
biografie
schreiben

a) Welche Fremd-
sprachen haben Sie
gelernt?
Wie, wo und
wie lange?
Was ist beim
Lernen für Sie
wichtig?
Diskutieren Sie.
b) Schreiben Sie
Ihre persönliche
Lernbiografie
für Deutsch.

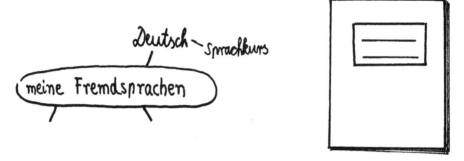

Meine persönliche Sprachlernbiografie: Deutsch		
Jahr/Datum	Schule/Kurse *(Stundenzahl, Wochen)*, Kontakte mit Deutschsprachigen: Was habe ich gemacht?	Erfahrungen, Lernfortschritte

Ü17

Das eigene
Sprachniveau
einschätzen

a) Lesen und
sortieren Sie
die Texte.
Notieren Sie das
Ergebnis im Raster
auf der nächsten
Seite.

A
• Ich kann kurze, einfache Texte lesen.
• Ich kann in einfachen Alltagstexten (z.B. Anzeigen, Prospekten, Speisekarten oder Fahrplänen) wichtige Informationen finden.
• Ich kann kurze, einfache persönliche Briefe verstehen.

B
• Ich kann die meisten Situationen auf einer Reise im deutschen Sprachgebiet lösen.
• Ich kann ohne Vorbereitung mit anderen über Themen reden, die ich kenne oder die mich interessieren (z.B. Familie, meine Hobbys, Arbeit, Reisen, aktuelle Ereignisse).

C
• Ich kann einfache gehörte Informationen zur Person, Familie, Arbeit und Umgebung und zum Einkaufen verstehen.
• Ich verstehe die Hauptinformation in kurzen und einfachen Durchsagen.

D
• Ich kann geschriebene Texte mit einfacher Alltags- oder Berufssprache verstehen.
• Ich kann in privaten Briefen Beschreibungen von Ereignissen, Gefühlen und Wünschen verstehen.

E
• Ich kann im Gespräch mit einfacher Sprache z.B. meine Familie, meine Ausbildung und meine Arbeit beschreiben.

F
• Ich kann eine kurze, einfache Notiz und einen ganz einfachen persönlichen Brief schreiben, z.B. um mich zu bedanken.

G
- Ich kann die Hauptinformation verstehen, wenn einfache Standardsprache verwendet wird und wenn über bekannte Themen aus Arbeit, Schule, Freizeit gesprochen wird.
- Ich kann in Radio- oder Fernsehsendungen über Themen aus meinem Berufs- oder Interessengebiet die Hauptinformationen verstehen, wenn langsam und deutlich gesprochen wird.

H
- Ich kann in einfachen zusammenhängenden Sätzen sprechen, um Erfahrungen, Ereignisse, Träume, Hoffnungen oder Ziele zu beschreiben.
- Ich kann meine Meinung kurz erklären und begründen.
- Ich kann die Handlung eines Films oder einer Geschichte wiedergeben und meine Reaktionen beschreiben.

I
- Ich kann einen einfachen Text über ein Thema, das ich gut kenne, schreiben.
- Ich kann persönliche Briefe über meine Erfahrungen und Eindrücke schreiben.

K
- Ich kann mich in einfachen Alltags-situationen verständigen.
- Ich kann kurze Kontaktgespräche führen.

b) Lesen Sie noch einmal die Texte E und K:
Können Sie das? Diskutieren Sie in der Gruppe.
c) Testen Sie sich: Beschreiben Sie z. B. Ihre Familie. Spielen Sie Situationen aus dem Alltag: nach einem Weg fragen, etwas einkaufen usw.

	Niveau 1	Niveau 2
Hören:		
Lesen:		
Schreiben:		

	Niveau 1	Niveau 2
Sprechen:		
• an Gesprächen teilnehmen:		
• zusammenhängend sprechen:		

Ü18

a) Was wollen Sie auf Deutsch noch können? Diskutieren Sie in Gruppen.
b) Machen Sie ein Plakat mit Ihren Zielen.
c) Präsentieren Sie das Plakat in der Klasse.
d) Notieren Sie Ihre persönlichen Ziele für die nächste Woche.

**TIPP: Beobachten Sie Ihre Gefühle beim Deutschlernen:
Wer Spaß hat, lernt besser!**

Was machen Sie gerne? Was interessiert Sie?
Finden Sie heraus, wie Sie mit Spaß Deutsch lernen können.
Probieren Sie etwas, das Ihnen Spaß macht, auch einmal auf Deutsch:
z. B. Briefe schreiben, spielen, fernsehen, Sportberichte lesen/hören,
mit anderen Menschen diskutieren/telefonieren ... .

Erfolg haben   mit jemandem zusammen lernen   Sportberichte lesen

Filme sehen   Musik mit deutschen Texten hören   viel lachen

deutschsprachige Literatur lesen   Fußball anschauen   mit anderen diskutieren

im Internet surfen   ...   ...

Ü19

a) Was machen Sie gerne? Wie macht das Lernen mehr Spaß?
Sammeln Sie Ideen in der Gruppe.
b) Diskutieren Sie.

1 Gastarbeiter

Ü1

Informationen
aus Bildern
entnehmen

Hören Sie die
Bildbeschreibung
und ergänzen Sie
die Wörter.

1. Auf dem Foto sieht man drei Männer, die in einer _____ _____ stehen. 2. An der Wand sind _____ mit_____. 3. Die drei Männer sieht man von hinten, weil sie mit dem _____ ___ _____ stehen. 4. Sie kochen, _____ _____ _____. Jeder hat eine eigene Kochplatte. 5. Wahrscheinlich ist das eine Großküche in einem _____, wo jeder seinen eigenen Schrank hat und jeder_____ _____ _____ kochen kann. 6. Das könnten _____ sein. 7. Sie leben ___ _____ in einem Arbeiterwohnheim. Das ist für sie am billigsten. 8. Das Bild ist ein _____-Foto. Es wirkt durch die _____. 9. Ich habe den Eindruck, die drei Männer sind _____ und _____ sehr _____. 10. Sie wirken _____ in dieser _____ Welt.

Ü2

a) Lesen Sie
die Wörter
in der Wort-Kiste:
Zu welchem Foto
passen sie?

b) Schauen Sie die
Fotos genau an:
Sammeln Sie
weitere Wörter.

das Kreuz (**1**)   die Fabrik (__)   arbeiten (__)   das Kopftuch (__)   der Fernseher (__)
das Wohnzimmer (__)   die Schaufel (__)   der Teppich (__)   die Teekanne (__)
die Baustelle (__)   das Verkehrsschild (__)

  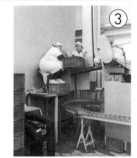

c) Welches Foto
beeindruckt Sie am
meisten? Warum?
Schreiben Sie.

Am meisten beeindruckt hat mich das Foto ...

Ü3

Wörter ordnen

Welche Wörter
passen zu „Gast"?
Welche zu
„Arbeiter"?

das Gästezimmer   zu Besuch kommen   arbeiten   einladen   der Stress   die Arbeitszeit
ein Geschenk mitbringen   das Werkzeug   der Lohn   verdienen   begrüßen   die Wirtschaft
die Fabrik   der Lärm   die Musik   kochen   der Kollege   der Freund   sich freuen   besuchen

das Gästezimmer

der Gast

arbeiten

der Arbeiter

Ü4

a) Suchen Sie
Wörter.
Markieren Sie
die Wortgrenzen.

b) Ergänzen Sie
die Artikel
und notieren Sie.

*ausländer/flüchtlingtouristgastarbeiterinbesucherbürgerineinheimischereinwan
dererbevölkerungemigrantin
asylantragaufenthaltsbewilligungrechtgesetzgastlandfremdsprachedaheimaus
landunterwegsfluchtexilmuttersprachestaat*

Diese Wörter kenne ich schon	Diese Wörter möchte ich lernen
der Ausländer	

A   *der Ausländer   das Exil*
der Einwanderer   die Touristin

Asyl *das*; -(e)s, -e; **1** *nur Sg*: der Aufenthalt, den ein Staat e-m Ausländer gewährt, um ihn vor Verfolgung zu schützen ⟨um A. bitten, (j-m) politisches A. gewähren⟩ ‖ K-: **Asyl-, -antrag, -bewerber, -gewährung, -recht, -suchende 2** e-e Unterkunft für Personen ohne Wohnung ≈ Heim

Asy·lant *der*; -en, -en; j-d, der um politisches Asyl bittet od. es (gewährt) bekommt ‖ NB: **a)** *Asylant*

Bür·ger *der*; -s, -; **1** j-d, der die Staatsbürgerschaft e-s Landes besitzt ≈ Staatsbürger: *die Rechte u. Pflichten der Bürger* ‖ K-: **Bürger-, -pflicht 2** ein Einwohner e-r Stadt od. Gemeinde, ein Mitglied der Gesellschaft ⟨ein braver, biederer B.⟩ **3** *hist*; j-d, der zu e-r gehobenen Schicht der Gesellschaft gehört (aber nicht adelig ist) ‖ *hierzu* **Bür·ge·rin** *die*; -, -nen

ein·hei·misch *Adj*; *mst attr, nicht adv*; **1** in e-m Ort / in e-m Land geboren u. dort lebend ↔ fremd ⟨die Bevölkerung⟩ **2** aus dem eigenen Land ⟨Produkte, Erzeugnisse⟩ ‖ *zu* **1 Ein·hei·mi·sche** *der / die*; -n, -n

Flücht·ling *der*; -s, -e; j-d, der (*bes* wegen e-s Krieges) sein Land, seine Heimat verlässt bzw. verlassen muss: *e-m F. Asyl gewähren; als politischer F. anerkannt werden* ‖ K-: **Flüchtlings-, -lager** ‖ NB: ↑ *Emigrant, Auswanderer*

B   *das Asyl   der Einheimische*
der Bürger   der Flüchtling

Aus·land *das*; -s; *nur Sg*: **1** jedes Land, das nicht das eigene ist ↔ Inland ⟨ins A. reisen, ins A. gehen (um dort zu leben); Waren aus dem A. importieren⟩ ‖ K-: **Auslands-, -amt, -aufenthalt, -reise, -spiel, -tournee 2** *Kollekt*; die Bevölkerung od. Regierung fremder Länder ⟨Kontakte zum A. knüpfen; vom A. abhängig, auf das A. angewiesen sein⟩ ‖ K-:

ein·wan·dern (*ist*) ⟨*irgendwo*⟩ [Vi] e. in ein fremdes Land gehen, um dort für immer zu bleiben ≈ immigrieren ↔ auswandern, emigrieren: *in die Schweiz, nach Italien e.* ‖ *hierzu* **Ein·wan·de·rer der**; **Ein·wan·de·rung die**; *mst Sg*; das Einwandern ‖ K-: **Einwanderungs-, -behörde, -beschränkung, -erlaubnis, -verbot, -welle**

Exil *das*; -s, -; *mst Sg*: **1** das fremde Land, in das j-d flieht, der in seiner Heimat aus politischen Gründen nicht mehr (sicher) leben kann od. darf: *Frankreich ist bis heute ein E. für Flüchtlinge aus aller Welt* ‖ K-: **Exil-, -land 2** das Leben als Flüchtling in e-m fremden Land ⟨ins E. gehen, im E. leben⟩: *Viele Intellektuelle zogen das E. e-m Leben unter Hitler vor; Sein E. dauerte 30 Jahre* ‖ K-: **Exil-, -literatur** ‖ NB: ↑ *Verbannung*

Tou·rist [tu-] *der*; -en, -en; j-d der reist, um andere Länder kennen zu lernen od. um dort Urlaub zu machen ‖ NB: *der Tourist; den, dem, des Touristen* ‖ *hierzu* **tou·ris·tisch** *Adj*

Rätsel 1

Sie sind beide unterwegs. Aber sie sind ganz ungleich. Im Gegensatz zu **Flüchtlingen** sind _____ nicht auf der Flucht; sie sind normalerweise in der Freizeit unterwegs, haben meistens genug Geld und können immer wieder zurück nach Hause.

Rätsel 2

Beide sind Bürger des gleichen Landes. Sie haben den gleichen Pass und sind sehr ähnlich, aber doch anders. Im Unterschied zu **Einwanderern** leben _____ schon seit Generationen in diesem Land.

> anders   im Vergleich zu   nicht so wie   gleich   ähnlich   ungleich   oft   eher
> im Unterschied zu   normalerweise   im Gegensatz zu   weniger   mehr   meistens

Deutschland		
Bevölkerung		81,8 Mio.
Ausländeranteil		8,7%
Flüchtlinge		1,65 Mio.
Asylsuchende (in Klammern: angenommene Anträge):		
1991	256 112	(11 597)
1995	127 937	(18 100)
1996	116 367	(14 389)

Schweiz		
Bevölkerung		7 Mio.
Ausländeranteil		19%
Flüchtlinge		24 600
Asylsuchende (in Klammern: angenommene Anträge):		
1991	41 600	
1995	17 021	(2 648)
1996	18 001	(2 267)

Österreich		
Bevölkerung		8 Mio.
Ausländeranteil		9%
Flüchtlinge		11 431
Asylsuchende (in Klammern: angenommene Anträge):		
1991	27 000	
1995	5 920	(993)
1996	6 991	(716)

Ü5
Definieren

a) Lesen Sie die Definitionen.
b) Definieren Sie zu zweit:

Fragen Sie:
● Was bedeutet …?
● Was ist ein(e) …?
● Was versteht man unter …?

Erklären Sie:
○ Das ist einer, der/die … .
○ Das ist jemand, der … .
○ Das ist eine Frau, die … .

Ü6
Vergleichen

a) Lesen Sie die Rätsel: Wer ist das?

b) Welche Wörter kommen in den Rätseln 1 und 2 vor? Markieren Sie.
c) Sortieren Sie die Wörter.

Ü7

Welches Land hat am meisten …? Wo leben weniger …? Wo gibt es mehr …? Formulieren Sie Vergleiche und benutzen Sie die Wörter aus Ü6c).

Ü8

Plusquamperfekt

a) Was ist früher passiert? Markieren Sie.

b) Unterstreichen Sie alle Verbformen und Konjunktionen.

c) Ergänzen Sie die Regel.

REGEL ▶

1. ~~Am Anfang waren es nur wenige Männer aus unserem Dorf gewesen~~, aber dann fuhren immer mehr nach Deutschland. 2. Nachdem diese Arbeit bekommen hatten, gingen noch mehr weg, auch nach Österreich und in die Schweiz. 3. Nachdem sie längere Zeit dort gearbeitet hatten, gefiel es den meisten gut. 4. Sobald sie eine gute Wohnung gefunden hatten, holten viele ihre Frauen nach. 5. Als sich die Frauen an das neue Land gewöhnt hatten, kamen auch die Kinder nach.

Plusquamperfekt = Präteritum von „*ha*____" oder „*se*____" + *Pa*_____ . Das Plusquamperfekt steht oft zusammen mit den Konjunktionen „_____", „_____", „_____". Es drückt aus, dass etwas noch *frü*_____ oder *vor*_____ geschehen ist.

Ü9

Zeitliche Beziehungen

Präteritum oder Plusquamperfekt? Ergänzen Sie die Verbformen.

1. Als der Wecker (klingeln) _____, wachte er auf. 2. Seitdem es so kalt (sein) _____, stand er nicht gern auf. 3. Nachdem er die Augen (öffnen) _____ _____, sah er den Schnee vor dem Fenster. 4. Als er den Schnee (sehen) _____, wusste er, dass er nicht in seiner Heimat war. 5. Bevor er hierher (kommen) _____ _____, hatte er noch nie Schnee gesehen. 6. Während er sich warm (anziehen) _____, schaute er dem Schneesturm zu. 7. Er erinnerte sich, dass er sich früher immer (wünschen) _____ _____, einmal Schnee zu sehen.

Ü10

Familiengeschichte

a) Schauen Sie die Fotos an und schreiben Sie die Geschichte von Carlo Lanari weiter. Verknüpfen Sie die Sätze möglichst oft mit „nachdem".

1957	Ankunft in der Schweiz mit seinem Schwager. Arbeit bei Landis & Gyr.
1958	Laura Lanari folgt ihrem Mann.
1960	Geburt des Sohnes Roberto.

1964	Geburt der Tochter Paola.
bis 1992	Arbeit bei Landis & Gyr.
1994	Rückkehr nach Italien. Kinder bleiben.
1996	Heirat Robertos in der Schweiz.

b) Erzählen Sie die Geschichte Ihrer Familie.

1957 kam Herr Lanari mit seinem Schwager in die Schweiz und fand ...
Nachdem Carlo Lanari Arbeit gefunden hatte, folgte auch ...

Wie haben Robertos Eltern Deutsch gelernt?	Wie hat Roberto Deutsch gelernt?
Warum hat Frau Lanari schneller gelernt?	Warum hat Robertos Cousin lange kein Deutsch gesprochen?

Ü11 AB

Sprachlerntypen bestimmen

a) Hören Sie und notieren Sie Stichwörter.
b) Beschreiben Sie die Sprachlerntypen.

1a Ich beobachte viel und höre gern zu. ☐

1b Ich rede gern, kann aber nicht so gut zuhören. ☐

2a Ich denke, während ich rede. ☐

2b Ich denke zuerst und rede dann. ☐

3a Ich rede sehr spontan. ☐

3b Ich rede erst, wenn ich gefragt werde. ☐

4a Ich möchte keine Fehler machen. ☐

4b Ich habe keine Angst vor Fehlern. ☐

5a Ich bin am Austausch von Gedanken und an Gesprächen interessiert. ☐

5b Ich bin an korrekten Formulierungen und an Grammatik interessiert. ☐

6a Ich lerne eher durch Imitation. ☐

6b Ich lerne eher durch Reflexion. ☐

7a Ich rede ruhig und langsam. ☐

7b Ich rede mit viel Gestik und Mimik. ☐

8a Ich habe gern Gruppenarbeit. ☐

8b Ich arbeite lieber allein. ☐

Ü12

a) Was stimmt für Sie eher: 1a oder 1b, 2a oder 2b, …? Kreuzen Sie nur eines an.

b) Was für ein Typ sind Sie? Malen Sie für jedes Kreuz einen Stein aus.
c) Wie sehen die anderen Sie? Diskutieren Sie.

Lerntyp 1   Lerntyp 2

TIPP: Lernen = Gleichgewicht zwischen Stärken und Schwächen suchen
Lerntyp 1: Lesen Sie die Sätze von Lerntyp 2 noch einmal genau. Das können Sie von ihm lernen: Reagieren Sie spontaner, reden Sie mehr und haben Sie weniger Angst vor Fehlern.
Lerntyp 2: Lesen Sie die Sätze von Lerntyp 1 noch einmal genau. Das können Sie von ihm lernen: Denken Sie einen Moment nach, bevor Sie sprechen. Arbeiten Sie mit mehr System; machen Sie z. B. mehr Grammatikübungen und benutzen Sie die Grammatik im Lehrbuch.

1. Wecker klingeln – duschen 2. duschen – frühstücken 3. frühstücken – losgehen 4. im Büro ankommen – arbeiten 5. arbeiten – Pause machen 6. einkaufen – heimgehen 7. …

Ü13
Tagesablauf

a) Schreiben Sie Sätze mit „nachdem", „als", „sobald".
b) Wie endet der Tag?

1. Nachdem der Wecker geklingelt hatte, duschte ich. 2. Als ich fertig geduscht hatte, …

1a	Als ich nach Österreich kam, konnte ich mir gut vorstellen, 20 Jahre zu bleiben.	
b	Als ich nach Österreich kam, konnte ich mir gar nicht vorstellen, 20 Jahre zu bleiben.	
2a	Wir blieben, weil ich eigentlich nach wie vor nicht zurückgehen wollte.	
b	Wir blieben, obwohl ich eigentlich zurückgehen wollte.	
3a	Es gab Jahr für Jahr weniger Gründe, ins Heimatland zurückzukehren.	
b	Es gab Jahr für Jahr mehr Gründe, ins Heimatland zurückzukehren.	
4a	Heute denken wir immer seltener über unsere Rückkehr nach.	
b	Heute denken wir immer öfter über unsere Rückkehr nach.	

Ü14

Genau lesen und hören trainieren

a) Lesen Sie und markieren Sie Unterschiede.
b) Was hören Sie im Text von A5: a oder b?

Ü15 2 Integration

Texte vergleichen

Lesen Sie den Text
von A7:
Richtig oder falsch?
Kreuzen Sie an.

	r	f
1. Nataša findet, man verliert nichts, wenn man nur seine Seite der Welt schön findet.		
2. Nataša kommt aus Serbien.		
3. Natašas Eltern gehören verschiedenen Religionen/Kulturen an.		
4. Sie musste fliehen, weil sie sich nicht für eine der beiden Welten entscheiden wollte.		
5. Heute arbeitet sie im Kindergarten für ausländische Kinder.		
6. Es ist für sie nicht leicht, Brücken zwischen den verschiedenen Gruppen herzustellen.		
7. Gemeinsame Projekte ermöglichen eine bessere Integration.		

Ü16

**Laute
unterscheiden**

Hören Sie den Text
von A7 noch einmal.
Kreuzen Sie an.

1a über sich	2a Krieg	3a eher	4a hörten	5a akzeptieren
b über mich	b Sieg	b Ehen	b gehörten	b tolerieren

6a geflogen	7a Schock	8a Sache	9a gemeinsam	10a bekommen
b geflohen	b Block	b Sprache	b einsam	b gewonnen

Ü17

**Aspekte zu einem
Thema sammeln**

a) Warum sind
die Personen
von zu Hause
weggegangen?
Hören, markieren
und ergänzen Sie.
b) Gibt es noch
andere Gründe?
Diskutieren Sie.

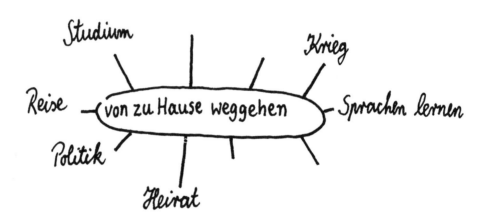

Ü18

Lesen Sie den Text
von A8 noch einmal
und ergänzen Sie
die Lücken.

Integration bedeutet Brücken _9_ verschiedenen Gruppen, Miss _4_ und ___ für die andere
Seite. Das funktioniert am besten, wenn die
Jugendlichen ___ haben und wenn sie ___ tun
– in der Schule oder in der Freizeit. Da gibt es
zum Beispiel die Gruppe „Seven & Two". Sie
besteht aus neun Innsbrucker ___ Herkunft. Die
Jugendlichen haben ursprünglich an einem
Tanz-___. Seit einem Jahr ___ sich wöchentlich
zum Proben. Beim *Festival der Träume*
machten sie gemeinsam eine ___. „Beim
Tanzen _2_ einander" sagt Susi, „da gibt es
___ Schwierigkeiten."

gemeinsame **I**nteressen (1)

helfe**N** wir (2)

Toleranz entwickeln (3)

-verständniss**E** beseitigen (4)

Gemeinsam etwas (5)

Jugendlichen ve**R**schiedener (6)

sehenswerte **A**ufführung (7)

Treffen sie (8)

herstellen zw**I**schen (9)

-Worksh**O**p teilgenommen (10)

kei**N**e (11)

3 „Fremd im eigenen Land"

58

> **TIPP: Liedtexte verstehen = mit Fantasie und System hören**
>
> → **Thema erraten:** Ist die Musik aggressiv, romantisch, ruhig …?
> → **Wörter verstehen:** Reimwörter kombinieren
> → **Wörter thematisch ordnen:** Pass – Grenze – Identität …
> → **Sinn verstehen:** persönliche Meinung/Erfahrung formulieren

Ich habe einen grünen Pass mit _____ (1) drauf; dies bedingt,

dass ich mir _____ (2) rauf. Jetzt mal ohne Spaß: Ärger

_____ (3) zu Hauf, obwohl ich langsam Auto fahre und _____ (4)

sauf. All das Gerede von _____ (5) Zusammenschluss; fahr ich zur

Grenze _____ (6) oder einem Bus, frag ich mich, warum ich der Einzige bin,

der _____ (7) muss, Identität _____ (8) muss! Ist es so

ungewöhnlich, wenn ein Afro-Deutscher _____ (9) spricht – und nicht

_____ (10) ist im Gesicht? Das Problem sind _____ (11) im

System: ein echter Deutscher muss _____ (12) aussehen …

Ü19

Einen Liedtext genau verstehen

Hören Sie den Text von A11 noch einmal. Ergänzen Sie die Lücken.

(Bild: zwei Männer mit Duden-Buch)

(1) blaue Augen, blondes Haar keine Gefahr,

(2) „Gehst du mal später zurück in deine Heimat?"

(3) „Nein, du weißt, was ich mein …"

(4) bin in diesem Land vor zwei Jahrzehnten gebor'n;

(5) Ignorantes Geschwätz, ohne End;

(6) „Eh, bist du Amerikaner oder kommste aus Afrika?"

(7) „Ach, du bist Deutscher, komm, erzähl kein Scheiß!"

G **2** Wohin? Nach Heidelberg? Wo ich ein Heim hab?

A ___ Noch ein Kommentar über mein Haar, was ist daran so sonderbar?

B ___ dumme Sprüche, die man bereits alle kennt.

C ___ Komm, lass es sein, ich kenn diese Frage, seit ich klein

D ___ doch frag ich mich manchmal, was hab ich hier verloren!

E ___ Du willst den Beweis? Hier ist mein Ausweis;

F **1** gab's da nicht 'ne Zeit wo's schon mal so war?!

Ü20

Reime finden

a) Was reimt sich? Suchen Sie immer zwei passende Zeilen.

b) Lesen Sie laut.

A Gestatten Sie, mein Name   aus diesem Land, (1)

B ich wurde hier geboren, doch wahrscheinlich   ist Frederick Hahn; (2)

C ich bin kein Ausländer, Aussiedler,   sieht man's mir nicht an, (3)

D sondern deutscher Staatsbürger und komme zufällig   wohin er mag … (4)

E wo ist das Problem, jeder soll geh'n,   Tourist, Immigrant, (5)

F zum Skifahren in die Schweiz   als Tourist nach Prag, (6)

G zum Studieren nach Wien,   doch sie müssen fliehen. (7)

H andere wollen ihr Land gar nicht verlassen,   als Au-pair nach Paris ziehn, (8)

A **2**   B ___   C ___   D ___   E ___   F ___   G ___   H ___

Ü21

a) Kombinieren Sie Zeilenanfänge und Zeilenenden.
b) Hören Sie den Text von A12 noch einmal und korrigieren Sie.

Ü22

a) Ergänzen Sie die Reim-Kiste und sammeln Sie Wörter, die sich reimen.

> Land / jemand / Str____ / S____ / W____ / H____ •
> spricht / ni____ / L____ / Unterr____ / Pfe____
> Ger____ •
> geboren / verl____ • Sorgen / M____ • ____ / ____

b) Schreiben Sie ein Gedicht / einen Rap über Ihr Land oder über Ihre Situation.

> Ich wohne...

Ü23

Einen literarischen Text verstehen

a) Was sieht Jonas? Was hört Jonas? Sammeln Sie.

> Sehen:
> Kellner mit dickem Bauch
> ...
> Hören:

b) Wie sehen die anderen Leute Jonas? Was stört sie? Wie reagieren sie?

c) Wie geht die Geschichte weiter?

Er setzt sich an einen Tisch. Der Kellner mit einem dicken, von einer weißen Schürze bedeckten Bauch, einem massiven Kopf und einem schweren Doppelkinn stützt die Hände auf dem Tisch auf und blickt Jonas fragend an. Jonas bestellt Spaghetti und ein Bier. Die Musik im Walkman endet. Jonas nimmt den Walkman vom Gürtel und dreht die Cassette um. Dann befestigt er das Gerät wieder am Gürtel. Die am Nebentisch sitzenden Männer wenden sich nach ihm um und lachen. Jonas isst und trinkt schnell. Er hat die Lederjacke ausgezogen. (…)
Die Männer am Nebentisch trinken Bier aus großen Gläsern. Sie bewegen die Lippen und verziehen die Gesichter. Immer wieder blicken sie zu Jonas hin. Einer der Männer steht auf und nähert sich. Er bleibt bei Jonas stehen und sagt ewas zu ihm. Jonas dreht den Walkman leiser. Aus weiter Entfernung hört er die Worte des Mannes. Nimm das Ding vom Kopf, du arroganter Hund, sagt der Mann. Hier trägt man so was nicht.
Jonas dreht den Walkman lauter. Der Mann spricht weiter, ohne dass Jonas versteht, was er sagt. (…)
Der Mann schlägt ihm die Gabel aus der Hand. Der Wirt blickt zu ihnen hin. Jonas greift zu seinem Bierglas. Der Mann schlägt ihm das Bierglas aus der Hand. Der Kellner mit dem Doppelkinn hält in seiner Bewegung inne. Der Mann versucht Jonas den Walkman vom Kopf zu reißen. Jonas hält das Kabel fest. Der Mann packt Jonas an den Haaren und drückt ihm seinen Kopf nach unten. (…)

(Lilian Faschinger)

Ü24

Einen Begriff umschreiben

a) Warum kann man sich „fremd im eigenen Land" fühlen? Ergänzen Sie den Wort-Igel.

…, weil die Eltern nicht hier geboren sind.

…, weil jemand andere Musik hört.

…, weil jemand andere Kleider trägt.

…, weil jemand anders denkt. — **fremd im eigenen Land**

…, weil jemand eine andere Sprache spricht.

4 Aussprache

Ein früherer Gastarbeiter erzählt

„Neunzehn|hundert|sechzig| bin ich| aus Sizilien| nach Deutschland| gekommen.|
Meine Familie ist zunächst in Sizilien geblieben. Ich habe in Deutschland viel mehr Geld
verdient als in Italien. Aber es waren auch schwere Jahre. Ich hatte keine Freunde, und meine
Familie hat mir auch sehr gefehlt. Es war für mich nicht leicht, die deutsche Sprache zu lernen.
Noch heute habe ich ab und zu Probleme mit der Grammatik. Im Urlaub bin ich immer nach
Italien gefahren.
Neunzehnhundertachtundsechzig sind dann meine Frau und die Kinder nach Deutschland
gekommen. Nun war die Familie wieder vereint. Die Kinder kamen in eine deutsche Schule.
Sie sprechen heute besser Deutsch als ich und meine Frau. ...“

Ü25

Rhythmische
Akzente sprechen

a) Hören Sie:
Markieren Sie die
Akzentgruppen und
rhythmischen
Akzente.

b) Sprechen Sie.

```
Liebe Christine,| lieber Hans,|
ich schicke Euch| viele Grüße| aus der Türkei.| Ich besuche hier meine
Großeltern. Ich habe sie seit zwei Jahren nicht gesehen. Sie freuen
sich, dass ich sie besuche: Sie sehnen sich sehr nach ihren Kindern
und Enkeln in Deutschland!
Hier gehe ich häufig mit meinen Verwandten baden. Wir unterhalten
uns, sie erzählen mir von ihrem Leben in der Türkei, und ich erzähle
ihnen von Deutschland.
In der Türkei gefällt es mir sehr gut, aber ich möchte hier nicht
immer leben. Ich habe hier keine Freunde und spreche die türkische
Sprache nicht sehr gut. Aber die Leute sind sehr herzlich hier!
In drei Wochen sehen wir uns wieder. Bis dahin!

Euer Ahmet
```

Ü26

a) Markieren Sie
Akzentgruppen
und rhythmische
Akzente.

b) Hören Sie
zur Kontrolle.
c) Sprechen Sie.

seit zwei Jahren – seit zwei Jahren
keine Freunde – keine Freunde
hier leben – hier leben
häufig reisen – häufig reisen

im eigenen Land – im eigenen Land
mit meinen Verwandten – mit meinen Verwandten
viele Grüße – viele Grüße
die türkische Sprache – die türkische Sprache

Ü27

**Akzentgruppen:
2 Möglichkeiten**

a) Klatschen Sie
den Rhythmus.
b) Sprechen Sie.

Sie hören Musik.
Sie geht in die Politik.
Wir besichtigen eine Fabrik.
Er kauft eine Graphik.

Wir lernen moderne Physik.
Er lobt die junge Republik.
Sie liegt in der Klinik.
ein Buch über Technik

Sie schreibt eine Kritik.
Er wird Katholik.
Wir studieren Grammatik.
Du vergisst die Logik!

Ü28

**Internationale
Wörter sprechen**

a) Sprechen Sie.
b) Hören Sie.

Spur im Sand *(Hans Baumann)*

Ging da ein Weißer,
ein Schwarzer,
ein Roter?
Der Sand sagt:
Ein Mensch.

Ü29

**Rhythmisch
sprechen**

a) Hören Sie.
b) Sprechen Sie.

RÜCKSCHAU

R1

Wie gut können Sie das? Überlegen und bewerten Sie:
++, +, –, – –.

Das kann ich:
- Begriffe definieren
- Aussagen zeitlich einordnen

Wortschatz:
- Wortfeld „Fremd sein"
- Wortfeld „Gruppen"

Grammatik:
- Plusquamperfekt bilden und benutzen
- zeitliche Beziehungen ausdrücken
- Konjunktionen für Nicht-Gleichzeitigkeit
- Konjunktionen für Gleichzeitigkeit
- Konjunktionen für Zeitdauer
- Partizip II als Adjektiv benutzen

R2

a) Definieren Sie drei Begriffe, ohne das Wort selbst zu benutzen. Ihr Partner / Ihre Partnerin rät.
b) Bewerten Sie sich und Ihren Partner / Ihre Partnerin. Vergleichen Sie mit R1.

A

Arbeiter(in)

Bevölkerung

Einheimische(r)

Eltern

Gästezimmer

Fabrik

B

Tourist(in)

Staatsbürger(in)

Kollege/Kollegin

Arbeitskräfte

Freizeit

Gastland

Ich kann / Du kannst ...
- Begriffe definieren.

A	B

R3

Rekonstruieren Sie die Geschichte von Mehmet. Fragen Sie: Was war „bevor" ← / „nachdem" → / „als" = ...? Notieren Sie.
b) Erzählen Sie die Geschichte: Wie geht sie wohl weiter?

c) Bewerten und vergleichen Sie mit R1.

A

	← er geht nach Köln
er ist in Köln	= er ist sehr einsam
er lebt 2 Monate hier	→
er hat Geld verdient	→ er will nach Hause
	← die Familie kommt nach
er spart Geld	→ er kauft sich ein Auto
sein Sohn ist 6 Jahre alt	=

B

er feiert ein Fest	← er geht nach Köln
er ist in Köln	=
er lebt 2 Monate hier ←	er findet Freunde
er hat Geld verdient	←
er lebt 4 Jahre	die Familie kommt ← nach
in Köln	→ er kauft sich ein Auto
sein Sohn ist	= er kommt in die Schule
6 Jahre alt	

Ich kann / Du kannst ...
- Aussagen zeitlich einordnen.

A	B

Ich kann / Du kannst ...
- das passende Tempus wählen.

A	B

R4

a) Ergänzen Sie die Konjunktionen.

_____ ich ein Kind war, dachte ich, die Menschen würden alle die gleiche Sprache sprechen. Aber das änderte sich, _____ ich Enrico kennen lernte. Wir waren einige Wochen zuvor in die Schule gekommen, _____ er in unsere Klasse kam. Enrico sprach nur Spanisch. _____ er zu seinem Vater nach Deutschland kam, hatte er mit seiner Mutter in Spanien gelebt. _____ einige von uns neugierig waren auf ihn, meinten die meisten, Enrico sei einfach dumm. _____ sie ihn näher kennen gelernt hatten, änderten sie ihre Meinung. _____ weiß ich, dass es mehr als eine Sprache gibt.

b) Bewerten und vergleichen Sie mit R1.

Ich kann / Du kannst ...
- Konjunktionen für Gleichzeitigkeit gebrauchen.

A	B

Ich kann / Du kannst ...
- Konjunktionen für Nicht-Gleichzeitigkeit gebrauchen.

A	B

Moment mal!

▶ Fragen Sie Freunde und Bekannte, woran sie bei Begriffen wie „Glück", „Erfolg", „Heimat", „Integration" usw. denken.

Familie, Freunde, Feste

1 Familie Weber: drei Generationen

Eine Familie …   **Ja**   **Nein**
1. besteht aus Vater oder Mutter und Kindern.   ☐   ☐
2. ist mindestens ein Kind und eine erwachsene Person.   ☐   ☐
3. sind alle meine Verwandten.   ☐   ☐
4. sind Menschen, die oft miteinander streiten.   ☐   ☐
5. sind Menschen, die sich gegenseitig vertrauen und füreinander sorgen. ☐   ☐
6. sind Menschen, die im gleichen Haushalt wohnen.   ☐   ☐

Ü1

Begriffe definieren

a) Was ist für Sie eine Familie? Kreuzen Sie an und ergänzen Sie.
b) Vergleichen und diskutieren Sie.

Mutter   Vater   Tochter   Sohn

Großmutter   Großvater

Schwester   Bruder

Tante   Onkel

Hund   Katze

Patin   Pate

Nichte   Neffe

Lebenspartner(in)

Schwägerin   Schwager

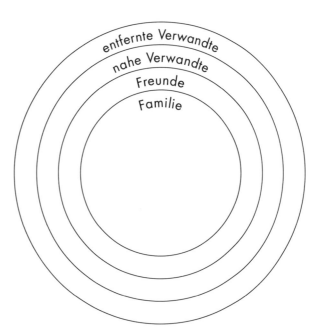

Ü2

a) Welche Personen gibt es in Ihrer Familie? Notieren Sie.
b) Welche Personen gehören in welche Kreise? Notieren Sie.

● Wer gehört zu deiner Familie?

● Wer sind die Freunde deiner Familie?

● Was ist deiner Meinung nach der Unterschied zwischen … ?

○ Ich finde, alle, die … .

○ Das sind Leute, die … .

○ Das Wichtigste ist für mich, dass … .

c) Vergleichen Sie mit Ihrem Partner / Ihrer Partnerin.

① Vater und Mutter müssen die Aufgaben
☐ gerecht verteilen. Beide sollen die Kinder erziehen, sich ums Haus kümmern und Geld verdienen. Man kann das nicht trennen.

② Die Mutter hat mehr Verantwortung für
☐ die Kindererziehung und den Haushalt, und der Vater muss in erster Linie Geld verdienen, damit die Familie leben kann.

Ü3

Texte vergleichen

a) Lesen und hören Sie A2: Welcher Text fasst das Interview zusammen? Kreuzen Sie an.
b) Hören Sie noch einmal und ergänzen Sie die Wörter.

Es war früher _____ (1), dass der Mann das Geld verdient und die Frau den

Haushalt macht und die Kinder versorgt. Diese Lösung findet Horst Weber _____ (2).

Er und seine Frau haben damit _____ (3) Erfahrungen gemacht.

Frau Weber tut es _____ (4) leid, dass sie auf den Beruf verzichtet hat, als die

Kinder _____ (5) waren. Als die Kinder größer waren, wäre sie gern wieder in den

_____ (6) gegangen. Das war damals _____ (7) möglich.

Ü4

Tätigkeit notieren

Wer macht was bei Ihnen? Notieren und ergänzen Sie.

Aufgaben	Wer?	Aufgaben	Wer?
Geschirr spülen	_____	Wäsche waschen	_____
kochen	_____		

Ü5

Höfliche Bitte

Wer könnte das sagen? Notieren und vergleichen Sie.

1. Könntest du auch mal das Frühstück machen?   *Mutter*
2. Dürfte ich heute das Auto haben?   _____
3. Hättest du Zeit, mir bei den Hausaufgaben zu helfen?   _____
4. Wäre es möglich, dass ich das Wochenende bei Freunden verbringe?   _____
5. Würdet ihr bitte eure Zimmer aufräumen?   _____

Ü6

Spielen Sie mit Ihrer Partnerin / Ihrem Partner die Rollen A und B. Tauschen Sie die Rollen. Machen Sie eigene Beispiele.

A Sie möchten:
– etwas leihen (Wörterbuch, Füller etc.)
– Kleingeld für Bus, Getränk etc.
– eine Auskunft (TV-Programm, Zeit etc.)
– etwas Persönliches (Foto, Ring etc.)
– …

Formulieren Sie höfliche Bitten:
• Dürfte ich …?
• Würdest du … / Würden Sie …?
• Könnte ich …?

Wenn Sie einen Grammatikfehler machen, stellt Ihr Partner / Ihre Partnerin Bedingungen.
Wenn Sie nicht höflich gefragt haben, antwortet Ihr Partner / Ihre Partnerin unfreundlich.

B Ihr Partner / Ihre Partnerin fragt Sie etwas. Reagieren Sie:

a) Wenn die Frage grammatisch korrekt und höflich war, sagen Sie:
• „Ja, gern …"

b) Wenn die Frage grammatisch nicht korrekt war, sagen Sie:
• „Ja, aber nur, wenn du/Sie …"

c) Wenn die Frage keinen Konjunktiv hatte, sagen Sie:
• „Das würde dir/Ihnen so passen!"
• „Da könnte ja jeder/jede kommen!"
• „Wo kämen wir denn hin, wenn jeder/jede …?"

Ü7

Einzelheiten verstehen

a) Wer sagt was? Hören Sie A4.

b) Hören Sie noch einmal und erklären Sie die Aussagen.

2 Lebensformen – früher und heute

1. „Meine Familie ist eine Kleinfamilie."

2. „Da ist kein Platz für Kinder."

3. „Ich habe so mehr Freiheiten."

4. „Seit fünf Jahren."

5. „Das war eine große Umstellung."

Ü8

Artikel-Wörter und Pronomen

Ergänzen Sie die Endungen.

Wir verstehen uns als Partner. 1. Beid*e* sind verantwortlich für die Kinder, die Finanzen und den Haushalt. 2. Die Kinder verlangen von bei___, dass wir Zeit haben, wenn ein___ von ihnen ein Problem hat. 3. Nicht jed___ unserer Kinder verlangt gleich viel Zuwendung. 4. Aber kein___ möchte nur mit ein___ von uns über seine Probleme sprechen können. 5. All___ wollen mit jed___ von uns beid___ über alles sprechen dürfen. 6. Und all___ haben auch ihre kleinen Geheimnisse. 7. Wir finden, dass wir die Geheimnisse jed___ einzelnen respektieren müssen. Das macht das Leben interessant!

$^1/_2$ die Hälfte   jed**er/-es/-e** Zweite   ein**er/-es/-e** von zwei

$^1/_3$ ein Drittel   jed__/-__/-__ Dritte   _____ von drei

$^1/_4$ ein _____   _____   _____

$^1/_5$ _____   _____   _____

Ü9 🔑

Statistiken verstehen

Ergänzen Sie die Tabelle.

---

ca./~~zirka~~ fast beinahe etwa gut über um unter knapp rund

Ü10 🔑

Schreiben Sie die Wörter ins Wort-Netz.

_____ (2)

_____ (3)

_____ (4)

ca./zirka (1)

ungefähr

_____ (5)

_____ (6)

weniger als

_____ (7)

_____ (8)

mehr als

(9) _____

(10) _____

---

r   f

1. In knapp 100 Jahren haben sich die Lebensformen in Deutschland verändert.   ☐ ☐
2. Um 1900 lebte über die Hälfte der Menschen mit mehr als 4 Personen zusammen.   ☐ ☐
3. Etwa ein Drittel lebte in einem Haushalt mit 3 bis 4 Personen.   ☐ ☐
4. Beinahe ein Fünftel wohnte allein oder mit einer Person zusammen.   ☐ ☐
5. Heute wohnt in Deutschland knapp ein Drittel der Leute allein.   ☐ ☐
6. Fast jeder vierte Bewohner / jede vierte Bewohnerin lebt zu zweit.   ☐ ☐
7. Ungefähr jede dritte Person lebt zusammen mit 3 oder mehr Menschen.   ☐ ☐

Ü11 🔑

a) Vergleichen Sie mit der Statistik A5. Welche Aussagen sind richtig, welche falsch? Kreuzen Sie an.
b) Korrigieren Sie die falschen Aussagen.

2. Um 1900 lebte ca. die Hälfte der Menschen mit mehr als 4 Personen zusammen.

	früher	heute
Was war/ist eine „normale" Familie?		
Mann und Frau: Wer war/ist wofür verantwortlich?		
Kinder?		

Ü12

Was war früher anders als heute? Lesen Sie A5 und notieren Sie.

---

1. Tut ~~mir leid~~, aber … 2. Ja, aber … 3. Nein, leider … 4. Ja, aber wie wäre es, …?
5. Ja, gern! 6. Wenn du mir versprichst, … 7. Ja, ich schlage aber vor, … 8. Aber natürlich.
9. Selbstverständlich. 10. Also gut!

Ü13 🔑

Auf Bitten reagieren

Was kann man sagen? Schreiben Sie die Nummern der Satzanfänge in die passenden Felder im Schema.

Bitte → Ablehnung: *1* _____

Bitte → Zustimmung → ohne Bedingung: _____

Zustimmung → mit Bedingung: _____

Ü14

Spielen Sie mit Ihrer Partnerin / Ihrem Partner die Rollen A und B. Tauschen Sie die Rollen.

A Sie sind Frau Stoll. Sie leben allein mit Ihrem 8-jährigen Sohn. Sie arbeiten 3 Tage pro Woche als Verkäuferin in einem Textilgeschäft. Sie würden gern am Samstag arbeiten, um mehr zu verdienen. Sie können aber ihren Sohn am Abend nicht allein lassen. Ihr Chef ist Herr Moser. Er hat sie zu einer Besprechung bestellt.

B Sie sind die Frau von A. Sie arbeiten 2½ Tage pro Woche als Sekretärin in einem Büro. Das ist nur möglich, weil ihr Lebenspartner auch zu Hause arbeitet und sich um die Kinder kümmert.

A Sie sind der Mann von B. Sie arbeiten 2½ Tage pro Woche als Krankenpfleger im Krankenhaus und teilen die Arbeit zu Hause (zwei Kinder) mit Ihrer Frau. Sie sollen jetzt aber mindestens 4 Tage pro Woche im Krankenhaus arbeiten.

B Sie sind Herr Moser. Sie sind Chef eines Textilladens. Sie suchen für den Dezember Verkäuferinnen, die von 18 bis gegen 22 Uhr im Abendverkauf arbeiten. Sie sind mit Frau Stoll sehr zufrieden. Deshalb möchten Sie, dass Frau Stoll im Abendverkauf arbeitet. Sie wissen, dass sie ein Kind hat.

Ü15

Konjunktiv II der unregelmäßigen Verben

a) Welche Verben sind im Konjunktiv II? Unterstreichen Sie.

Ich habe eine verantwortungsvolle Position in einem Warenhaus. Oft muss ich die Familie allein lassen. Das würde ich nicht tun, wenn meine Tochter nicht einverstanden wäre und wenn ich nicht wüsste, dass meine Mutter gern hilft. Was täte ich ohne sie! Zum Glück ist es auch möglich, dass ich mal einen Tag zu Hause bleibe. Das ginge natürlich nicht, wenn meine Mitarbeiterinnen und Mitarbeiter nicht selbstständig wären und nicht wüssten, was zu tun ist. Wenn nicht so viele Leute auf mich Rücksicht nähmen, müsste meine Familie viel öfter auf mich verzichten!

b) Ergänzen Sie die Tabelle und die Regel.

Präteritum 1./3. Sg.	Konjunktiv II 1./3. Sg.	Präteritum 1./3. Sg.	Konjunktiv II 1./3. Sg.
wurd-e	würd-e	_____	nähm-e
_____	wüsst-e	ging-	_____
musst-e			tät-e

Präteritum-Endungen der regelmäßigen Verben			
ich	**-e**	wir	**-en**
du	**-est**	ihr	**-et**
er/es/sie	**-e**	sie	**-en**

REGEL

Konjunktiv II der unregelmäßigen Verben = _____ -stamm +
Umlaut bei a/o/u + Präteritum-Endungen der regelmäßigen Verben

c) Schreiben Sie eine Geschichte im Konjunktiv II.

Zeit haben – ins Kino gehen – an einer Lotterie teilnehmen – eine Million gewinnen

Wenn ich Zeit hätte, ginge ich ins Kino. Dann ...

Ü16

3 Freunde – die bessere Familie?

Begriffe ordnen

a) Welche Wörter passen in welche Spalte?

b) Vergleichen Sie mit A7.

konkurrieren   beschützen   die Enge   zuverlässig sein   wechseln   dankbar sein
Vertrauen haben   nötig sein   vertraut sein mit   die Nähe   helfen

Eltern	Geschwister	Freunde
	konkurrieren	

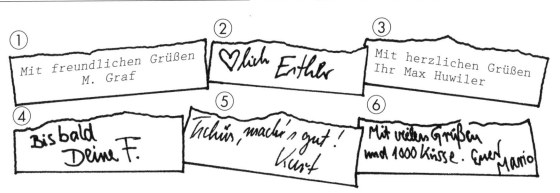

1. Mit freundlichen Grüßen
   M. Graf

2. ♡lich Esther

3. Mit herzlichen Grüßen
   Ihr Max Huwiler

4. Bis bald
   Deine F.

5. Tschüs, mach's gut!
   Kurt

6. Mit vielen Grüßen
   und 1000 Küsse. Euer Mario

Nähe ——————————————————————→ Distanz

1. Mit wem telefonierst du, wenn es dir schlecht geht?
2. Wer kommt zu dir, wenn du krank bist?
3. Wer gießt die Blumen und leert deinen Briefkasten, wenn du in Urlaub bist?
4. Wer hilft dir beim Lernen?
5. Mit wem triffst du dich zum Kaffee oder auf ein Bier?
6. Mit wem treibst du Sport?
7. _____
8. _____

4 Weihnachten – ein Familienfest?

Beispiel: feiern —— stille Nacht —— das Geschenk —— ~~der Tanz~~ —— auspacken

1. die Disco —— die Musik —— die Messe —— die Kirche —— die Orgel

2. frohe Weihnachten —— ein gutes neues Jahr —— alles Gute —— herzliche Gratulation —— schöne Feiertage

3. der Christbaum —— die Flamme —— aufgehen —— anzünden —— die Kerze

Geschenke kaufen, den Christbaum schmücken, ...

der Stern

Ü17
Wie eng oder distanziert sind die Beziehungen? Ordnen Sie in die Skala ein und vergleichen Sie mit Ihrem Partner / Ihrer Partnerin.

Ü18
Ein Interview machen
a) Ergänzen Sie weitere Fragen.
b) Führen Sie mit Ihrem Partner / Ihrer Partnerin ein Interview.

Ü19
Über Weihnachten sprechen
a) Welches Wort passt nicht in die Gruppe? Streichen Sie.

b) Notieren Sie Ausdrücke mit Wörtern aus der Übung. Schreiben Sie dann eine Geschichte.

Ü20
a) Was sehen Sie auf dem Bild? Notieren Sie Wörter/Ausdrücke.

b) Woran erinnert Sie das Bild? Notieren und vergleichen Sie mit Ihrem Partner / Ihrer Partnerin.

Ü21

a) Hören Sie A12 noch einmal: Markieren Sie.
b) Notieren Sie.

	1. Person		2. Person		3. Person	
Mann oder Frau?	Mann – Frau		Mann – Frau		Mann – Frau	
Meinung über Weihnachten	+	–	+	–	+	–
Was tun die Leute?						

 Ü22

Lesen Sie A11–13: Was ist positiv/ negativ an Weihnachten?

Jedes Ding hat zwei Seiten

☺ | ☹
– *Zusammensein mit der Familie* |

 Ü23

Adjektive als Substantive

a) Ergänzen Sie die Endungen.
b) Ergänzen Sie die Regel.

der fremd**e** Mann	das klein**e** Kind	die lieb**e** Mutter	die alt**en** Leute	Wer?
der Fremde	das Klein___	die Lieb___	die Alt___	Wer?
den Fremd___	das Klein___	die Lieb___	die Alt___	Wen?
dem Fremd___	dem Klein___	der Lieb___	den Alt___	Wem?
des Fremd___	des Klein___	der Lieb___	der Alt___	Wessen?

REGEL ▶

Adjektive haben **als Substantive** die _____ Endung
wie als **attributive Adjektive**.

Ü24

a) Ergänzen Sie die Endungen.

b) Wie geht die Geschichte weiter? Schreiben Sie.

Aus der Küche duftete es nach Weihnachten. 1. Draußen leuchteten die elektrisch___ Kerzen. 2. Ich sah einen unbekannt___ Mann näher kommen. 3. Der Unbekannt___ klingelte. 4. Die Klingel weckte unser klein___ Baby. 5. Das Klein___ begann laut zu weinen. 6. Der Unbekannt___ klingelte noch einmal. 7. Sicher hörte er unser Klein___. 8. Ich öffnete die Tür. Vor mir stand ein alt___ Mann. 9. Wer war der Alt___? 10. Ein Angehörig___ unserer Familie? 11. Ein entfernt___ Verwandt___? 12. Ein Bekannt___ eines Bekannt___? 13. „Guten Tag. Was möchten Sie?", fragte ich den Unbekannt___. 14. „Ich bin ein Fremd___ ..."

 Ü25

Artikel-Wörter und Pronomen

Ergänzen Sie die Artikel.

Vor Weihnachten

1. Schau, hier ist ein hübscher Schmuck für deine Schwester. – Nein, _____ schenke ich ein Parfüm. 2. Und diese Ohrringe für deine Freundin? – Ja, _____ trägt immer _____. 3. Und für unsere Eltern? Sollen wir ihnen Pralinen kaufen? – Nein, _____ schenken wir dieses Jahr etwas anderes. 4. Du musst dich jetzt für ein_____ dieser Bücher entscheiden. Welches möchtest du? – _____ mit den Fotos. 5. Welche Cassette gefällt dir am besten? – _____ von den „Young Gods". 6. Welchen Pullover wählen wir für den Vater? – _____ da.

Ü26

Welche Formen sind Singular, welche Plural? Welche können Singular und Plural sein? Notieren Sie.

keiner, keine, kein(e)s, keinem, keinen

jeder, jede, jedes, jeden, jedem

einer, eine, einen, ein(e)s, einem

welche, welcher, welchen

beide, beiden, beider

alle, allen, aller

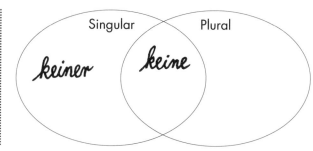

Singular | Plural
keiner | *keine*

TIPP: Grammatik lernen mit Graffiti und Sprichwörtern

Sie können Artikel-Wörter erfolgreich lernen, wenn Sie prägnante Ausdrücke/ Aussagen auswendig lernen. Hier sind einige Beispiele:

Jeder gegen jeden!

Einer für alle, alle für einen.

Wenn jede mit jedem tanzt, tanzt jeder mit jeder.

Wenn keine mit einem tanzt, tanzt keiner mit einer.

Trau keinem über 30!

Keiner zu klein, Meister zu sein!

Sammeln Sie Sprichwörter oder Graffiti, die Ihnen gefallen.

Nach Weihnachten

1. Jed___ von uns wollte eine CD, aber kein___ hat ein___ bekommen.

2. Jedes Kind wünschte sich ein Computerspiel, aber kein___ hat ein___ bekommen. 3. Jede Schwester wünschte sich einen Pullover, aber kein___ hat ein___ bekommen. 4. Jeder Bruder wünschte sich eine Mütze, aber kein___ hat ein___ bekommen. 5. Alle Kinder wollten ein Geschenk, und all___ haben ein___ bekommen. 6. Beide Eltern wollten eine Überraschung, und beid___ haben ein___ bekommen. 7. Niemand wollte Handschuhe, und all___ haben welch___ bekommen.

Ü27

Ergänzen Sie die Endungen.

5 Frohe Ostern!

Ei ei ei, bin ich etwa zu früh?

Ü28
Feiertage beschreiben

Was bringt der Weihnachtsmann? Was bringt der Osterhase?

| 1. a) bald im Osten |
| b) bald ist Ostern |

| 2. a) wegen seiner Fruchtbarkeit |
| b) wegen seiner Furchtbarkeit |

| 3. a) schon im Alter dumm |
| b) schon im Altertum |

| 4. a) im Brot ein Ei |
| b) im Boot ein Ei |

Ostersymbole _____

_____

Frühling _____

Ü29

a) Hören Sie das Interview: Was hören Sie? Kreuzen Sie an.

b) Hören Sie noch einmal. Machen Sie Notizen.

| Jan. | Feb. | März | April | Mai | Juni | Juli | Aug. | Sept. | Okt. | Nov. | Dez. |

Neujahr

Ü30

a) Welche Feiertage gibt es bei Ihnen? Notieren Sie.
b) Erzählen Sie darüber.

 Ü31

Rhythmischer Akzent/ Satzakzent

a) Markieren Sie die Satzakzente.

b) Sprechen Sie.
c) Hören Sie zur Kontrolle.

6 Aussprache

Erinnerungen an Ostern

Peter: „Als Schüler haben wir in den Osterferien immer mit Freunden eine Radtour gemacht, während sich unsere Eltern irgendwo in den Bergen erholten. Das Klima ist zu Ostern ideal für Radtouren, wenn es nicht gerade regnet. Einmal sind wir mit den Rädern bis nach Paris gefahren. Das war unsere schönste Reise, und wir werden sie nicht vergessen!"

 Ü32

a) Markieren Sie rhythmische Akzente und Satzakzente.

b) Sprechen Sie.
c) Hören Sie zur Kontrolle.

Claudia: „Bei deiner Erzählung | kann man richtig | neidisch werden. | Unsere Eltern haben uns solche Radtouren nie erlaubt! Wir mussten Ostern immer alles mit ihnen zusammen machen. Dabei war der Gottesdienstbesuch besonders wichtig, aber auch die vielen gemeinsamen Essen! Am Karfreitag gab es immer Fisch. Und am Ostersonntag aßen wir zusammen mit unseren Onkeln und Tanten in einem Restaurant."

Ü33

Verstärker betonen

a) Unterstreichen Sie die Verstärker.
b) Lesen Sie mit Betonung.

Frank Weber am Telefon zu einem Freund:

„Weißt du, unsere Tochter ist das liebste Kind auf der ganzen Welt: Du musst ihre großen Augen sehen und ihre süße kleine Nase! Alle lieben ihr wunderschönes Lächeln. Sie kann zwar noch nicht sprechen, aber dafür um so lauter schreien. Und sie hat einen riesengroßen Appetit! Du musst unbedingt ganz bald kommen, um sie dir anzusehen, ja?"

 TIPP: „Verstärker" bewusst betonen = Emotion beim Sprechen kontrollieren!
Wer die Verstärker immer betont, wirkt sehr emotional auf seine Gesprächspartner. Überlegen Sie deshalb genau, ob und wann Sie dieses Mittel einsetzen wollen.

 Ü34

a) Lesen Sie den Text:
1. Verstärker betont;
2. Verstärker nicht betont.
b) Hören Sie zur Kontrolle.

Aus einem Weihnachtsbrief:

Bei uns ist Weihnachten ein wichtiges Fest. Vorher kaufen wir viele Geschenke für alle unsere Freunde und für die ganze Familie. Die schenken wir uns dann bei der festlichen Bescherung. Die Kinder dürfen den ganzen Tag spielen und kriegen jede Menge Süßigkeiten. Wir Erwachsenen nehmen uns viel Zeit zum gemütlichen Kaffeetrinken und zu langen Spaziergängen. Voriges Jahr habe ich zu Weihnachten einen spannenden Krimi gelesen. Das hat meiner Frau überhaupt nicht gefallen. …

Das kann ich:
- über Aufgabenverteilung sprechen ☐
- Lebensformen vergleichen

Wortfelder:
- „Familie, Freundschaft"
- „Aufgaben in der Familie"
- „Feste und Feiertage"
- „Glückwünsche"

Grammatik:
- den Konjunktiv II unregelmäßiger Verben bilden
- Substantive aus Adjektiven bilden und benutzen
- Artikel als Pronomen benutzen
- „jed-"/„beid-"/„all-" benutzen

R1
Wie gut können Sie das? Überlegen und bewerten Sie: ++, +, –, – –.

A

Peter Ludwig (33 Jahre): Ich habe Ines in der Ausbildung kennen gelernt. Nach 2 Jahren sind wir dann zusammengezogen. Ich habe gekocht, und Ines hat eingekauft und aufgeräumt. Heiraten wollten wir eigentlich nie. Vor 6 Jahren sind wir nach Frankfurt gegangen, weil ich dort Arbeit gefunden hatte. Ines war die ersten Monate zu Hause und hat die Wohnung eingerichtet. Dann hat sie auch eine Arbeit gefunden. Als vor zwei Jahren unser Sohn Oliver zur Welt kam, ist Ines das erste Jahr zu Hause geblieben. Jetzt arbeitet sie 50 % in ihrem Beruf und ich 75 %. Wir teilen uns die Arbeit mit Oliver.

B

Herta Martens (57 Jahre): Ich habe alles bekommen, was ich wollte. Mein Mann und ich haben sehr jung geheiratet. Er war noch in der Ausbildung und hat später Karriere gemacht. Er war damals sehr viel im Ausland. Ich war viel allein und musste ein selbstständiges Leben führen. Ich habe in 20 Monaten zwei Kinder zur Welt gebracht und die Kinder alleine versorgt. Als sie dann zur Schule gingen und mein Mann sich selbstständig machte, half ich im Geschäft mit. Aber solange die Kinder klein waren, und auch später noch wollte mein Mann, dass ich zu Hause bleibe.

Ich kann / Du kannst ...
- über Rollenverhalten sprechen.
- Wörter zu „Aufgaben in der Familie".

A	B

Ich kann / Du kannst ...
- Lebensformen vergleichen.
- „jede-"/„beide-" benutzen.

A	B

R2
a) Lesen Sie einen Text A/B. Unterstreichen Sie Wörter/Ausdrücke zu Männer- bzw. Frauenrollen.
b) Erzählen Sie Ihrem Partner / Ihrer Partnerin von der Person A/B.
c) Vergleichen Sie die Lebensformen der beiden Personen miteinander.

d) Bewerten Sie. Vergleichen Sie mit R1.

A
- Sie treffen einen Freund, der heute Geburtstag hat. Was sagen Sie?
- Es ist der 24. Dezember. Sie treffen einen Nachbarn. Was sagen Sie?
- Sie telefonieren mit einem kranken Freund. Was sagen Sie?

○ Sie haben gerade geheiratet.
○ Es ist Ostern.
○ Sie haben gerade Ihr Examen bestanden.

B
- Eine Bekannte hat gerade geheiratet. Was sagen Sie?
- Heute ist der Tag der bemalten Eier. Sie treffen jemanden. Was sagen Sie?
- Eine Bekannte hat ihr Examen bestanden. Was sagen Sie?

○ Sie haben heute Geburtstag.
○ Heute ist Weihnachten.
○ Sie liegen krank im Bett. Das Telefon läutet.

R3
Spielen Sie die Situationen A/B. Seien Sie höflich.
a) Sprechen Sie Glückwünsche aus.

A

Sie teilen sich eine Wohnung mit B. Es ärgert Sie, dass er/sie die Küche nie aufräumt. Sie finden auch, dass die Fenster zu dreckig sind.

B

Sie teilen sich eine Wohnung mit A. Es stört Sie, dass es in der ganzen Wohnung nach Rauch riecht und dass die Musik immer sehr laut ist.

Ich kann / Du kannst ...
- Glückwünsche aussprechen.

A	B

Ich kann / Du kannst ...
- den Konjunktiv II benutzen.

A	B

b) Suchen Sie eine Lösung.

c) Wie gut können Sie das? Bewerten Sie. Vergleichen Sie mit R1.

▶ Achten Sie auf Höflichkeit im Alltag: Was sagen die Leute? Wie bitten sie um Hilfe? Wie machen sie Vorschläge?

Moment mal!

1 Schulerfahrungen

Ü1
Schulfächer
a) Welche Fächer haben Sie in der Schule (gehabt)?
b) Welche Fächer sollte es in der „Schule von morgen" geben? Entwerfen Sie einen Stundenplan.

ZEIT	MONTAG	DIENSTAG	MITTWOCH	DONNERSTAG	FREITAG	SAMSTAG
8.00 – 8.45	Geographie	Physik	Sozialkunde	Sport	Sozialkunde	
8.45 – 9.30	Deutsch	Mathematik	Physik	Sport	Biologie	
9.30 – 10.15	Deutsch	Informatik	Chemie	Biologie	Informatik	
10.35 – 11.20	Englisch	Geschichte	Deutsch	Chemie	Kunst	
11.20 – 12.05	Mathematik	Kunst	Englisch	Englisch	Englisch	
12.05 – 12.50	Geschichte	Kunst	Geographie	Deutsch	Chemie	

1. Mein Lieblingsfach ist/war _____. 2. Ich war stark in _____.
3. _____ hatte ich nie gerne. 4. Meine Freundin / Mein Freund war besonders gut in _____. 5. Meine besten Noten hatte ich im Fach _____.

> sich bewegen   über Bilder diskutieren   auswendig lernen   rechnen
> Gedichte lesen und interpretieren   am Computer arbeiten   Aufsätze schreiben
> Karten studieren   über das Leben nachdenken   schwimmen   addieren   einen Versuch
> machen   sich über vergangene Zeiten informieren   über aktuelle Fragen diskutieren
> Texte übersetzen   einen Vortrag halten   sich mit Umweltproblemen beschäftigen   …

sich bewegen

Sport

- ● Im Sport sollte man sich viel bewegen.
- ○ Man sollte neue Sportarten ausprobieren können. …
- ■ Es wäre gut, wenn es keine Noten geben würde. …

Ü4
Über Schulerfahrungen sprechen
a) Wählen Sie 3 Themen aus, notieren Sie Stichwörter und erzählen Sie.
b) Schreiben Sie über Ihre Schulerfahrungen.

Lieblingsfach	Lieblings-lehrer/in	Freunde/Freundinnen	Eltern	Gewalt	Disziplin
Liebe	Krisen	Prüfungen	Noten	Diplome	tollstes Erlebnis
Ferien	Strafen	Hausaufgaben	Schulhaus / Schulzimmer	Kleider / Mode	Konkurrenz

Thema 1: _____

Ü5

Noten

a) Welche Noten
gibt es bei Ihnen?
Notieren Sie.

	Note in Deutschland:	Bei Ihnen:
sehr gut	1	_____
gut	2	_____
befriedigend	3	_____
ausreichend	4	_____
mangelhaft	5	_____
ungenügend	6	_____

b) Schreiben Sie.

> *In Mathematik hatte ich eine 5, das war mangelhaft. Aber...*
> *Bei uns muss man die Klasse wiederholen, wenn ...*

2 „Für das Leben lernen wir ..."

		Text
auswendig	machen/aufbekommen	
Hausaufgaben	vollstopfen	
gute Noten	lernen	
Angst	bekommen	
Prüfungen	schreiben	
den Kopf	haben	
die Schule	fragen	
nach der Meinung	gehen	
in die 9. Klasse	wechseln	-----------------

Ü6 🔑

**Informationen
sammeln**

a) Was passt
zusammen?
Machen Sie Pfeile.
b) Lesen Sie die
Texte von A3 – 4
noch einmal: In wel-
chem Text steht
das? Notieren Sie.

c) Schreiben Sie
mit den Ausdrücken
eine Geschichte.

> *Andrea hat die Schule gewechselt, weil sie in der alten Schule...*

1. Wenn der Lehrer zum Beispiel etwas gefragt hat, <u>haben</u> wir <u>aufstehen müssen</u>. 2. Wenn wir im Englischen die Wörter nicht gekonnt haben, haben wir vor der ganzen Klasse stehen müssen. 3. Wir haben während der Stunde nicht aufs WC gehen dürfen. 4. Das habe ich nicht gewollt. 5. Ich habe aufs Gymnasium gehen wollen, aber meine Eltern haben es nicht erlaubt. 6. Heute kann ich kaum noch Italienisch, aber in der Schule habe ich es gut gekonnt.

1. Modalverb mit Infinitiv: _____

2. Modalverb ohne Infinitiv (Vollverb): _____

Ü7 🔑

**Modalverben im
Perfekt**

a) Unterstreichen Sie
die Perfektformen
der Modalverben
(und den Infinitiv).
b) Sortieren Sie die
Perfektformen.
c) Ergänzen Sie:

1. Modalverb im Perfekt **mit** Infinitiv:	**Partizip II = Inf_____.**
2. Modalverb im Perfekt **ohne** Infinitiv:	**Partizip II = ge_____, ge_____**

◀ **REGEL**

1. _____

2. _____

1. ● Ich habe mit 14 die Schule gewechselt. Ich habe das schon immer (wollen) _____
_____. ○ Haben Sie das wirklich machen (können) _____?
Bei uns hat man früher so etwas nicht machen (dürfen) _____.

2. ● Meine Großmutter hat nicht zur Schule gehen (dürfen) _____. Sie hat zu Hause
arbeiten (müssen) _____. Hat sie das wirklich (müssen) _____?

Ü9 Ich verstehe bzw. behalte besonders gut (+) / mittel (o) / schlecht (–), wenn ...

Über das Lernen nachdenken

Wie lernen Sie am besten? Kreuzen Sie an und vergleichen Sie.

		+	o	–			+	o	–
1.	... die Lehrerin / der Lehrer vorträgt.				6.	... es mir jemand zu Hause erklärt.			
2.	... mir die Lehrperson sympathisch ist.				7.	... mir eine Freundin / ein Freund etwas erklärt.			
3.	... die Lehrerin / der Lehrer mir etwas persönlich erklärt.				8.	... wir im Unterricht gemeinsam üben.			
4.	... die Lehrerin / der Lehrer streng ist.				9.	...			
5.	... ich etwas über das Thema lese.								

Ü10 Das Schulsystem in Deutschland

Informationen grafisch darstellen

a) Lesen Sie den Text und ergänzen Sie die Grafik.

Mit sechs Jahren kommen die Kinder in die Grundschule, die vier Schuljahre umfasst. Danach wechseln sie in die Hauptschule, die Realschule, das Gymnasium oder in die Gesamtschule.
Die Hauptschule dauert fünf bzw. sechs Jahre. Anschließend kann man eine Berufsausbildung in einem Betrieb machen.
Die Realschule umfasst in der Regel sechs Jahre. Anschließend machen die Jugendlichen eine Berufsausbildung (Lehre) oder besuchen eine weiterführende Schule wie die Berufsfachschule oder Fachoberschule. Mit dem Abschluss dieser Schulen hat man die „Fachhochschulreife" und kann an einer Fachhochschule berufsbezogene Fächer studieren.

Das Gymnasium dauert bis zum Abitur neun Jahre und ermöglicht im Anschluss das Studium an einer Universität.
In mehreren Bundesländern gibt es die sogenannte Gesamtschule. Sie umfasst alle drei Schulformen, und die Schüler können dort je nach persönlicher Leistung alle Schulabschlüsse erwerben.
1995/96 besuchten nach der Grundschule ca. 27% der Schüler die Hauptschule, 22% die Realschule, 40% das Gymnasium und 10% die Gesamtschule. In den vergangenen Jahren gab es eine Abnahme von Hauptschülern und -schülerinnen und steigende Schülerzahlen an Realschulen, Gymnasien und Gesamtschulen.

Jahre	
...	
19	Berufsausbildung
18	
17	
16	⇧ ⇧ ⇧ ⇧ ⇧ ⇧ ⇧ ⇧ ⇧
15	
14	
13	
12	
11	
10	
9	
8	
7	
6	

b) Ergänzen Sie den Text.

1. In Deutschland gehen die Kinder mit _____ Jahren in die Schule. 2. Sie besuchen zuerst _____ Jahre lang die _____. 3. Dann entscheidet es sich, ob sie entweder auf _____ oder _____ oder _____ gehen. 4. Wenn sie später eine Berufsausbildung machen wollen, gehen sie in _____ oder in _____. 5. Wenn man studieren will, muss man aufs _____. 6. Das dauert _____ Jahre. Es gibt auch noch die Gesamtschule. 7. Sie integriert die _____schule, _____ und das Gymnasium. 8. Die meisten Schüler(innen) besuchen nach der Grundschule _____. 9. An zweiter Stelle steht _____. 10. Am wenigsten Schüler und Schülerinnen gehen in _____.

c) Schreiben Sie den Text weiter.

Die große Zahl von Gymnasiasten und Gymnasiastinnen schafft Probleme, weil später ...

Ü11

Schulsysteme vergleichen

a) Zeichnen Sie ein Schema des Schulsystems bei Ihnen.
b) Vergleichen Sie mit dem System in Deutschland und beschreiben Sie.

Jahre	

- In den ersten _____ Jahren geht man bei uns in … .
- Bei uns gibt es auch …, aber kein(e)… .

- Im Gegensatz zu Deutschland kann/ muss man … .
- Anders als in Deutschland kennen wir … .

3 Der Weg in den Beruf

		r	f
1.	1996 gab es 40 000 Lehrstellen in Nordrhein-Westfalen.		
2.	Die Ausbildung von Lehrlingen ist für viele Betriebe zu teuer.		
3.	Ein Lehrling verdient im Jahr zwischen 700 und 1000 Mark.		
4.	Viele möchten eine Lehre als Koch oder Bauarbeiter machen.		
5.	Vertreter der Industrie meinen: Lange Schulzeit ist gut.		
6.	Für Betriebe ist vor allem die praktische Arbeit und die Erfahrung wichtig.		

Ü12

Einen Text genau lesen

Lesen Sie den Text von A8 noch einmal. Richtig oder falsch? Kreuzen Sie an.

1. Immer mehr Jugendliche besuchen eine <u>weiterführende</u> Schule. 2. Dort führen die steigenden Schülerzahlen zu Problemen. 3. Da die Industrie immer mehr rationalisiert, geht die Zahl der arbeitenden Bevölkerung in den kommenden Jahren zurück. 4. Kaum jemand sagt noch, dass das eine vorübergehende Krise ist. 5. Obwohl Deutschland ein gut funktionierendes Schulsystem hat, können die fehlenden Lehrstellen nicht geschaffen werden. 6. Die Industrie mit ihrer sinkenden Zahl von Arbeitsplätzen kann nicht mehr allen jungen Leuten eine Lehrstelle anbieten.

Ü13

Partizip I als Adjektiv

a) Markieren Sie bei den Adjektiven den <u>Stamm (Infinitiv)</u> und unterstreichen Sie <u>die Endung</u>.
b) Ergänzen Sie die Regel.

> 1. Bildung des Partizip I: **Verb** + Endung _____ = **Partizip I**
> 2. Verwendung: Partizip I **beim Substantiv** = **Endungen** wie das *Ad* _____

1. eine _____ (blühen) Industrie 2. mit einer _____ (retten) Idee 3. die _____ (führen) Persönlichkeiten aus Politik und Wirtschaft 4. wegen dem _____ (fehlen) Geld 5. bei den _____ (erschrecken) Aussichten 6. durch _____ (bedeuten) Verbesserungen 7. ein _____ (entscheiden) Unterschied zu früher

Ü14

Ergänzen Sie das Partizip I.

Die Schüler kämpfen für ihre Zukunft. Sie protestieren. ➔

Die protestierenden Schüler kämpfen für ihre Zukunft.

Ü15

Bilden Sie einen Satz.

1. Sie wollen nicht nur Lern- und Arbeitsmaschinen sein, die funktionieren. 2. Die Wirtschaft hat Anforderungen an die Schule. Diese Anforderungen steigen. 3. Wenn man eine Schule besucht, die weiterführt, hat man mehr Chancen. 4. Die Gesellschaft hat noch kein Rezept gegen die Jugendarbeitslosigkeit gefunden: Sie nimmt zu.

Ü16

Berufe beschreiben

a) Lesen Sie die Beschreibungen der Berufe. Welcher Beruf interessiert Sie?
b) Notieren Sie auf einem Blatt Ihren (Traum-)Beruf.

Berufsbild
Ausbildung
Karriere
Zukunft

c) Machen Sie ein Interview mit Ihrem Partner / Ihrer Partnerin. Empfehlen Sie ihm/ihr einen Beruf.

Berufe mit Zukunft

FACHVERKÄUFER/IN

Berufsbild: Kühlschrank, Fahrrad, Video – Detailwissen ist gefragt. Offene, kommunikative Persönlichkeit von Vorteil.
Ausbildung: Dreijährige Lehre zum/r Einzelhandelskaufmann/-kauffrau, danach Spezialisierung.
Verdienst: In der Ausbildung 865 bis 1365 Mark. Einstiegsgehalt je nach Firma um 2500 Mark.
Karriere: Gute Chancen. Top-Verkäufer/innen arbeiten sich bis zum/r Geschäftsführer/in hoch.
Zukunft: Gut. Kundenservice gewinnt an Bedeutung.

PILOT/IN

Berufsbild: Im Chartergeschäft oder im Linienverkehr Geschäftsleute oder Touristen durch die Welt fliegen.
Ausbildung: Zwei Jahre an der Verkehrsfliegerschule. Kosten: über 100 000 Mark.
Verdienst: Einstiegsgehalt 6000 Mark plus Zulagen, später weit über 10 000 Mark.
Karriere: Vom Kopiloten zum Kapitän; je größer das Flugzeug, umso mehr Geld.
Zukunft: Gut. Der Flugverkehr verdoppelt sich bis 2005, es werden 25 000 neue Pilot/innen benötigt.

MEDIENGESTALTER/IN BILD UND TON

Berufsbild: Elektronische Herstellung von Radiosendungen, Werbespots, Lehrfilmen und Multimedia-Produkten.
Ausbildung: Drei Jahre, neuer Ausbildungsberuf.
Einkommen: In der Ausbildung zwischen 1055 und 1215 Mark; danach je nach Funktion von 3000 Mark aufwärts.
Karriere: Große Vielfalt. Aufstieg zum/r Sendetechniker/in, Kameramann/-frau oder Multimedia-Designer/in.
Zukunft: Top-Chancen. Die Medienbranche wächst. Gute Basisausbildung für qualifizierte Fachkräfte.

REISEVERKEHRSKAUFMANN/-KAUFFRAU

Berufsbild: Vermittlung von Last-Minute-Reisen bis zu Fahrradtouren, Touristenbetreuung.
Ausbildung: Drei Jahre.
Verdienst: Ausbildungsvergütung 700 bis 1195 Mark; Einstiegsgehalt 2600 Mark.
Karriere: Aufstieg zum/r Reisebüroleiter/in; Weiterbildung zum/r Touristikfachwirt/in.
Zukunft: Top-Chancen! Stark wachsende Branche mit weltweiter Verdoppelung der Arbeitsplätze bis 2005.

● Was interessiert dich? ● Was sind deine Hobbys? ● Wie viel willst du einmal verdienen? ● Arbeitest du gerne mit ...? ● ...

Ü17

Einen Lebenslauf erzählen

Ergänzen Sie mit Wörtern aus Dörthes Lebenslauf.

4 Hochschulstudium – und dann?

Ihr Name ist _____ (1). Sie wohnt _____ (2). Die Telefonnummer lautet _____ (3). Sie wurde am _____ (4) in _____ (5) geboren. Von _____ (6) bis _____ (7) besuchte sie die _____ (8) in _____ (9). _____ (10) ging sie auf das Goethe-Gymnasium in Düsseldorf, das sie 1987 mit dem _____ (11) abschloss. Danach machte sie eine Ausbildung als _____ (12). Anschließend war sie ein Jahr an _____ (13). Von 1990–1996 studierte sie _____ (14) in _____ (15).

Ü18

Ergänzen Sie das Substantiv oder den ganzen Satz.

1. Ich wurde in Mainz geboren. → *Geburtsort* _____
2. Ich wurde am 12.4.1974 geboren. → _____
3. Ich bin ledig. → _____
4. *Ich habe* _____ ← 1992 Abitur
5. _____ ← 1993–1996 Ausbildung als Mediengestalter/in
6. _____ ← seit 1997 Produzent/in bei Radio Megaband

TIPP: Lebenslauf schreiben = Konzentration auf das Wichtigste

Länge: 1 Seite; bei über 10 Jahren Berufserfahrung: 2 Seiten
Stil: Telegrammstil (so können Sie mehr Informationen kurz darstellen)
Verteilung: Persönliche Daten 5–20%; Aus- und Fortbildung 10–30%; Beruf 60–80%
– Überlegen Sie, welche Informationen für den Leser / die Leserin interessant sind.
– Wenn Sie sich bewerben, nur Kopien schicken!

Lebenslauf

Name:
Anschrift:
Telefon:
Geburtsdatum:
Geburtsort:
Familienstand:

Ausbildung
19___ – 19___
19___ – ___

Berufliche Tätigkeit
19___ – 19___
19___ – ___

Fremdsprachen-kenntnisse

Freizeitinteressen

Ü19
Einen tabellarischen Lebenslauf schreiben
Schreiben Sie Ihren Lebenslauf.

- Wann und wo sind Sie geboren?
- Welche Ausbildung haben Sie?
- Was können Sie besonders gut?
- Haben Sie schon einmal gearbeitet?
- Welche Fremdsprachen können Sie?
- Was machen Sie gerade im Moment?

Ü20
Fragen zur Person
Sie sind Personalchef/in: Fragen und notieren Sie.

1. Job-Probleme _____ _____
2. in den _____ Jahren
3. weniger _____ Akademiker
4. Vertrag _____ _____ _____
5. in _____ Kursen
6. die Berufschancen _____ _____
7. Berufsanfänger, _____

Ü21
Attribute im Satz
a) Lesen Sie den Text von A12 noch einmal und ergänzen Sie.

Relativsatz – Partizip I – Genitiv-Attribut – Adjektiv – Präpositional-Attribut – Partizip II

1. _____ oder _____ oder _____ + Substantiv
2. Substantiv + _____ oder _____ oder _____

b) Was steht links vom Substantiv? Was steht rechts? Vergleichen Sie mit den Beispielen und notieren Sie.

TIPP: Viele Informationen in einem Satz = Entscheiden: Was ist wichtig? Was kann man weglassen?

1. Nur Verb, Subjekt (und Ergänzungen) suchen, dann ➔ Satz lesen.
2. Attribute links und Substantiv lesen, dann ➔ Satz noch einmal lesen.
3. Attribute rechts lesen: ➔ ganzen Satz verstehen!

 Ü22

a) Was ist die wichtigste Information? Streichen Sie alle Attribute.
b) Lesen Sie die kurzen Sätze, dann die langen Sätze mit Attributen.

1. Die ~~heutige~~ Situation ~~auf dem Arbeitsmarkt~~ ist für Berufsanfänger ~~mit Uni-Diplom~~ sehr schwierig. 2. Die Zahl der Jungakademiker, die nur einen zeitlich begrenzten Vertrag bekommen, nimmt zu. 3. Die Abnahme von Arbeitsstellen und die starke Zunahme der Studenten und Studentinnen an den Universitäten und Fachhochschulen erhöhen die Zahl der arbeitslosen Akademiker. 4. Die Unternehmen stellen lieber Hochschulabsolventen mit Berufserfahrung ein. 5. Viele Politiker und Leute aus der Wirtschaft beschreiben die Krise des deutschen Bildungssystems, aber niemand hat bis jetzt die rettende Idee gehabt.

 Ü23

Einen Hörtext schriftlich zusammenfassen

a) Hören Sie den Text zweimal und notieren Sie möglichst viel.
b) Schreiben Sie eine Zusammenfassung und antworten Sie.

Im Taxi:

1. Wo spielt das Gespräch? 2. Wohin geht die Fahrt? 3. Wie teuer ist sie? 4. Wie lange macht der Mann schon diesen Job? 5. Was hat er studiert? 6. Wie gefällt ihm seine Tätigkeit? 7. Hat er eine andere Stelle gesucht? 8. Würde er heute noch einmal studieren? Warum (nicht)?

 Ü24

Ein Bewerbungsgespräch vorbereiten

Lesen Sie den Text und vergleichen Sie mit dem Dialog. Welche Informationen aus dem Text hören Sie? Markieren Sie.

5 Das Bewerbungsgespräch

Das Gespräch: natürlich und locker

Ihr Interviewpartner möchte im Gespräch etwas mehr über Ihre Angaben im Lebenslauf und im Bewerbungsschreiben wissen: über Schul- und Berufsausbildung und die bisherige Berufstätigkeit.

Sie werden auch oft gefragt, was Sie gern oder weniger gern gemacht haben oder was Ihre Stärken und Schwächen sind. Bereiten Sie sich auch auf die Frage vor, warum Sie sich gerade bei *dieser* Firma, um genau *diese* Stelle bewerben.

Bleiben Sie aufmerksam, antworten Sie ruhig, aber informativ und deutlich.

Ihre Fragen: interessiert und selbstbewusst

Ihr Gegenüber erwartet auch Fragen von Ihnen. Zeigen Sie Interesse an dieser speziellen Firma. Stellen Sie Fragen, die Sie interessieren: Schwerpunkt der Tätigkeit, andere Mitarbeiter/innen, besonders arbeitsintensive Zeiten, evtl. Weiterbildungsmöglichkeiten.

Oft werden Sie gefragt, was Sie bisher verdient haben oder welches Gehalt Sie sich vorstellen. Wenn nicht, stellen Sie selbst die Frage, aber möglichst erst zum Schluss des Gesprächs.

Wenn Sie sich wirklich für die Stelle interessieren, informieren Sie sich ein paar Tage nach dem Gespräch über das Ergebnis.

6 Aussprache

Zu Beginn der Schulferien

Herr Frank:
Wer hütet denn das Haus?
Wer mäht das Gras?
Wer holt mich vom Betrieb ab?

Hans:
Ich kaufe mir ein Foto-Objektiv.
Ich muss auch noch ein Passbild abholen.
Später repariere ich mein Fahrrad.
Wisst ihr ein schönes Fotomotiv?

Frau Frank:
Gehen wir oft ins Schwimmbad?
Wer spielt mit mir Billard?
Geht ihr mit mir im Wald spazieren?

Kirsten:
Morgen suche ich mir einen Job.
Soll ich euch mal mein Zeugnis zeigen?
Und samstags gehe ich in den Sportklub:
Man muss ja auch mal aktiv sein!

Ü25 AUS

Auslaute stimmlos sprechen

a) Sprechen Sie.
b) Hören Sie zur Kontrolle.

Beispiel: Sie hören 1. *Urlaub* = stimmlos [p]

	1.	2.	3.	4.	5.	6.	7.	8.
Stimmlos	✗							
Stimmhaft								

Ü26 AUS

Auslaut: stimmlos oder stimmhaft?

Kreuzen Sie an.

„Spiel mir das Lied vom Tod!" „Niemand kann zwei Herren dienen." „Ohne Fleiß kein Preis."

„Die Sonne bringt es an den Tag." „Störe meine Kreise nicht!"

„Gold und Silber lieb ich sehr." „Er hört das Gras wachsen." *„Vom Winde verweht"*

Ü27 AUS

a) Hören Sie.
b) Lernen Sie die Sätze auswendig.

 63

> **TIPP: Lange Wörter (Komposita) baut man von hinten auf und betont sie vorne!**
> Beispiel: Stellung
>   Vorstellung
>   Gehaltsvorstellung

Beispiel: Geburtsta**gsge**schenk

Geburtsta**g** + **Bl**umen	Beru**f** + **Sch**ule	Arbei**t** + **K**räfte
Feier	Ausbildung	**L**eben
Gäste	**Ch**ance	**Z**eit
Kuchen	Anfänger	**T**eilung

Ü28 AUS

Konsonantenhäufungen sprechen

a) Sprechen Sie die Wörter einzeln/zusammen.
b) Hören Sie.

Sie kommen von der Arbeitsvermittlung Sind Sie Berufsanfänger? ● ○ Ja. Bisher hatte ich nur Kurzzeitjobs. Dabei habe ich gelernt, selbstständig zu arbeiten.

Können Sie denn auch Schriftverkehr erledigen? ● ○ Selbstverständlich. Auch im Rechnungswesen kenne ich mich aus.

Und wo haben Sie das gelernt? ● ○ Also, in meinem Betriebspraktikum und bei den verschiedenen Jobs. Ich spreche auch mehrere Fremdsprachen.

Aha. Und was für Gehaltsvorstellungen haben Sie? ● ○ Das ist von meinem Tätigkeitsfeld abhängig. Natürlich muss es für den Lebensunterhalt reichen!

Ü29 AUS

a) Hören Sie und markieren Sie die Konsonantenhäufungen.
b) Lesen Sie.

R1

Wie gut können Sie
das? Bewerten Sie:
++, +, –, – –.

Das kann ich:
- über Schulerfahrungen sprechen
- Schulsysteme beschreiben und vergleichen
- Aufgaben in einer Ausbildung beschreiben
- meinen Lebenslauf schreiben
- über Berufschancen sprechen
- ein Bewerbungsgespräch führen

Grammatik:
- Partizip I bilden und benutzen
- nominale Gruppen erkennen
- Formen: Partizip II der Modalverben

Wortfelder:
- „Schule und Ausbildung"
- „Aktivitäten in Schule/Ausbildung"

R2

a) A/B: Zeichnen
Sie ein einfaches
Modell vom
Schulsystem in
Ihrem Land.
b) A/B: Sie erklären
Ihr Modell,
Ihr Partner / Ihre
Partnerin zeichnet.
c) Sprechen Sie
über die
Unterschiede.

A Schulsystem in meinem Land	Klasse ↓	**B Schulsystem in deinem Land**
	12.	
	11.	
	10.	
	9.	
	8.	
	7.	
	6.	
	5.	
	4.	
	3.	
	2.	
	1.	

d) Erzählen Sie von
Ihren Erfahrungen
in der Schule.

*Meine Schulerfahrungen
mit Lehrern und Lehrerinnen …*

*Meine Schulerfahrungen
mit dem Unterricht …*

e) Bewerten Sie.

Ich kann / Du kannst …

	A	B
Schulsysteme beschreiben.		
Schulsysteme vergleichen.		

Ich kann / Du kannst …

	A	B
über Schulerfahrungen sprechen.		
Wörter zu „Schule und Ausbildung".		

R3

a) A/B: Erzählen
Sie den Lebenslauf.
B/A: Notieren Sie.
b) Bewerten Sie
und vergleichen Sie
mit R1.

A
Senta Horn: 4.2.1965; Stade; Grund-
schule (1971–1975), Gymnasium
(1975–1985), Abitur (1985), 8 Monate
Sprachenschule in Madrid; Ausbildung zur
Fremdsprachen-Sekretärin (1986–1989),
Auslandsaufenthalt in den USA;
Firma: Siemens (seit 1991) …

B
Tom Kohn: 13.1.1972; Bonn;
Grundschule (1978–1982); Realschule
(1982–1988); Mittlere Reife, Ausbildung
zum Automechaniker (1988–1991);
Autohaus Thees (1991–1993);
Abendgymnasium (1993–1996);
Studium Fahrzeugbau …

R4

a) Ergänzen Sie
das passende
Partizip I.
b) Korrigieren Sie.

🔑

c) Vergleichen Sie
mit R1.

weiterführen – ausbilden – fehlen – retten – vorübergehen – ausreichen

Die Politiker suchen nach der _____ Idee, wie man für die jungen Menschen

_____ Arbeitsplätze schaffen kann. Immer mehr Jugendliche besuchen

_____ Schulen. Andererseits gibt es immer weniger _____ Firmen.

Die Zahl der _____ Lehrstellen wächst. Alle wissen: Wir brauchen keine

_____, sondern eine endgültige Lösung des Problems.

Moment mal!

▶ Suchen Sie in deutschsprachigen Zeitungen Berichte über die Arbeitsmarktsituation.
▶ Kennen Sie Filme oder Fernsehserien, die in Schulen spielen? Was erfahren Sie dort über
die Schule und den Unterricht? Vergleichen Sie mit Ihren eigenen Erfahrungen.

1 „Jede Form ist vielseitig"

Ü1

Über Kunst sprechen

a) Welches Gespräch passt zu welchem Bild? Wo findet das Gespräch statt? Notieren Sie.

①: _____ ②: _____ ③: _____ ④: _____

Wo? _____ _____ _____ _____

A	klar – verwirrend bedrohlich – beruhigend verrückt – normal klein – groß berühmt – unbekannt richtig – falsch eng – weit	
B	irr – verrückt lustig – humorvoll verspielt – spielerisch speziell – originell toll – super	
C	düster – traurig – kaputt abstrakt – modern – dynamisch Chaos – chaotisch – Chaoten dekorativ – kompliziert – strukturiert	
D	normal – absurd langweilig – faszinierend originell – gewöhnlich gut gemacht – schlecht gemacht klassisch – modern	

b) Hören Sie noch einmal: Welche Ausdrücke hören Sie? Markieren Sie.

Heute habe ich ... gesehen, als ich ...

1. _____ gefällt mir sehr gut, weil ... .

2. Ich kann _____ nicht ausstehen, denn ... .

3. Am besten finde ich die Bilder von _____, weil sie ... .

4. Mich hat die Abbildung von _____ sehr beeindruckt, vor allem weil ... .

5. Bei _____ stört mich vor allem _____.

6. _____ ist mir viel zu ... .

7. Besonders gern habe ich die Bilder von _____. Sie sind nämlich ... .

Ü2

Wo haben Sie heute „Kunst" gesehen? Notieren Sie.

Ü3

Gefallen/Missfallen begründen

Sehen Sie die Bilder von A1–3 an: Warum gefällt Ihnen ein/eine Künstler(in)? Warum nicht? Ergänzen Sie.

Ü4

Welche „Kunst" gibt es bei Ihnen? Was ist bekannt? Was ist unbekannt? Ergänzen Sie. Arbeiten Sie mit dem Wörterbuch.

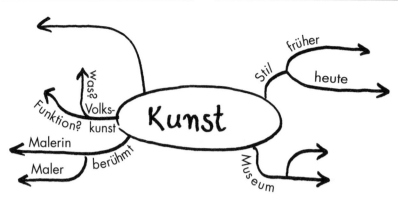

Ü5

Kunst definieren

a) Welche Zitate stimmen für Sie? Welche nicht? Diskutieren Sie.
b) Suchen Sie eine Definition von „Kunst". Sammeln Sie Beispiele dafür. Präsentieren Sie Ihre Resultate auf einem Plakat.

der künstler macht sichtbar, politiker verschleiern; in museen, galerien provoziert man nicht, man macht geschäfte.

(Harald Naegeli, Künstler)

Kunst gibt nicht das Sichtbare wieder, sondern macht sichtbar.

(Paul Klee, Maler und Graphiker)

Ich betrachte auch den menschlichen Gedanken schon wie die erste Plastik, die aus dem Menschen herauskommt.

(Joseph Beuys, Künstler)

kunst kommt von „kun", kühn; kunst macht aus etwas etwas anderes.

(André Thomkins, [Sprach-]Künstler)

Kunst ist immer ein Risiko …

(Mani Matter, Liedermacher)

Kunst kommt von Kaufen. Nur das Geld lässt toten Stoff schweben, beseelt Fett und Filz und Öl, verwandelt Marmor in Kunst. Was nichts kostet, kann zwar schön aussehen. Aber es ist keine Kunst.

(Dietmar Pieper, Journalist)

Ü6

Gegenstände benennen

Schauen Sie das Foto an: Was ist das? Ordnen Sie die Buchstaben zu Wörtern.

2 „Malen ist wie Auf-die-Welt-bringen!"

| SINELP | BAFER | FITTS | RIPAPE | ~~ZEZIKS~~ | LIDB | RECHEB | MIEL |

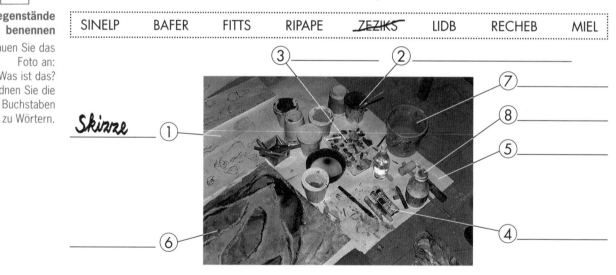

Skizze

Ü7

Arbeitsprozesse beschreiben

Hören Sie den Text von A5a), markieren Sie „falsche" Wörter.

1. Wir sitzen hier in deiner Wohnung.
2. An den Wänden hängen Skizzen.
3. Wenn ich keine Zeit habe, … .
4. … von der ganz emotionalen Seite her.
5. …, ob das so bleiben muss … .
6. … die nicht die Wirkung haben, die … .
7. Ich glaube, das ist Bleistift auf Papier.
8. … und anhand der Skizze entsteht schnell ein farbiges Bild?
9. So kann man nicht sagen.
10. Malen ist wie Auf-die-Welt-kommen.

A _____ Dann wählt sie kritisch einige Skizzen aus.

B _____ Erst jetzt beginnt sie mit dem Malen.

C _____ Nach der Auswahl der Skizzen mischt sie die Farben.

D _____ Die lässt sie erst einmal liegen.

E _____ Zuerst macht Susanne Skizzen auf Papier.

Ü8

Wie entsteht bei Susanne ein Bild? Ordnen Sie.

die Kreide	der Stoff	das Eisen	der Ton	der Gips	das Farbpulver
das Holz	das Wasser	der Leim	das Papier	der Pinsel	die Dachpappe
umrühren	anrühren	tauchen	nass machen	mischen	abtropfen	malen

1. Sie macht die Kreide selbst. _____

2. Sie rührt die Kreide an. _____

3. Sie mischt Ton, Gips und Farbpulver. _____

4. Sie taucht die Kreide in den Leim. _____

5. Sie verdünnt die trockene Masse. _____

Ü9

Eine Tätigkeit beschreiben

a) Hören Sie den Text von A5: Welche Wörter hören Sie? Unterstreichen Sie.
b) Beschreiben Sie im Passiv.

● Wie malst du denn?

○ Wie du siehst, hab ich da meine selbst gemachten Kreiden.
Die <u>rühre</u> ich mir an aus <u>Ton</u> und <u>Gips</u> und <u>Pigmenten.</u> Pigmente sind trockene Farbpulver.
Zum Anrühren habe ich auch so ein Mischgerät.

● Mit Kreide assoziiere ich immer etwas Trockenes. Sind die Kreiden verdünnbar mit Wasser?

○ Ja, natürlich! Ich tauche die Kreiden in ein Leimgemisch, male mit den feuchten Kreiden los,
und wenn sie dann trocken sind, halten die so auch besser. Und je nachdem, wie wässrig
ich das Gemisch mache, desto fließender wird dann die Farbe.

● Deine Skizzen sind auf Papier, deine Bilder malst du aber auf schwarzen Hintergrund … .

○ Dachpappe. Das ist Dachpappe. – Das ist eigentlich ein umgekehrter Prozess:
Hell zu malen auf etwas Dunklem, statt dunkel zu malen auf etwas Hellem … .

● Vom Dunklen ins Licht?

○ Ja, genau. Die Farben strahlen viel mehr auf dunklem Hintergrund. Schau mal hier dieses
Rosa, das kriegt eine ganz andere Qualität auf schwarzem Grund, das leuchtet ganz anders!

Ü10

Wortfelder aufbauen

a) Suchen Sie Ausdrücke, die zu „flüssig/fest" und zu „hell/dunkel" passen. Unterstreichen und markieren Sie.

	Substantiv	Adjektiv	Verb
flüssig			
fest			
hell			
dunkel			

b) Kennen Sie noch andere Wörter? Ordnen Sie und ergänzen Sie.

Ich sehe da _____. Das ist irgendwie so _____ mit

_____. Es könnte auch _____ sein. Die

Farben wirken auf mich _____.

Ü11

Ein Bild beschreiben

Was sehen Sie auf dem Bild ③ von A6? Ergänzen Sie.

Ü12

Ergänzungen und Angaben

a) Lesen Sie den Text und vergleichen Sie mit dem Bild: Was finden Sie alles im Bild wieder? Markieren Sie!

1. Das Bild hat den Titel „Die Beständigkeit der Erinnerung." 2. Salvador Dalí hat das Bild 1931 gemalt. 3. In dieser Zeit lebte er in Paris und hatte intensiv Kontakt mit den französischen Surrealisten. 4. Seit vielen Jahren hängt das Bild in New York im Museum of Modern Art. 5. Das Bild ist wegen einem ganz alltäglichen Erlebnis entstanden. 6. Dalí erzählte später einmal:

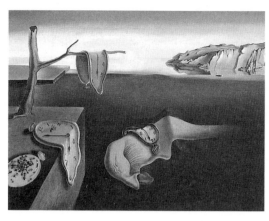

7. „Wir hatten an diesem Tag unser Abendessen mit einem ausgezeichneten Camembert abgeschlossen. 8. Ich blieb noch einen Augenblick mit aufgestütztem Ellenbogen allein am Tisch sitzen und dachte über das ‚Super-Weiche' dieses laufenden Käses nach. 9. Das Bild, an dem ich gerade malte, stellte eine Landschaft aus der Umgebung von Port Lligat dar, deren Felsen vor dem transparenten Licht des sinkenden Tages erhellt schienen. 10. Diese Landschaft sollte als Hintergrund für eine Idee dienen, aber welche? 11. Ich brauchte ein überraschendes Bild und fand es nicht. 12. Ich schaltete das Licht aus und wollte hinausgehen, als ich die Lösung buchstäblich ‚sah': 13. Zwei weiche Uhren, von denen die eine kläglich auf dem Ast des Olivenbaums hängen würde."

b) Machen Sie eine Skizze in Ihrem Heft. Notieren Sie Ergänzungen und Angaben.

	Subjekt	Verb	Ergänzung	Angabe	Ergänzung
1.	Das Bild	hat	den Titel „..."		.
2.	S. Dalí	hat	das Bild	1931	gemalt.
5.					
6.					
7.					
10.					

	Angaben	Verb	Subjekt	Angabe	Ergänzung
3.	In dieser Zeit	lebte	er		in Paris
					und
		hatte	–	intensiv	Kontakt
					mit den f. S. .
4.					

c) Was sind für Sie die wichtigsten Informationen in jedem Satz? Unterstreichen Sie und vergleichen Sie.

Ü13

Ordnen Sie die Angaben von Ü12.

temporal: *wann?*	
temporal: *wie lange?*	
lokal: *wo?*	
modal: *wie?*	
kausal: *warum?*	

Ergänzungen (E)	Angaben (A)
einen wunderbaren Camembert – eine Idee – eine Landschaft – mit Felsen – eine Lösung – zwei weiche Uhren – den Titel – dem Bild – in Paris – über ein Bild	seit ein paar Jahren – zum Schluss – ~~dort~~ – plötzlich – heute – im Abendlicht – mit seinen Freunden – mit dem Bild – wegen dem weichen Käse

Ü14

a) Notieren Sie passende Ergänzungen. Lesen Sie die Sätze laut: Klingen sie richtig?

b) Ergänzen Sie die Angaben.

1. Dalí lebte _____ (A) _____ (E). 2. Damals aß er fast jeden Tag _____ (A). 3. An einem Tag gab es _____ (A) _____ (E). 4. Dalí dachte nach dem Essen_____ (E) nach, das er gerade malte. 5. Darauf war _____ _____ (E) im Abendlicht. 6. Er wollte _____ (A) _____ (E) ausdrücken, aber er wusste nicht, welche. 7. _____ (A) hatte er _____ (E): 8. Auf dem Bild gibt es _____ (A) _____ (E). 9. Er gab _____ (E) _____ (E) „Die Beständigkeit der Erinnerung". 10. Das Original ist _____ (A) in New York.

3 Vorbereitung einer Ausstellung

1. Bilder …   transportieren——auspacken——aufhängen——~~eröffnen~~
2. Einladungen …   streichen——schreiben——abschicken——drucken
3. die Presse …   informieren——einladen——verschicken——verständigen
4. Getränke …   bestellen——bereitstellen——aufhängen——kalt stellen
5. die Galerie …   streichen——aufräumen——auspacken——renovieren
6. die Beleuchtung …   installieren——aufhängen——montieren——ausstellen
7. Stühle …   aufstellen——abholen——verständigen——aufräumen
8. die Ausstellung …   organisieren——besuchen——ankündigen——abholen

Ü15

Eine Ausstellung organisieren

a) Welches Wort passt nicht?

So eine Ausstellung muss gut vorbereitet werden:
1. Die Bilder müssen ausgepackt und aufgehängt werden.
2. …

b) Was muss getan werden? Schreiben Sie die Sätze.

● Wer macht die Einladungen?   ○ Was muss ich da machen? Bis wann?
● Wer übernimmt die Getränke?   ■ Ich mach das schon. Wie viel Geld haben wir dafür?

c) Wer macht was? Verteilen Sie die Arbeit in der Gruppe.

TIPP: Neue Wörter bilden = mit der Sprache spielen und Sprachgefühl entwickeln

Es ist nicht leicht, selbst korrekte neue Wörter zu bilden. Versuchen Sie es trotzdem immer wieder: Man versteht sie meistens! Sprechen Sie „Ihre" Wörter laut und überlegen Sie dabei: Klingt das deutsch? Und damit Sie ganz sicher sind: Schlagen Sie im Wörterbuch nach oder fragen Sie Ihren Lehrer / Ihre Lehrerin.

Ü16

Wortbildung:
Substantive auf
„-ung"

Bilden Sie
Komposita oder
Umschreibungen
mit „von".

1. die Farb(en) mischen — *die Farbmischung / die Mischung von Farben*
2. eigene Kreide herstellen — _____
3. Elemente anordnen — —
4. einen Entwurf zeichnen — *die Entwurfs-* —
5. die Skizzen bearbeiten — _____
6. ein Bild beschreiben — ⁓
7. den Stil verändern — ⁓
8. Licht und Schatten verteilen — —
9. Motive wiederholen — _____
10. Bilder sammeln — *die Bilder-*
11. den Raum beleuchten — ⁓

Ü17

Wortbildung:
Wortfamilien

a) Ergänzen Sie.

maler*isch* das*Ge*mälde
die Maler*ei* die Bemal*ung*
die Maler___ *be*mal___
der Mal*er* mal*en*
-MAL-

farb___ färb___
die Farb*e* farb*los* *ab*färben
die Farbig*keit* die Färb*ung*
-FARB-

b) Wählen Sie
zwei Wortstämme
und bauen Sie
„Wortbäume".

| spiel- | unternehm- | red- | bild- | zeichn- |

Ü18

Wortbildung:
Substantive aus
Verben

Bilden Sie
Substantive und
ergänzen Sie.

1. (malen): Der _____ hat mit der Ausstellung keinen großen Erfolg gehabt. Das _____ macht ihm aber trotzdem immer noch Spaß. 2. (besuchen): Auf der Vernissage waren viele _____ und _____, die sich aber nicht für die Malerei interessierten. 3. (arbeiten, unternehmen, schweigen, viel reden): Verschiedene Leute waren da: _____, _____, _____ und Viel-_____. 4. (essen und trinken): Sie kamen alle wegen _____ und _____ und nicht wegen der Kunst. 5. (spielen, erfinden, können): Dabei ist der Künstler ein großer _____ und _____, er gilt als großer _____. 6. (fehlen, betrachten): Es ist sicher nicht sein _____, wenn die Leute beim _____ seiner Werke nur den Kopf schütteln.

Ü19

Ein Gespräch
vorbereiten

Was wissen Sie
über ...?
Was sagen Sie, wenn
Sie Ihren Partner /
Ihre Partnerin
überzeugen wollen?
Notieren Sie.

Künstler/in: _____

Bilder: _____

Ausstellung: _____

_____

Argumente: _____

_____

_____

Susanne Leutenegger in Passau

1 Für die Schweizer Künstlerin Susanne Leutenegger

A aber Susanne Leutenegger ist keine gegenständliche Malerin.

2 Seit einigen Jahren ist sie

B in der Produzentengalerie unter dem Titel „Kapseln und Schalen" zu sehen.

3 Bilder dieser neuesten Phase sind

C fasziniert von runden Formen.

4 In ihren Bildern kann man Figuren erkennen,

D … Donnerstag von 17 bis 20 Uhr, Samstag und Sonntag von 11 bis 14 Uhr …

5 Die Ausstellung ist … geöffnet.

E zum Einfachen, zur Reduktion.

6 Früher malte die Künstlerin

F ist Malen die Suche nach sich selbst.

7 Sie geht den Weg zurück

G Architektur in ihrem Verhältnis zur Natur.

a) 1 + _F_ , 2 + ___ , 3 + ___ , 4 + ___ , 5 + ___ , 6 + ___ , 7 +   c) _1,_ _____

Ü20

Bekanntes/ Neues: Sätze und Texte rekonstruieren

a) Lesen Sie die Satzanfänge: Was fehlt? Suchen Sie passende zweite Satzhälften.
b) Unterstreichen Sie die neuen Informationen.

c) Ordnen Sie die Sätze zu einem Text. Begründen Sie.

4 Die Eröffnung

1. Nach Meinungen/Urteilen fragen ___
A Haben Sie das Bild dort hinten schon gesehen?
B Was halten Sie von dieser Ausstellung?
C Finden Sie, dass das eine gelungene Ausstellung ist?

2. Zustimmung suchen ___
A Finden Sie nicht auch, dass dieses Bild das schönste ist?
B Das ist doch sehr schön, oder?
C Was sagen Sie zu diesem Bild?

3. Zweifel ausdrücken ___
A Was, das soll Kunst sein?
B Ich weiß nicht so recht, ob das Kunst ist.
C Ich bin nicht sicher, ob das Kunst ist.

4. Etwas negativ bewerten ___
A Also, mir gefällt das nicht.
B Das ist doch nicht mehr aktuell!
C Ich weiß eigentlich nicht, was ich davon halten soll.

5. Etwas positiv bewerten ___
A Ich kann mit dem Bild gar nichts anfangen.
B Das Bild ist phantastisch!
C Ich finde das Bild einfach wunderschön.

6. Widersprechen ___
A Da bin ich aber nicht Ihrer Meinung.
B Nein, das finde ich nicht.
C Das stimmt zwar, aber ganz Recht hast du nicht.

7. Teilweise zustimmen ___
A Ja schon, aber ich sehe das anders.
B Im Gegenteil!
C Kann schon sein, aber ich glaube, gute Kunst ist immer aktuell.

8. Zustimmen ___
A Ich frage mich, ob man das so schnell entscheiden kann.
B Da haben Sie Recht.
C Stimmt, das meine ich auch.

Ü21

Absichten ausdrücken

a) Lesen Sie: Welcher Satz passt nicht? Kreuzen Sie an.

b) Was hören Sie: Zweifel/…? Notieren Sie die Zahlen-kombinationen.

Ü22

a) Was tun die Leute in A9: 1., 2. oder …? Diskutieren Sie.
b) Vergleichen Sie mit Ihrer Sprache.

Ü23

a) Ergänzen Sie die Antworten.
b) Spielen Sie die Gespräche zu dritt weiter.

● Kunst müssen Sie anschauen, nicht verstehen!

○ (Zustimmen) _____

■ (Widersprechen) _____

□ (Zweifeln) _____

● Ich finde, der Staat sollte viel mehr für die Künstler tun.   ○ …   ■ …

● Die Bilder in diesem Kapitel sind alle sehr schön, finden Sie nicht?   ○ …   ■ …

● Es gibt Leute, die sagen: „Kunst ist ein Lebensmittel".   ○ …   ■ …

● Kunst gehört nicht ins Museum, Kunst gehört auf die Straße!   ○ …   ■ …

5 Aussprache

Ü24

Langsam/Schnell sprechen

a) Markieren Sie Akzente und Akzentgruppen.

b) Sprechen Sie langsam/schnell.

Susanne|kam|mit sechzehn|nach Fribourg,||wo sie|ihre Matura|gemacht hat.||
Später hat sie zunächst Sprachen gelernt, und dann hat sie in Irland Kunst studiert.
Nach ihrer Heirat lebte sie mit ihrem Mann in Oldenburg, wo auch ihre Tochter geboren wurde. Sie arbeitete dort als Lehrerin und Künstlerin.
Neunzehnhundertdreiundneunzig machte sie in Passau eine Ausstellung mit dem Titel „Kapseln und Schalen".

Ü25

Rückfragen formulieren

a) Fragen Sie mit einem Wort/Satz zurück.

b) Vergleichen Sie die Beispiele im Schlüssel.

Ü26   **Weltlauf** *(Heinrich Heine)*

Rhythmisch sprechen

a) Hören Sie.
b) Sprechen Sie.

Hat man viel, so wird man bald
Noch viel mehr dazu bekommen.
Wer nur wenig hat, dem wird
Auch das Wenige genommen.

Ü27

Alltagssprache verstehen

Hören Sie die Sätze und schreiben Sie.

● ['laŋvailn zi: zıç nıç]? *Langweilen Sie sich nicht?* _____

○ [ıç]? [vɪ'zo:]? _____

● ['ısdɔxn 'bløːdɐ fılm] _____

○ ['fındıç 'aːbɐ 'gaːɐnıç] _____

● [vas gə'fɛlt iːn dɛn da'dran]? _____

○ [na haldı 'ɛkʃn un'zo:] _____

● [da ham se haltn 'andɐn gə'ʃmak] _____

○ [nu: 'lasnzə mıç mal ın ruː]! _____

Das kann ich:
- über ein Bild sprechen
- einen Arbeitsprozess beschreiben
- Zustimmung/Ablehnung ausdrücken
- Zweifel/Überzeugung äußern
- eine Verabredung planen

Grammatik:
- Sätze mit Ergänzungen und/oder Angaben bilden
- Substantive aus Verben bilden

Wortschatz:
- Wortfamilien ergänzen
- Wortfeld „Kunst und Malerei"

R1

Wie gut können Sie das? Bewerten Sie: ++, +, –, ––.

①

②

③

R2

a) Arbeiten Sie zu zweit. Welches Bild gefällt Ihnen, welches nicht? Begründen Sie Ihre Meinung. Stimmen Sie einer Meinung zu oder widersprechen Sie. Äußern Sie Zweifel oder feste Überzeugung.

Ich kann / Du kannst ...

	A	B
über ein Bild sprechen.		
den Wortschatz, um über ein Bild sprechen zu können.		

Ich kann / Du kannst ...

	A	B
Zweifel/Überzeugung äußern.		
Zustimmung/Widerspruch ausdrücken.		

b) Bewerten Sie sich und Ihren Partner / Ihre Partnerin. Vergleichen Sie mit R1.

A

ein Bild malen
Einladungen schreiben

B

eine Collage machen
neuen Wortschatz lernen

R3

Beschreiben Sie die Arbeitsprozesse: Was braucht man dazu? Wie macht man das?

1. Paul Klee – wurde geboren – in der Nähe von Bern – 1879 – als Sohn eines Deutschen und einer Schweizerin. 2. er – ging – nach München – im Alter von 21 Jahren – und – besuchte – die Malklasse – von Franz Stuck – ab 1900 – an der Akademie. 3. er – machte – längere Reisen – in den folgenden Jahren – nach Italien und nach Paris. 4. er – kehrte – zurück – nach seiner Hochzeit – nach München – 1906 – mit Lily Stumpf. 5. er – lernte – kennen – Künstler – in den folgenden Jahren – „Der Blaue Reiter" – aus der Gruppe.

R4

a) Schreiben Sie den Text in Ihr Heft.
b) Korrigieren Sie.

Ich kann / Du kannst ...

	A	B
einen Arbeitsablauf beschreiben.		

Ich kann / Du kannst ...

	A	B
Sätze mit Ergänzungen und Angaben bilden.		

R5

Bewerten Sie R3 und R4. Vergleichen Sie mit R1.

▶ Gehen Sie mit jemandem in eine Ausstellung. Jede(r) wählt ein Bild, das ihr/ihm sehr gefällt, und ein Bild, das ihr/ihm gar nicht gefällt. Sprechen Sie über die Bilder.

▶ Beschreiben Sie Arbeitsabläufe aus Ihrem Alltag. Sammeln Sie den nötigen Wortschatz.

▶ Wählen/Suchen Sie einen deutschen Text, der Sie interessiert. Unterstreichen Sie alle Ergänzungen in einer Farbe und alle Angaben in einer anderen Farbe.

Moment mal!

Beruf und Arbeit

 Ü1

Berufe erraten

a) Hören Sie die Interviews von A1 noch einmal: Was hören Sie? Kreuzen Sie an.

b) Ordnen Sie passende Ausdrücke aus der Wort-Kiste in Ü2 den Fotos zu.

1 Beruf: Berufung oder Job?

- ☐ 1. … und sitze nicht gern am Schreibtisch.
- ☐ 2. … und sitze gern am Schreibtisch.
- ☐ 3. In meinem Beruf bin ich viel draußen.
- ☐ 4. In meinem Beruf bin ich viel unterwegs.
- ☐ 5. … und wenn mal was am Traktor kaputt ist …
- ☐ 6. … und wenn mal was am Auto kaputt ist …

auf dem Feld arbeiten

- ☐ 7. Ich habe täglich mit Menschen zu tun.
- ☐ 8. Ich hatte täglich mit Menschen zu tun.
- ☐ 9. Aber ich habe kaum Zeit, einmal mit ihnen zu reden.
- ☐ 10. Ich finde immer wieder mal Zeit, mit ihnen zu reden.
- ☐ 11. Ich muss Essen und Medikamente ausstellen.
- ☐ 12. Ich muss Essen und Medikamente austeilen.

- ☐ 13. Bei mir sieht jeder Tag anders aus.
- ☐ 14. Bei mir sieht jeder Tag gleich aus.
- ☐ 15. … Leute haben Fragen.
- ☐ 16. … Leute haben Klagen.
- ☐ 17. Morgen werden wir über das Hochhaus informieren.
- ☐ 18. Morgen werden wir über das Hochhaus informiert.

Ü2
Berufliche Tätigkeiten sammeln

> Medikamente austeilen   Verdächtige festnehmen   Vermisste suchen   Fieber messen
> Kranke waschen   Stellung nehmen   ein Instrument spielen   ein Musikstück auswendig lernen
> am Schreibtisch sitzen   das Publikum begeistern   Interessen vertreten
> an den Start gehen   Tiere füttern   Produkte erzeugen   Gemüse ernten   trainieren
> eine Diagnose stellen   die Patienten pflegen   ~~auf dem Feld arbeiten~~   Kranken helfen
> Brot backen   nach dem Weg fragen   Fragen stellen   ein Rezept ausstellen
> die Grenze passieren   ein Streitgespräch führen   den Verkehr regeln   debattieren
> Gesetze beschließen   einen Rekord brechen   einen Lehrling einstellen   …
> Waren transportieren   …

a) Suchen Sie zu den anderen Berufen passende Ausdrücke.

b) Ergänzen Sie weitere Tätigkeiten.

Verdächtige festnehmen

Polizistin

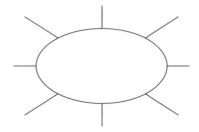

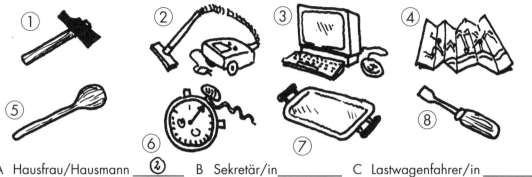

A Hausfrau/Hausmann _②_   B Sekretär/in _____   C Lastwagenfahrer/in _____

D Sportler/in _____   E Bauarbeiter/in _____   F Kellner/in _____

G Elektriker/in _____   H Koch/Köchin _____

Mein (Traum-)Beruf: _____

	Mein (Traum-)Beruf:	Fragen an Partner/in:
Arbeitsort		*Arbeitest du in einem Büro?*
Arbeitsinstrumente/ Werkzeuge		
Tätigkeiten		
Zusammenarbeit		

TIPP: Über den eigenen Beruf sprechen ⟶ Wen interessiert was?

• Notieren Sie wichtige Tätigkeiten/Instrumente zu Ihrem Beruf. Überlegen Sie, was Sie an einem Tag alles machen: Schreiben Sie einen Tagesablauf.
• Überlegen Sie: Was erzählen Sie einem Bekannten, einer Freundin oder einem Berufskollegen über Ihren Beruf? Was ist das Besondere im Vergleich zu …?

A: Idealismus
Sie verstehen Ihren Beruf als „Berufung". Damit Sie in Ihrer Arbeit glücklich sind, muss sie einen besonderen inneren Wert haben. Sie können anderen viel geben, nicht nur durch fachliches Know-how, sondern auch durch Ihr soziales Engagement, Ihre Sensibilität und Hilfsbereitschaft. Sie interessieren sich für Berufe wie Sozial-arbeiter/in oder Lehrer/in oder für Tätigkeiten im Umweltschutz.

B: Kreativität
Sie brauchen Abwechslung in Ihrem Job. Ihnen geht es richtig gut, wenn Sie Ihre Arbeit mal so und mal anders erledigen können. Und Sie möchten möglichst kreativ sein. Sie suchen Berufe, wo Phantasie wichtig ist. Tätigkeiten in der Werbe-, Presse- oder Mode-Branche sind für Sie ideal. Sie reisen auch gerne und packen am liebsten neue Projekte an.

C: Geld und Prestige
Sie möchten sich schöne Dinge leisten können, und dazu brauchen Sie Geld. Auch ein tolles Büro oder ein Firmen-Wagen sind Ihnen nicht unwich-tig. Ideal sind deshalb alle Jobs, in denen Sie durch Ihre Arbeit Ihr Gehalt verbessern können, zum Beispiel als Vertreter/in von Versicherungen oder im Immobiliengeschäft.

D: Kontakt
Sie sind flexibel und kommunizieren gerne mit anderen Menschen; denn die besten Ideen entwickeln Sie im Dialog. Deshalb sind Berufe im Kundendienst, im Gastgewerbe (zum Beispiel an der Rezeption) oder im Personalbereich (zum Beispiel in der Weiterbildung) richtig für Sie.

Trifft für mich zu:	Trifft für mich nicht zu:
brauche Abwechslung	*Kontakt ist wichtig*

Ü3
Wortschatz: Werkzeuge/ Instrumente/ Berufe
a) Welche Werkzeuge bzw. Instrumente braucht man in welchem Beruf? Ordnen Sie zu und ergänzen Sie.

b) Was brauchen Sie bei Ihrem (Traum-)Beruf? Notieren Sie.

Ü4
Berufe erraten
a) Ihr (Traum-)Beruf: Notieren Sie.
b) Notieren Sie Entscheidungsfragen.
c) Machen Sie eine typische Handbewegung und beantworten Sie die Fragen.

Ü5
Einen Test auswerten
a) Lesen Sie die Test-Auswertung: Sind Sie damit einverstanden?

b) Lesen Sie die vier Texte. Was trifft für Sie zu? Was nicht? Ordnen Sie.

 Ü6

Wortbildung: Substantiv und Adjektiv

a) Welche Wörter finden Sie in Ü5? Suchen Sie.
b) Was passt zusammen? Machen Sie Pfeile.

Substantiv	Endung	Adjektiv	Endung	Verb
1. *Intuit -*	-ie	*intuit-*	-bereit	—
2. Phantas-	-tät	phantasie-	-iv	phantasieren
3. Kreativi-	-tät	kreat-	-el	kreieren
4. Sensibili-	-schaft	sensib-	*-iv*	—
5. Hilfsbereit-	-ion	hilfs-	-voll	helfen
6. Nachdenklich-	-ung	nachdenk-	-iv	nachdenken
7. Erfahr-	-tät	erfahren	-lich	erfahren
8. Selbstsicher-	-ion	selbstsicher	-el	—
9. Kommunikat-	-keit	kommunikat-		kommunizieren
10. Flexibili-	-heit	flexib-		—

c) Ergänzen Sie die Regel.

REGEL ▶

Substantive auf **-heit, -keit, -schaft, -ung** und die internationalen Wörter auf **-ie, -ion** und **-tät** sind _____.

Ü7

a) Ordnen Sie die „persönlichen Eigenschaften" aus Ü6 zu und ergänzen Sie.

b) Welche sind Ihrer Meinung nach in den deutschspachigen Ländern besonders wichtig? Welche bei Ihnen? Vergleichen und diskutieren Sie.

2 Stellenangebote und Stellengesuche

Ü8

Stellenanzeigen auswerten

Wählen Sie zwei Anzeigen von A4–6. Notieren Sie die Anforderungen und Ihre Vorstellungen.

	Anzeige 1	Anzeige 2
Beruf/Funktion		
Anforderungen		
Ihre Vorstellungen: – Lohn – Arbeitszeit – Urlaub – Weiterbildung – …		

Platz 1 _____

Platz 2 _____

Platz 3 _____

Platz 4 _____

Platz 5 _____

Platz 6 _____

Platz 7 _____

Platz 8 _____

Platz 9 _____

Platz 10 _____

Möbelverkäufer/in   Anwalt/Anwältin

Krankenschwester/Krankenpfleger

Unternehmer/in

Beamte/r   Maler/in

Bäcker/in   Priester/Pfarrer(in)

Ü9

Berufe einschätzen

a) Welche Berufe sind bei Ihnen besonders/ weniger angesehen? Suchen Sie weitere Berufe und machen Sie eine Hitparade.
b) Gibt es bei Ihnen typische Frauenberufe oder Männerberufe? Diskutieren Sie.

TIPP: Stellengesuch und Bewerbung → korrektes Deutsch

Bei Stellengesuchen und Bewerbungen sollten Sie korrektes Deutsch schreiben. Nehmen Sie Vorlagen von Kollegen und Kolleginnen oder aus Büchern zu Hilfe und lassen Sie Ihre Texte von Deutschsprachigen korrigieren. So haben Sie größere Chancen, die Stelle zu bekommen.

Beruf: _____

Alter: _____

Sprachkenntnisse: _____

andere Kenntnisse/
Fähigkeiten: _____

Arbeitsort: _____

bisherige Tätigkeit(en): _____

neue Tätigkeit(en): _____

Ü10

Ein Stellengesuch schreiben

Notieren Sie Ihre persönlichen Angaber und schreiben Sie Ihr Stellengesuch.

Ü11

a) Bilden Sie Gruppen. Wählen Sie eines der Kleinunternehmen aus. Welche Stellen/ Berufe gibt es? Wer übernimmt welche Funktion? Entscheiden Sie.

b) Sie schaffen eine neue Stelle. Welche persönlichen und fachlichen Anforderungen stellt Ihr Team? Schreiben Sie eine Stellenanzeige.

c) Gibt es im Kurs Bewerber? Führen Sie ein Bewerbungsgespräch.

3 Berufsalltag

Ü12

Einen Arbeitsplatz beschreiben

Lesen Sie den Text von A7–8 noch einmal: richtig oder falsch? Kreuzen Sie an.

	Petra erzählt:	r	f
1.	Ich arbeite als Zugbegleiterin.		
2.	Ich habe Probleme damit, unregelmäßig arbeiten zu müssen.		
3.	Ich muss in der zweiten Klasse den Fahrgästen auch Kaffee bringen.		
4.	Ich bekomme dafür 4000 Mark brutto plus Zuschläge.		
5.	Ich habe einen Beruf gesucht, in dem ich Kontakt mit Menschen habe.		
6.	Ich arbeite elf Tage am Stück, dann habe ich wieder vier Tage frei.		
7.	Ich schlafe öfters nicht zu Hause.		
8.	Ich sehe meine Freunde nicht oft.		
9.	Samstag/Sonntag arbeite ich oft.		
10.	Wenn ich frei habe, fühle ich mich richtig gut.		

Ü13

Präpositional-Ergänzung

a) Was gehört zusammen. Markieren Sie.
b) Notieren Sie: Person oder Sache?

1. Petra lebt mit ihrem Freund zusammen. Bei der Arbeit denkt sie oft an ihn. 2. Sie hat eine unregelmäßige Arbeitszeit. Am Anfang war das für beide schwierig, heute haben sie sich daran gewöhnt und können gut damit leben. 3. Wenn die Züge Verspätung haben, ärgern sich die Fahrgäste darüber. 4. Am Bahnhof warten dann die Bekannten und Verwandten oft lange auf sie.

Person: *Sätze 1.,* _____ Sache: _____

c) Ergänzen Sie die Regel.

Verb und Präposition:
1. Bei **Sachen** (Wort oder ganze Aussage) → „da(r)-" + _____.
2. Bei **Lebewesen** (Mensch oder Tier) → **Präposition** + _____**pronomen**
3. Das Fragewort bildet man → „wo(r)-" + _____

d) Notieren Sie Infinitiv und Präposition.

1. _____   2. _____

3. _____   4. _____

Ü14

Ergänzen Sie „da(r)-" + Präposition oder Präposition und Personalpronomen.

sich freuen auf

denken an

arbeiten an

sprechen über

sich beschweren über

sich vorbereiten auf

anfangen mit

Angst haben vor

1. Am Morgen in der S-Bahn:
● Freust du dich auf die Arbeit? ○ Freust *du* dich etwa _____ (1)?

2. Am Abend in der S-Bahn:
● Mein Hund wartet zu Hause auf mich. Der denkt sicher den ganzen Tag _____ (2) und freut sich _____ (3), dass ich nach Hause komme.

3. Am Arbeitsplatz:
● Kennen Sie schon unsere neue Mitarbeiterin, Frau Herzog?
○ Freut mich, Frau Herzog. _____ (4) arbeiten Sie gerade? Gefällt es Ihnen bei uns? Kommen Sie mal bei mir vorbei, dann können wir _____ (5) sprechen.

4. In der Kantine:
● Das Essen schmeckt überhaupt nicht. ○ Ja, ich habe mich letzte Woche _____ (6) beschwert. Aber das hilft nichts.

5. Das Einstellungsgespräch:
Der erste Eindruck ist der wichtigste: Bereiten Sie sich gut _____ (7) vor. Der Lohn: Fangen Sie nie ein Gespräch _____ (8) an. Der Personalchef: Haben Sie keine Angst _____ (9). Er ist auch nur ein Mensch.

118 • hundertachtzehn

FIRMA NURITRON

Interne Weiterbildung, Raum A 016, 13.6., 8.15–15.30
Thema: _____
Mitarbeiter und Mitarbeiterinnen aus _____
_____
(Birkenmeier, Kochan, Ucar, Paul, Schulze)
Ablauf:
1. Entschuldigung: _____
2. Ziel des Tages: _____
3. Vorgehen: _____
```

| + | – |
|---|---|
| flexible Arbeitszeit | |
| bezahlte Überstunden | |
| Arbeit in Gruppen | |
| kleine Firma / genug Arbeit | |
| Arbeit gefällt mir (Zahlen) | |
| innovative Produkte | |
| gute Export- und Importabteilung | |
| Teamarbeit, Lohn, Kontakte, Stress als Motivation | |

**Ü15**

**Vor- und Nachteile des Arbeitsplatzes diskutieren**

a) Hören Sie Teil 1 und ergänzen Sie die Notizen.

b) Hören Sie Teil 2 und ergänzen Sie die Nachteile.

c) Was denken Sie über das Klima in der Firma Nuritron? Möchten Sie dort arbeiten? Diskutieren Sie.

1. Die Mitarbeiter und Mitarbeiterinnen haben darüber diskutiert, wie sie besser und effizienter arbeiten können.

2. Frau Birkenmeier hat keine Angst davor, arbeitslos zu werden.

3. Der Seminarleiter hat sich darüber gefreut, dass alle ehrlich geantwortet haben.

1. _____ 2. _____ 3. _____

**Ü16**

**Präpositional-Ergänzung als Nebensatz**

a) Notieren Sie Infinitiv und Präposition des Verbs im Hauptsatz.
b) Wofür steht „darüber, davor, …"? Markieren Sie.
c) Ergänzen Sie die Regel.

Wenn die **Präpositionalergänzung** ein **Nebensatz** ist, steht im _____ oft „da(r)-" + Präposition.

**Ü17**

**Fragewort und Position von „davor/darauf/…"**

Formulieren Sie Fragen und Antworten.

Viele Leute haben heute Angst vor der Arbeitslosigkeit. (= arbeitslos werden)

● *Wovor haben viele Leute heute Angst?*
○ *Sie haben Angst davor, arbeitslos zu werden.*

1. Viele träumen immer noch *vom* großen Geld. (= viel Geld verdienen) 2. Heute beschweren sich die Mitarbeiter nicht mehr *über* zu viel Arbeit. (= sie müssen zu viel arbeiten) 3. Die Deutschen hoffen *auf* eine wirtschaftliche Besserung. (= der Wirtschaft geht es besser) 4. Im Fernsehen wird viel *über* die Berufe der Zukunft gesprochen. (= wie sehen die Berufe der Zukunft aus?)
```

Ü18

**Substantive/
Verben mit
Präposition**

Wie heißt das Verb?
Machen Sie eine
Liste und notieren
Sie Beispielsätze.

die Teilnahme an + DAT   der Zweifel an + DAT   die Erinnerung an + AKK   die Antwort auf + AKK   die Hoffnung auf + AKK   die Reaktion auf + AKK   der Dank für + AKK   die Entschuldigung für + AKK   das Interesse für + AKK   die Beschäftigung mit + DAT   der Vergleich mit + DAT   der Ärger über + AKK   die Freude über + AKK   die Diskussion über + AKK   das Gespräch über + AKK   die Verhandlung über + AKK   die Bitte um + AKK   der Traum von + DAT   die Furcht vor + DAT

> *die Teilnahme an + DAT*   *Die Teilnahme an der Weiterbildung ist in unserer Firma obligatorisch.*
>
> *teilnehmen an + DAT*   *Ich nehme nicht gerne an Sitzungen teil.*

Ü19

4 Die Arbeitswelt von morgen

ein wichtiges Thema sein	1	A	Angestellten/Arbeitern den Job kündigen
das ganze Arbeitsleben im erlernten Beruf bleiben	2	B	ein Leben lang in seinem ersten Beruf arbeiten
Mitarbeiter entlassen	3	C	Das ist üblich.
der Abstand zwischen Arbeitslosen und Arbeitenden	4	D	man produziert keine Ware, man tut etwas für einen anderen (oft gegen Bezahlung)
Das gehört zum Alltag.	5	E	eine große Rolle spielen
Dienstleistungen	6	F	der Unterschied zwischen Menschen ohne Arbeit und mit Arbeit

1: ____   2: ____   3: ____   4: ____   5: ____   6: ____

Ü20

Futur I: „Prognose"

a) Lesen Sie die
Regel:
Was ist anders als
beim Passiv?
Notieren Sie.

Futur I:		
Bedeutung = **Prognose: Aktiv oder Passiv**		Die Arbeitswelt der Zukunft **wird** ganz anders **aussehen** als früher.
Form = **„werden" + Infinitiv**		Es **wird** weniger **gearbeitet werden**.
Passiv:		
Bedeutung = **Vorgang/Passiv**		Die Umwelt **wird** immer mehr **zerstört**.
Form = _____		

1. Die Leute werden weniger arbeiten. 2. Die Arbeitszeit wird jetzt verkürzt. 3. Die freiwillige Arbeit wird wichtiger werden. 4. Die Jungen werden öfter den Beruf wechseln müssen. 5. Man wird auf der ganzen Welt die gleichen Produkte kaufen können. 6. Niemand kann wirklich sagen, wie es in fünf Jahren aussehen wird.

Ü21

a) Formulieren Sie
Prognosen für die
Zukunft.
b) Welche
Prognosen machen
Sie für Ihr Land?
Vergleichen Sie.

Früher wechselte man den Beruf kaum. ➔ *Man wird den Beruf öfter wechseln (müssen). /
Man wird nicht immer die gleiche Arbeit machen.*

1. Früher arbeitete man länger. 2. Früher musste man sich weniger fortbilden. 3. Vor 10 Jahren war die Zahl der Arbeitslosen ziemlich niedrig. 4. Teilzeitjobs gab es damals wenig. 5. Wenn man eine gute Ausbildung hatte, fand man leicht eine Stelle. 6. Die Computer waren damals nicht so wichtig. 7. Vor 100 Jahren arbeiteten die meisten Menschen in der Landwirtschaft, vor 50 Jahren gab es die meisten Arbeitsplätze in der Produktion (Industrie und Gewerbe).

5 Aussprache

„Mein neuer Arbeitskollege"

- Er ist ja so klug und hilfsbereit …!
  Dabei hat er auch viel Selbstbewusstsein.
  Er hat ausgezeichnete Umgangsformen
  und ist so diplomatisch mit dem Chef.
- Gestern hat er mir sogar Blumen gebracht.

- ○ Nun übertreib mal nicht!
- ○ Jetzt verstehe ich:
  Er ist ja so klug und hilfsbereit …!

Ü22

Emotionaler
Akzent

a) Hören Sie.
b) Sprechen Sie.

Familienstreit

Schon **wieder** kommst du so spät!
Ist denn die Arbeit **wichtiger** als die Familie?
Die **Kinder** warten, das **Essen** wird kalt und
ich muss zu meinen **Eltern**!
Geld …, du denkst immer nur an **Geld**.
Ist das so **wichtig**?
Dann hast du den **falschen** Beruf.
Mit dir **auch** nicht!

- ○ Wir hatten so viel **Arbeit** … .
- ○ Willst du schon wieder **diskutieren**?
- ○ Ist ja **O.K.** Aber ich muss schließlich
  Geld verdienen.
- ○ Wir **brauchen** nun mal Geld!

- ○ Mit dir kann man heute nicht **reden**.
- ○ …

Ü23

Lesen Sie die
markierten Wörter
mit viel Emotion.

Gehst du schon **weg**?

Aber du kommst doch bald **wieder**?

Dann haben wir mehr **Zeit** für uns.

- ○ Ja leider, ich muss jetzt losfahren.
- ○ Ja, in einer Woche komme ich zurück.
- ○ Ich freue mich schon darauf!

Ü24

Wortakzent:
Adverb + Verb

a) Sprechen Sie.
b) Hören Sie.

> **TIPP: Laut lesen → Texte vorher bearbeiten**
> Bei längeren und schwierigen Texten markieren Sie vor dem Lesen Pausen und
> Akzente. Üben Sie das Vorlesen mit geeigneten Texten, z. B. Interviews aus
> Zeitungen/Zeitschriften, Dialogen aus Erzählungen/Romanen/Theaterstücken.

Ihr Stellen|angebot:|Direktions|assistentin|im Stadtbüro|Ihrer Fluggesellschaft|

Sehr geehrte|Damen|und Herren,|

hiermit|bewerbe ich mich|für die von Ihnen|ausgeschriebene|Stelle.|| Ich interessiere
mich seit langem für den Tourismus und kenne mich in Arbeitsbereichen wie
Reservierung und Buchung gut aus.
Wie Sie in meinem Lebenslauf sehen können, habe ich praktische Erfahrung in
Betriebsorganisation, Management und Kommunikation. Ich spreche und schreibe
fließend Englisch und Französisch, kann mich aber auch auf Spanisch und
Italienisch verständigen. Zur Zeit besuche ich einen Russisch-Sprachkurs. Ich
halte mich für einen kontaktfreudigen Menschen. Der Umgang mit Menschen aus
verschiedenen Ländern macht mir Freude; deshalb möchte ich mich auch in meinem
Beruf neu orientieren.
Ich bin es gewöhnt, selbstständig zu arbeiten; aber ich arbeite auch gerne im
Team. Wie Sie sehen, habe ich an mehreren Kommunikations- und Marketingseminaren
teilgenommen. Ich möchte auch erwähnen, dass ich mich in der neuesten Computer-
Software auskenne.
Über Ihre Einladung zu einem persönlichen Gespräch würde ich mich freuen.

Mit freundlichen Grüßen

Ü25

W Akzentgruppen,
rhythmische und
Satzakzente

a) Markieren Sie
Akzentgruppen,
rhythmische und
Satzakzente.
b) Lesen Sie den
Brief vor.
c) Hören und
vergleichen Sie.

RÜCKSCHAU

R1

Wie gut können Sie das?
Bewerten Sie:
++, +, −, −−.

Das kann ich:
- Berufe beschreiben
- Eigenschaften beschreiben
- Fähigkeiten beschreiben
- einen Arbeitsplatz beschreiben
- Stellenanzeigen auswerten
- ein Stellengesuch schreiben
- Prognosen formulieren

Grammatik:
- Verben mit Präpositional-Ergänzungen
- Unterschied zwischen „daran" und „an ihn"
- Nebensätze als Präpositional-Ergänzung
- Futur I bilden und benutzen

Wortschatz:
- Wortfeld „Arbeitswelt"
- Verben mit Präpositionen

R2

a) Notieren und sagen Sie zehn Tätigkeiten dieser Personen.
b) Welche fünf Eigenschaften braucht man für den Beruf?
c) Machen Sie eine Prognose: Wie werden die Berufe in 15 Jahren aussehen?

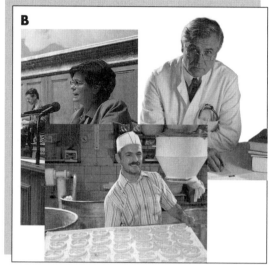

d) Bewerten Sie. Vergleichen Sie mit R1.

Ich kann / Du kannst ...
	A	B
Berufe beschreiben.		
Eigenschaften beschreiben.		
Fähigkeiten beschreiben.		

Ich kann / Du kannst ...
	A	B
das Futur I bilden und benutzen.		
Wörter zu „Arbeitswelt".		

R3

a) Ergänzen Sie Präpositionen und Endungen.

„Markus, Sie arbeiten nun *einig*___ Jahre *b*_____ Radio. Warum haben Sie sich *f*___ *dies*___ Beruf entschieden?" – „Ich habe *m*____ immer sehr *f*___ Musik interessiert und mich viel *da*____ beschäftigt. Außerdem rede ich gerne *m*_____ Menschen, unterhalte mich *m*____ ihnen und diskutiere gerne *ü*_____ *all*___ *möglich*____ Themen. Ich freue mich *dar*_____, dass die Menschen anrufen, und *v*____ sich erzählen. Ich reagiere dann *dar*_____, und sie antworten *a*___ *mein*___ Fragen. Aber ich halte *mi*___ trotzdem nicht *f*___ *ein*___ *groß*____ Psychologen."

b) Korrigieren und bewerten Sie. Vergleichen Sie mit R1.

Ich kann Präpositional-Ergänzungen benutzen.

Moment mal!
▶ Welche Fähigkeiten und Eigenschaften sind in Ihrer Gesellschaft (nicht) wichtig?
▶ Wie wird sich die Welt in den nächsten Jahren ändern? Diskutieren Sie mit Freunden und Bekannten.
▶ Welche Berufe gibt es nicht in Ihrer Gesellschaft? Welche Berufe gibt es in den deutschsprachigen Ländern nicht? Warum?

1 „Wien, Wien nur du allein ..."

A __ Szene in einem Wiener Kaffeehaus: typisch die Höflichkeit des Kellners (Herr Ober): „Begrüße Sie", „Bitte schön", oder „Bedanke mich".	**B** __ Schrammelmusik: von einem Trio mit Geige, Gitarre und Ziehharmonika in Lokalen gespielt, wo der neue Wein (der „Heurige") ausgeschenkt wird.	**C** __ Zithermusik aus „Der dritte Mann", ein Spionagefilm über Wien nach dem 2. Weltkrieg. Die Zither ist ein altes Saiteninstrument.	**D** __ Der „Donauwalzer" von J. Strauß ist *der* Walzer; er ist sehr populär und wird in der Silvesternacht auf den Straßen Wiens getanzt.
E __ Die alten Pferdekutschen heißen in Wien „Fiaker". Eine Rundfahrt durch die Innenstadt im Fiaker ist eine Attraktion für viele Wien-Touristen.	**F** __ Violinkonzert von Alban Berg (1885–1935). Der Wiener Komponist hatte großen Einfluss auf die moderne klassische Musik.	**G** __ Sehr populäres Liebeslied. Es zeigt die intensiven Gefühle der Wiener für ihre Stadt. Ebenso populär ist das Schimpfen über Wien.	**H** __ Radetzky-Marsch: Militärmusik aus der Zeit der Donaumonarchie. Gehört heute noch zum Neujahrskonzert der Wiener Philharmoniker.

> *z.B. das Seineufer / der Triumphbogen / der Eiffelturm = Paris*

Ü1

Texte ordnen und auswerten

a) Hören Sie noch einmal die „Wiener Impressionen" aus A1b). Welcher Text passt? Notieren Sie die Nummer der Impression.
b) Notieren Sie Wiener Komposita aus den Texten.

Ü2

Städte raten
Nennen Sie 2–3 typische Komposita. Die anderen raten.

Ü3

Informationen erfragen

Was sehen Sie auf den Fotos?
Was möchten Sie wissen?
Formulieren Sie Fragen.

> *Wo liegt der Volksgarten? Was kann man im Volksgarten machen?*

TIPP: Genaues Lesen = gezielt nach Informationen suchen
- Überlegen Sie vor dem Lesen, was Sie Neues wissen möchten.
- Formulieren Sie präzise Fragen.
- Suchen Sie nach Antworten in den Texten.

Ü4 Wien

Einen Stadtführer lesen

a) Suchen Sie in den Texten Antworten auf Ihre Fragen.
b) Welche Texte passen zu den Fotos von Ü3, welche zu den Fotos im Lehrbuch, A1–A3?

*Ringstraße

Sie wurde 1858 entlang der alten Stadtmauer rund um die Innenstadt angelegt. Die 6 km lange Straße zählt zu den attraktivsten Straßen der Welt. An ihr liegen zahlreiche monumentale Bauten (Staatsoper, Hofburg, Parlament ...) und herrliche Parks.

Volksgarten

Er wurde 1823 angelegt und ist berühmt für seine wunderschönen Rosengärten und seine Spazierwege. Zu den Sehenswürdigkeiten zählen der 1820 geschaffene Theseus-Tempel und das Kaiserin-Elisabeth-Denkmal. Die Gemahlin von Kaiser Franz Joseph I. wurde weltbekannt als „Sissi". Ihre Lebensgeschichte wurde in den 50er Jahren mit Romy Schneider verfilmt und in den 90er Jahren als Musical vertont.

Secession

Nach Plänen von Joseph Olbrich 1897/98 erbaut, ist die Secession der berühmteste Bau des Jugendstils in Wien. Die Metalltüren sind nach Plänen des Malers Gustav Klimt gemacht.

Der Prater

Die meisten Touristen besuchen den weltberühmten Vergnügungspark. Das Wahrzeichen des Parks ist das Riesenrad, das 1897 aufgestellt wurde und 64 Meter hoch ist. Von ihm hat man eine prachtvolle Aussicht auf Wien. Der eigentliche Prater umfasst Wiesen, Bäume und Gewässer und eine einmalige, 5 km lange Kastanienallee, die zu langen Spaziergängen einlädt.

***Schloss Schönbrunn

Es wurde zwischen 1694 und 1749 außerhalb von Wien als Kaiserschloss gebaut und zählt zu den schönsten Barockbauten des Landes. Es hat mehr als 1400 Räume, die ehemaligen Wohnräume des Kaisers im Rokokostil. Das Schloss wurde im Krieg stark zerstört und bis 1952 restauriert.

Haas-Haus

Gegenüber dem gotischen Stephansdom steht seit 1990 ein modernes Haus des bekannten Wiener Architekten Hans Hollein: das Haas-Haus, von vielen bewundert und von vielen kritisiert. In seiner Glasfront spiegelt sich verzerrt der Stephansdom.

***Hofburg/Neue Burg/Heldenplatz

Die Hofburg war bis 1918 die Residenz der Kaiser. Die Baugeschichte geht bis ins 13. Jh. zurück. Man betritt die Burganlage durch das Äußere Burgtor. Auf dem Platz stehen zwei Reitermonumente: links Erzherzog Karl (1799 Sieger über Napoleon) und rechts: Prinz Eugen von Savoyen (1663–1736, Feldherr in den Türkenkriegen). Auf der rechten Seite befindet sich die Neue Burg mit dem Völkerkundemuseum und dem Eingang zur Nationalbibliothek. Wenn man den Heldenplatz überquert, kommt man in den Innenhof der Alten Burg. Hier befindet sich heute die Residenz der österreichischen Bundespräsidenten.

*Staatsoper

Das ehemalige kaiserliche Hofoperntheater ist noch heute eines der wichtigsten Opernhäuser. Es wurde 1861 bis 1869 im Rennaissancestil erbaut und am 15. Mai 1869 mit Mozarts „Don Giovanni" eröffnet. Im Krieg teilweise zerstört, öffnete die Oper 1955 mit der Aufführung von Beethovens „Fidelio" erneut ihre Tore. Alljährlich findet in der Staatsoper der weltbekannte Opernball statt.

***Stephansdom

Das Wahrzeichen von Wien ist eines der bedeutendsten Monumente der europäischen Gotik. Der Bauherr des heutigen Doms ist Herzog Rudolf IV: Baubeginn am 7. April 1359. Nach einem Brand im April 1945 wurde der Dom bis 1952 renoviert. Auf 73 Meter Höhe befindet sich ein bei den Touristen sehr beliebter Aussichtspunkt.

Ü5

Wie gut hat Ihr Partner / Ihre Partnerin den Städteführer gelesen? Testen Sie ihn/sie!

A

Notieren Sie je eine Frage.

Ringstraße:

Secession:

Prater:

Hofburg:

Haas-Haus:

B

Notieren Sie je eine Frage.

Schloss Schönbrunn:

Volksgarten:

Staatsoper:

Stephansdom:

Sissi:

1. Station: *Einsteigen an der Oper*

Karten

Oper — (Opernfans aus Wuppertal)

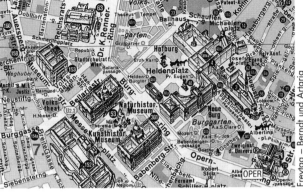

Freytag – Berndt und Artaria

Ü6

Ansagen und Gespräche verstehen

Hören Sie den Text von A3 noch einmal: Notieren Sie die Stationen und ergänzen Sie oder kreuzen Sie an.

2. Station: _____

***Kunsthistorisches Museum, Burgring 5	**Aktuelle Ausstellung**
Ägyptische Sammlung. Antikensammlung. Sammlung für Plastik und Kunstgewerbe. Im Obergeschoss befindet sich die weltberühmte Gemäldegalerie mit Werken der großen Meister: z.B. Tizian, Raffael, Rubens, Dürer oder Breughel.	

3. Station: _____

● Wo muss ich _____?

○ Das kommt drauf an. Was _____?

● Ich _____ .

○ No, da fahren's _____ , und dort gehen's

_____ , da finden's es bestimmt.

4. Station: _____

☐ 1A Es ist doch immer das Gleiche.   ☐ 2A Jo, da kann man halt leider nichts machen.

☐ 1B Es ist allweil dasselbe.   ☐ 2B Jo, des is immer schon g'wesen.

5. Station: _____

Servus!	1	A	höfliche Anrede einer Frau oder eines Mannes
Baba!	2	B	Gruß und Abschied unter Gleichgestellten
Küss die Hand!	3	C	Begrüßung einer Menschengruppe
Gnä(dige) Frau / Gnä(diger) Herr!	4	D	Abschiedsgruß (vor allem mündlich gebraucht)
Grüß Gott, die Herrschaften!	5	E	Begrüßung/Verabschiedung von Frauen
Schmäh führen	6	F	schlechte Laune; über alles schimpfen
der Grant; granteln	7	G	etwas nicht so ernst nehmen
der Gespritzte	8	H	Gaststätte mit traditioneller Wiener Küche
der Heurige	9	I	Wein mit Sodawasser verdünnt
das Beisel	10	J	der frische, neue Wein (heuer = dieses Jahr)
Zehn Deka, bitte!	11	K	Schnitzel mit Kartoffelsalat
Marillenknödel	12	L	100 Gramm, bitte!
Paradeissuppe	13	M	Knödel mit Aprikosenfüllung
Schnitzel mit Erdäpfelsalat	14	N	Tomatensuppe
Topfenstrudel mit Vanillesoße	15	O	Quarkmehlspeise mit Vanillesauce

Ü7

Verstehen Sie „Wienerisch"?

Was passt zusammen? Ordnen Sie zu.

1 B 2___ 3___ 4___ 5___ /6___ 7___ 8___ 9___ 10___ /11___ 12___ 13___ 14___ 15___

Ü8

Aussagen wiedergeben

a) Was ist wiedergegeben, was hat Markus selber erlebt? Was hat er gehört oder gelesen? Markieren Sie mit zwei Farben.
b) Umkreisen Sie die Verbformen im „wiedergegebenen" Text.

Wien, 3. April

Liebe Ingrid,

nun sind wir wirklich in Wien! Erinnerst du dich noch an die Prospekte, die ich dir vor meiner Abreise gezeigt hatte? Da konnte man überall lesen, Wien (sei) so gemütlich und es (gebe) da tolle Sehenswürdigkeiten. Die Überraschung für mich war: Wien ist wirklich gemütlich, und Sehenswürdigkeiten gibt es wie Sand am Meer! Im Städteführer steht z.B., dass man vom Riesenrad aus eine prachtvolle Aussicht auf Wien habe, und vom Aussichtspunkt des Stephansdoms könne man die ganze Stadt bewundern. Und tatsächlich, das kann man! Die Aussicht ist wirklich Spitze! Von der Ringstraße haben mir viele erzählt, sie zähle zu den attraktivsten Straßen der Welt. Ich kann das nur bestätigen: Es ist tatsächlich beeindruckend. Am meisten verwundert aber haben mich die Wiener, von denen es heißt, sie seien so höflich. Die sind wirklich so! Da hat uns heute ein Kellner mit „Grüß Gott, die Herrschaften" begrüßt und die Grete sogar mit „Küss die Hand, Gnädigste". Irgendwo habe ich mal gelesen, in Wien würden alle ein bisschen Theater spielen. Bei *der* Kulisse ist das kein Wunder!

Bis bald *Markus*

Ü9

Konjunktiv I

a) Ergänzen Sie die Tabelle.
b) Wo ist der Konjunktiv I identisch mit dem Indikativ Präsens? Markieren Sie.

Konjunktiv I									Endungen
Realität: Indikativ Präsens					**Textwiedergabe: Konjunktiv I**				
ich	bin	habe	gebe	kann	sei	habe	gebe	könne	**-e**
du	bist	hast	gibst	kannst	seiest	habest	gebest	könnest	**-est**
er/es/sie	____	____	____	____	____	____	____	____	**-e**
wir	sind	haben	geben	können	seien	haben	geben	können	**-en**
ihr	seid	habt	gebt	könnt	seiet	habet	gebet	könnet	**-et**
sie/Sie	____	haben	geben	können	____	haben	geben	können	**-en**

c) Ergänzen Sie die Regeln.

REGEL

Formen: Verbstamm + Endungen -e/-est/___/-en/-et/ ____ . Ausnahme: das Verb _____ .
Verwendung: Am häufigsten sind Formen der _____ Person Singular und Plural.
Ersatz des Konjunktiv I: Der Konjunktiv I ist oft gleich wie der _____. Dann verwendet man den **Konjunktiv II:** Indikativ: sie haben = Konjunktiv I: sie haben → **sie hätten**.
Wenn der Konjunktiv II gleich ist wie der Indikativ Präteritum, verwendet man _____ **– +**
Infinitiv. Konjunktiv II: sie spielten = Indikativ Präteritum: sie spielten → **sie würden spielen**.

Ü10

Redewiedergabe: Ersatzformen

Konjunktiv I, II oder „würd-" + Infinitiv? Ergänzen Sie.

1. es gibt – *es gebe*
2. sie können – _____
3. er hat – _____
4. wir sind – _____
5. er spielt – _____
6. sie kann – _____
7. sie zählt – _____
8. wir haben – _____
9. er muss – _____
10. du gibst – _____
11. ich bin – _____
12. es wird – _____
13. sie spielen – _____
14. ich zähle – _____

2 Das Kaffeehaus – zwischen Mythos und Wirklichkeit

1. Man erzählt, der Kaffee _____ durch die Türken nach Wien gekommen. 2. Die Türken _____ 1683 Hals über Kopf geflohen. 3. Sie _____ fast alles zurückgelassen. 4. Da _____ Säcke mit Getreide, aber auch viele Tiere zurückgeblieben. 5. Die Wiener _____ so viele komische Tiere entdeckt: z.B. Kamele, Papageien und auch Affen. 6. Dabei _____ sie auch 500 Säcke voll mit Kaffeebohnen gefunden. 7. Sie _____ aber die Kaffeebohnen nicht brauchen können. 8. Nur der Pole Kolschizky, Übersetzer und österreichischer Spion bei den Türken, _____ gewusst, dass man damit ein Getränk machen _____. 9. Er behauptete, dass dieses Getränk in Europa noch sehr bekannt _____. 10. Darum _____ er 1686 in Wien das erste Kaffeehaus eröffnet. 11. Andere Quellen sagen, es _____ ein Grieche gewesen, der in Wien das erste Kaffeehaus eröffnet _____.

Ü11

Redewiedergabe

Ergänzen Sie „sein, haben, können, werden" im Konjunktiv I oder Konjunktiv II.

Wann? *Zeitangaben*	Wer? *Publikum*	Was? *Aktivitäten*	Wie? *Atmosphäre*
7.00 – 2.00 Uhr ...			

Ü12

Informationen ordnen

Lesen Sie den Text von A7 noch einmal und ordnen Sie.

Auf den Tischen stehen frische Blumen – an den Wänden hängen schöne Bilder – gemütliche Sessel stehen um glatte Marmortische – es riecht nach frischem Kaffee – man hört gedämpfte Musik – es gibt eine große Auswahl an Mehlspeisen: z.B. Kuchen, Strudel, Kipferl – man kann mehr als 20 verschiedene Arten Kaffee trinken – manchmal hört man das Rascheln von Zeitungen – der Ober begrüßt die Gäste sehr freundlich – zum Kaffee wird immer ein Glas Wasser serviert – es gibt auch eine Ecke für Nichtraucher – in einem Extrazimmer kann man auch fernsehen – die Leute sind friedlich – einige spielen Karten und lachen laut – andere spielen konzentriert Schach – …

Ü13

Atmosphäre und Menschen beschreiben

Ordnen und ergänzen Sie.

Nase / Mund	Ohren	Augen	Hände / Tasten
es riecht nach frischem Kaffee			

A	Gerhard erzählt, dass er gern in berühmte Kaffeehäuser gehe.	*f*
B	Er sagt auch, er gehe in der Mittagspause ins Hummel, aber nur wenn er Zeit habe.	
C	Er meint, er gehe gern dahin, weil man sich kenne und die Atmosphäre familiär sei.	
D	Er schimpft darüber, dass manchmal die Zeitung nicht da sei, die er gern lese.	
E	Er sagt, er setze sich zum Lesen und Arbeiten ab und zu gern allein an einen Tisch.	
F	Er erzählt auch, dass er am Vormittag am liebsten einen schwarzen Mokka trinke.	
G	Er spricht auch über den Ober, der ihn immer mit „N'Tag, gnädiger Herr" begrüße.	

Ü14

Ein Lieblingslokal beschreiben

Hören Sie das Interview von A8 noch einmal: Richtig oder falsch? Notieren Sie.

Ü15

Suchen Sie das Gegenteil.

1__ familiär 2__ angenehm 3__ gemütlich 4__ entspannt 5 **A** locker 6__ ruhig 7__ freundlich
A nervös B gespannt C laut D unangenehm E unfreundlich F ungemütlich G vornehm
8__ zufrieden 9__ glücklich 10__ lebendig 11__ friedlich 12__ warm 13 **J** fröhlich 14__ gut
H kalt I langweilig J traurig K unzufrieden L schlecht M aggressiv N unglücklich

Ü16

Wie sieht Ihr Lieblingslokal aus?

Mein Lieblingslokal ist das ...

Ü17

Fotos beschreiben

3 Ein Platz und seine Geschichte ...

1. Das Foto ist bei Sonne aufgenommen. 2. Das Foto ist von oben aufgenommen. 3. Die Stimmung ist locker, die Leute sind zufrieden. 4. Vorn steht ein Rockgitarrist auf einer Bühne. 5. Man sieht eine große Menschenmenge. 6. Eine Band spielt Lieder gegen Ausländerhass. 7. Die Leute stehen militärisch geordnet in Reihen.

a) Schauen Sie die Fotos an: Zu welchem Foto passen welche Sätze?

Foto A: _1._____ Foto B: _____ Foto C: _____

b) Schreiben Sie zu den drei Fotos kurze Texte.

Ü18

Wie erleben Touristen heute den Heldenplatz? Machen Sie Notizen.

Geschichte des Heldenplatzes	Persönliche Eindrücke

Ü19

Einen Begriff klären

a) Lesen Sie den Wörterbuch-Artikel. Schreiben Sie Ihre Definition. Ist die Frau auf dem Foto eine Heldin?

b) Gibt es in Ihrem Land Helden/ Heldinnen? Was haben sie gemacht? Erzählen Sie.

Held *der*; *-en*, *-en*; **1** j-d, der mit sehr großem Mut e-e gefährliche Aufgabe löst (u. damit anderen Menschen hilft): *Die Feuerwehrleute, die ihr Leben riskiert hatten, wurden als Helden gefeiert* ∥ K-: *Helden-, -mut, -tat* **2** ein Soldat, der im Krieg sehr tapfer gekämpft hat u. zum Vorbild für andere (gemacht) wird ⟨ein großer, tapferer H.; die gefallenen Helden⟩ ∥ K-: *Helden-, -friedhof* ∥ -K: *Kriegs-* **3** e-e mythologische Gestalt (wie *z. B.* Odysseus), die *bes* im Krieg u. in Kämpfen sehr tapfere Taten vollbracht hat ∥ K-: *Helden-, -dichtung, -epos, -sage* **4** *der H. des Tages, des Abends* j-d, der wegen e-r besonderen (*z. B.* sportlichen) Leistung für kurze Zeit im Mittelpunkt des allgemeinen Interesses steht: *Nach dem Tor in der letzten Minute war er der H. des Tages* **5** die männliche Hauptperson in e-m literarischen Werk: *der tragische H. des Dramas* ∥ K-: *Helden-, -darsteller, -rolle* ∥ -K: *Film-, Märchen-, Roman-, Sagen-* **6** *H. der Arbeit* hist (*DDR*); verwendet als Bezeichnung für j-n, der Außerordentliches für die damalige Deutsche Demokratische Republik gelei-

Redewiedergabe wird meistens durch bestimmte **Ausdrücke** eingeleitet, die den Sprecher / die Sprecherin bzw. die Informationsquelle nennen: **In der Zeitung** kann man lesen, … **Frau Marx** hat gemeint, … **Da** steht, … **Man** kann oft hören, …

REGEL

Ü20

Suchen Sie in A10 Beispiele für die Regel. Notieren Sie.

Ü21

Einleitungssignale für Redewiedergabe

a) Ergänzen Sie.

Es heißt, … – Im Text steht … – hören – lesen – behaupten – verlangen – erzählen – fragen – kritisieren – bitten – antworten – erinnern – sagen – sich beklagen – einschränken …

1. Immer wieder *heißt es* _____, Wien sei die charmanteste Hauptstadt der Welt.

2. Sehr oft kann man auch _____, Wien habe für jeden Besucher etwas zu bieten.

3. Gerhard _____: „Im Hummel gibt es genau die Zeitungen, die ich gern lese."

4. Die Touristin _____, ob im Städteführer auch etwas über die Zeit nach 1945 steht.

5. Die Freundin _____: „Nein, unter ,Heldenplatz' finde ich nichts."

6. Die Opernfans _____, dass es keine Eintrittskarten mehr gibt.

7. Sie würden gern mehr bezahlen, wenn es noch Karten gäbe, _____ sie.

8. E. Wiesel _____ daran, dass auf dem Platz schon die Nazis gejubelt hätten.

b) Welche Sätze passen zu A, B, C? Notieren Sie.

Redewiedergabe kann man mit **drei Formen** signalisieren. Der Konjunktiv muss nicht sein:

A **Direktes Zitat** mit „…" Sätze: __, __

B **Indikativ Präsens** im Nebensatz (mit oder ohne „dass") Sätze: __

C **Konjunktiv** oder **-ersatzformen** im Nebensatz. Sätze: __, __, __, __, __

REGEL

Ein Drittel gegen die Monarchie

In Großbritannien haben sich bei einer Fernsehzuschauer-Befragung 34 Prozent für die Abschaffung der Monarchie ausgesprochen.

Das britische Königshaus reagierte auf die Umfrage des Privatfernsehsenders ITV gelassen. Die überwiegende Zustimmung zur Monarchie sei „ermutigend".

Bei der Aktion hatten sich 66 Prozent der Anrufer für die Beibehaltung der Monarchie ausgesprochen. Die übrigen 34 Prozent verlangten ihre Abschaffung.

In der überwiegend emotional und undifferenziert geführten zweistündigen Podiumsdiskussion standen sich Gegner und Befürworter der britischen Monarchie von Anfang an unversöhnlich gegenüber. Während die einen das Königshaus als „korrupt und verrottet" darstellten, bezeichneten Anhänger die britische Monarchie als ein „Menschenrecht".

Der Schriftsteller Frederick Forsyth lobte Elizabeth II. als „hervorragende" Königin. Die Königsfamilie bestehe aber eben nicht nur aus ihr, sondern aus 34 anderen Mitgliedern. „In jeder Familie in diesem Land gibt es ein oder zwei Leute, die man lieber nicht darunter hätte", erklärte er. Gegner forderten, das britische Volk endlich selbst bestimmen zu lassen, von wem es repräsentiert wird.

Ü22

Pro und Kontra diskutieren

a) Markieren Sie Einleitungssignale für Redewiedergabe.

b) Welche Formen kommen vor? Notieren und vergleichen Sie.

TIPP: Sprechen und Schreiben planen = Argumente sammeln und ordnen

Bevor Sie einen Text schreiben oder an einer Diskussion teilnehmen:
- Sammeln Sie Vor- und Nachteile zu einem Thema.
- Fragen Sie „Warum?": Suchen Sie Begründungen für Ihre Argumente.
- Unterscheiden Sie zwischen Argumenten und persönlichen Meinungen.

c) Inszenieren Sie eine Pro- und Kontra-Debatte über Monarchie. Machen Sie vorher Notizen.

THEMA „MONARCHIE"

PRO: Vorteil	Argument	KONTRA: Nachteil	Argument

 Ü23

Konsonanten-
verbindungen:
Anlaut

a) Kreuzen Sie an.
b) Sprechen Sie die
Wörter.

4 Aussprache

Wie viele Konsonanten sind am Wortanfang?

	1	2	3
1. Trick		✗	
2. zwei			
3. Zeichnung			
4. Tradition			
5. Tschechisch			
6. Träne			
7. zwar			
8. treffen			

	1	2	3
9. Klasse			
10. quer			
11. kritisch			
12. Klo			
13. Café			
14. krank			
15. Quadrat			
16. Chor			

	1	2	3
17. Spaß			
18. spritzen			
19. Schriftsteller			
20. Strichpunkt			
21. schlecht			
22. selbstsicher			
23. sprechen			
24. schwärmen			

 Ü24

Konsonantenver-
bindungen: **Inlaut**

a) Kreuzen Sie an.

b) Sprechen Sie.
c) Lesen Sie.
d) Hören Sie zur
Kontrolle.

Wie viele der markierten Konsonanten werden gesprochen?

	1	2	3	4	5
1. bei**sp**ielsweise					
2. spri**chw**örtlich					
3. Tei**lz**eitjob					
4. Na**chtz**uschlag					

	1	2	3	4	5
5. Ku**nsth**andwerk					
6. Lieblin**gsb**ild					
7. Arbei**ts**teilung					
8. se**lbsts**icher					

	1	2	3	4	5
9. zwei**spr**achig					
10. tro**tzd**em					
11. Strei**chq**uartett					
12. Ar**zth**elferin					

☐ **Intensiv-Bewerbungstraining für Frauen**

Eine Bewerbung ist zu wichtig, um es „draufankommen" zu lassen! Das Seminar bereitet Sie gründlich auf kommende Vorstellungsgespräche vor, wobei auch die Einschätzung der Marktlage zum Thema wird. Sie erstellen ein Persönlichkeitsprofil und erarbeiten überzeugende Bewerbungsunterlagen. Im Kurs wird auch auf die Probleme jeder Einzelnen eingegangen und es wird aufgezeigt, welche individuellen beruflichen Wege für jede möglich sind.

PN 190 – Wochenendseminar · Am Hart
Gisela Schultze-Bachmann ▫ Nur für Frauen ▫ Volkshochschule ▫ Troppauer Straße 10 (U2 Am Hart) ▫ Sa/So 8./9. März 1997 ▫ 9.00 bis 17.30 Uhr ▫ DM 121.– ▫ Materialgeld DM 5.–, bei der Einschreibung zu zahlen ▫ 50 % Ermäßigung für Arbeitslose mit München-Pass ▫ 11 Plätze ▫ ♿ ▫ ☎

☐ **Bewerbungstraining**

Entwickeln individueller Strategien bei der Stellensuche. Die erfolgreiche Bewerbung: Ausarbeiten individueller Bewerbungsschreiben und Lebensläufe, Bewerbungsfoto, Bewerten von Arbeitszeugnissen.

Kurse im Winterhalbjahr:

1. Deutschsprachige Literatur
2. Wie werde ich Schriftsteller?
3. Deutsche Dialekte und Landschaften
4. Wichtige Gesprächssituationen (Bewerbungsgespräche usw.)
5. Die neue Rechtschreibung
6. Berufsberatung
7. Wie werde ich selbstsicher?
8. Fit im Rechnungswesen
9. Unternehmensberatung
10. Umweltfreundliche Arbeitsplätze
11. Wie entwickle ich Organisationstalent?
12. Selbstverteidigung

 Ü25

„-st" im **Auslaut**

a) Schreiben und
lesen Sie dann laut.

b) Lesen Sie.
c) Hören Sie zur
Kontrolle.

ich kann – du *kannst*

ich darf – du _____

ich denke – du _____

ich bücke mich – du _____ dich

ich möchte – du _____

ich definiere – du _____

Immer (Robert Gernhardt)

Immer einer behender als du	Immer einer begabter als du	Immer einer berühmter als du
Du kriechst	Du liest	Du stehst in der Zeitung
Er geht	Er lernt	Er steht im Lexikon
Du gehst	Du lernst	Du stehst im Lexikon
Er läuft	Er forscht	Er steht in den Annalen
Du läufst	Du forschst	Du stehst in den Annalen
Er fliegt	Er findet	Er steht auf dem Sockel

Das kann ich:
- Ansagen verstehen ☐
- Aussagen anderer wiedergeben ☐
- Aussagen anderer kommentieren ☐
- Atmosphäre beschreiben ☐

Wortschatz:
- Wortfeld „Hauptstadt" ☐

Grammatik:
- Konjunktiv I bilden ☐
- richtiges Tempus bei der Textwiedergabe wählen ☐
- Ersatzformen für Konjunktiv I benutzen ☐
- Adjektive aus anderen Wortarten bilden ☐
- Adjektive: Gegensatzpaare ☐

R1

Wie gut können Sie das? Bewerten Sie: ++, +, –, ––.

A

Das hat Ihnen Carla erzählt:

1 Woche in Wien

Hotel im Zentrum

insgesamt: wunderbar   schönes Hotel

waren in der Oper

mit Fiaker gefahren

Walzer getanzt   jeden Tag im Kaffeehaus

auf den Stephansdom gestiegen

A

Das hat Ihnen Beate erzählt:

Gebäude besichtigt

mit Riesenrad gefahren

abends im Theater

viel unterwegs

tolle Ausstellungen besucht

viele Leute kennen gelernt

viel eingekauft

Freunde besucht

eine Woche in Wien

R2

a) A: Carla/Beate hat Ihnen von einer Reise mit Ihrem Partner / Ihrer Partnerin erzählt. Erzählen Sie, was Carla/Beate erzählt hat. Beginnen Sie: „Ich habe gehört, du warst mit Carla/Beate in Wien …"

B

So waren Beates Ferien wirklich:

- 5 Tage
- niemanden kennen gelernt
- Freunde verreist
- nichts gekauft
- viel im Kaffeehaus
- mag keine Museen
- abends im Heurigen-Lokal
- hatte Angst im Riesenrad
- Gebäude besichtigt

B

So waren Carlas Ferien wirklich:

- Carla ist unsportlich
- nur einmal im Kaffeehaus
- Oper: ausverkauft
- Carla kann nicht tanzen
- Carla hat Angst vor Pferden
- insgesamt: ganz schön
- Freitag – Sonntag
- schlechtes Hotel
- Hotel am Stadtrand

B: Ihr Partner / Ihre Partnerin erzählt, was Carla/Beate erzählt hat. Sagen Sie, wie es wirklich war.

Lieber Bruno,

kannst du dich noch an Carla erinnern? Vor 2 Wochen habe ich sie zufällig getroffen. Sie hat mir ganz begeistert von ihrer Reise nach Wien erzählt. Sie hat erzählt, sie _____ eine ganze Woche in Wien _____. Sie

Gestern treffe ich Carlas Freund und er erzählt mir, in Wirklichkeit ____ alles ganz anders _____. Sie

---

b) Schreiben Sie den Brief an Bruno fertig. Geben Sie wieder, was Carla erzählt hat und wie es in Wirklichkeit war. Kommentieren Sie.

Ich kann / Du kannst ...

	A	B
Aussagen referieren.		
Aussagen kommentieren.		

Ich kann / Du kannst ...

	A	B
den Konjunktiv I bilden.		
Verbformen richtig wählen.		

c) Bewerten Sie. Vergleichen Sie mit R1.

▶ Überlegen Sie, welche Informationen über Wien Sie in diesem Kapitel bekommen haben. Erzählen Sie jemandem / auf Cassette, was Sie erfahren haben.

▶ Welche Klischees/Vorurteile gibt es in Ihrem Land? Erzählen Sie und fragen Sie andere.

Moment mal!

→K16: Ü17 **1. Text-Referenz**

unbestimmter Artikel	Eine Band ist in diesem Jahr das größte Ereignis für die jungen
bestimmter Artikel	Leute: die „Beatles"!
Possessivartikel	Die vier aus Liverpool verändern mit ihrer Musik und ihrem
	Aussehen eine ganze Generation: Ihre männlichen Fans lassen
Reflexivpronomen	sich die Haare nach Beatles-Vorbild lang wachsen, und begeisterte
	weibliche Fans fallen bei Konzerten von Ringo Starr, John Lennon,
	Paul McCartney und George Harrison in Ohnmacht. Die Beatles
Personalpronomen	beeinflussen die Jugend in den 60er Jahren: Sie protestiert gegen
Reflexivpronomen	alte Konventionen – und sie schafft sich neue.

1.1 Artikel-Wörter

→K 3:
Ü20 – Ü22→K 6:
Ü11 – Ü15

1.1.1 Unbestimmter und bestimmter Artikel

Eine Band ist in diesem Jahr das größte Ereignis für die jungen Leute:

die „Beatles"! Die vier aus Liverpool verändern mit ihrer Musik und ihrem Aussehen eine ganze Generation.

UNBESTIMMTER ARTIKEL
(ein, ein, eine; Pl. ▮)

unbekannt oder neu im Text

BESTIMMTER ARTIKEL
(der, das, die; Pl. die)

bekannt oder nicht neu im Text

	SINGULAR					PLURAL	
	MASKULIN		NEUTRUM		FEMININ		
NOM	der / ein	Fan	das / ein –	Vorbild	die / eine	Band	die / ▮ Leute
AKK	den / einen	Fan					
DAT	dem / einem	Fan	dem / einem	Vorbild	der / einer	Band	den / ▮ Leuten
GEN	des / eines	Fans	des / eines	Vorbilds			der / ▮ Leute

Die Endungen sind bei allen Artikel-Wörtern (*der, ein, kein, mein, dieser*) gleich.

1.1.2 Negativer Artikel

→K6:
Ü20 – Ü21

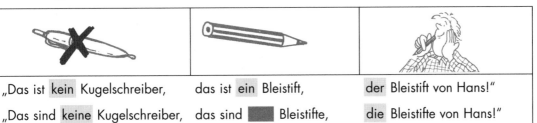

„Das ist kein Kugelschreiber,   das ist ein Bleistift,   der Bleistift von Hans!"

„Das sind keine Kugelschreiber,   das sind ██ Bleistifte,   die Bleistifte von Hans!"

1.1.3 Null-Artikel

→K3: Ü23

Die Young Gods machen ██ Musik. Alain spielt ██ Sampler, Urs spielt ██ Schlagzeug.
Sie haben nie ██ Zeit.
Christian hört gern ██ Rock-Musik, aber ██ Jazz gefällt ihm nicht.
Mario spielt ██ Klavier in einer Jazz-Band; die Band spielt auch ██ Volksmusik.

██ Musik machen/spielen/hören   ██ Klavier/   ██ Schlagzeug spielen   ██ Zeit haben

1.1.4 Possessiv-Artikel

→K6:
Ü22 – Ü25

PERS. PRON.	POSSESSIV-ARTIKEL + SUBSTANTIV: SINGULAR NOM.			PLURAL NOM.
SINGULAR	MASKULIN	NEUTRUM	FEMININ	
ich	mein Bleistift	mein Buch	mein **e** Cassette	mein **e**
du	dein Bleistift	dein Buch	dein **e** Cassette	dein **e**
Sie	Ihr Bleistift	Ihr Buch	Ihr **e** Cassette	Ihr **e**
er/es	sein Bleistift	sein Buch	sein **e** Cassette	sein **e**
sie	ihr Bleistift	ihr Buch	ihr **e** Cassette	ihr **e** Stifte Bücher Cassetten
PLURAL				
wir	unser Bleistift	unser Buch	unser **e** Cassette	unser **e**
ihr	euer Bleistift	euer Buch	eu(e)r **e** Cassette	eu(e)r **e**
Sie	Ihr Bleistift	Ihr Buch	Ihr **e** Cassette	Ihr **e**
sie	ihr Bleistift	ihr Buch	ihr **e** Cassette	ihr **e**

1.1.5 Demonstrativ-Artikel: „dieser, dieses, diese"

Plötzlich war ich auf einem fremden Stern. Und **dieser** Stern war wunderschön.

Da war ein Tier. Es konnte sprechen und hat mich durch **diese** schöne fremde Welt

begleitet. – Ich mag **diese** Fantasie-Reisen!

	SINGULAR			PLURAL
	MASKULIN	NEUTRUM	FEMININ	
NOM	dies-**er** Stern	dies-**es** Tier	dies-**e** Welt	dies-**e** Reisen
AKK	dies-**en** Stern	dies-**es** Tier	dies-**e** Welt	dies-**e** Reisen
DAT	dies-**em** Stern	dies-**em** Tier	dies-**er** Welt	dies-**en** Reisen
GEN	dies-**es** Stern**s**	dies-**es** Tier**s**	dies-**er** Welt	dies-**er** Reisen

1.2 Pronomen

→K1: Ü3
→K8:
Ü22 – Ü26,
Ü30 – Ü31

1.2.1 Personalpronomen

Die Beatles beeinflussen die Jugend in den 60er Jahren. Sie ist gegen die alten Konventionen – und sie schafft sich neue.

SINGULAR		
NOMINATIV	AKKUSATIV	DATIV
ich	mich	mir
du	dich	dir
Sie	Sie	Ihnen
er	ihn	ihm
es	es	ihm
sie	sie	ihr

PLURAL		
NOMINATIV	AKKUSATIV	DATIV
wir	uns	uns
ihr	euch	euch
Sie	Sie	Ihnen
sie	sie	ihnen

→K25:
Ü8, Ü26 – Ü27

1.2.2 Indefinitpronomen und Artikel-Wörter: „jed-, beid-, all-"

„Wir finden, Kindererziehung geht **beide Partner** an", sagt Frank Weber. „**Jeder** hat seine Verantwortung, **beide** müssen beitragen. Das ist noch nicht bei **allen** so, aber wir versuchen, über **alle Probleme** offen zu reden."

jed-	MASKULIN der	NEUTRUM das	FEMININ die
NOM	jed-**er**	jed-**es**	jed-**e**
AKK	jed-**en**	jed-**es**	jed-**e**
DAT	jed-**em**	jed-**em**	jed-**er**
GEN	jed-**es**	jed-**es**	jed-**er***

beid- (= PLURAL)	
NOM	beid-**e**
AKK	beid-**e**
DAT	beid-**en**
GEN	beid-**er***

all- (= PLURAL)	
NOM	all-**e**
AKK	all-**e**
DAT	all-**en**
GEN	all-**er***

* Meistens Genitiv-Umschreibung mit **„von"**: „**von** jedem, **von** jeder; **von** beiden; **von** allen"

→K25:
Ü25 – Ü27

1.2.3 Bestimmter und unbestimmter Artikel als Indefinitpronomen

● Hast du schöne Geschenke bekommen, Christian?
○ Naja, **eins** war toll, ein Computerspiel. Aber da waren noch **welche**, die waren nicht so super. Bücher und solche Sachen. Mit **denen** kann man nicht so toll spielen.

Einer ist keiner
(von Volker Ludwig)

Einer ist keiner,
zwei sind mehr als einer!
Sind wir aber erst zu dritt,
machen auch die andern mit!

	SINGULAR			PLURAL
NOM	der	das	die	die
AKK	den	das	die	die
DAT	dem	dem	der	**denen**
GEN	**dessen**	**dessen**	**deren**	**deren**

	SINGULAR			PLURAL
NOM	**einer**	**ein(e)s**	eine	welche
AKK	einen	**ein(e)s**	eine	welche
DAT	einem	einem	einer	welchen
GEN	eines	eines	einer	welcher

„**keiner, kein(e)s, keine**" haben im Singular die gleichen Formen wie „**einer, ein(e)s, eine**"; Plural: **keine**.

1.2.4 Fragewörter

Personen

NOM	**wer?**	**Wer** ist das?
AKK	**wen?**	**Wen** siehst du?
DAT	**wem?**	Mit **wem** sprichst du?
GEN	**wessen?**	**Wessen** Buch ist das?

Sachen

was?	**Was** ist das?
	Was siehst du?
wo(r)- + Präposition	**Womit** fährst du?
	Worauf wartest du?

Zeit

wann?	**Wann** kommen Sie an?
wie lange?	**Wie lange** bleiben Sie?
wie oft?	**Wie oft** waren Sie schon da?

Qualität, Quantität, Umstände

wie?	**Wie** gut sprechen Sie Deutsch?
	Wie viel kostet das?
	Wie geht es Ihnen?

Lokale Angaben: Position, Richtung

wo?	**Wo** warst du gestern?
woher?	**Woher** kommst du gerade?
wohin?	**Wohin** fahren wir morgen?

Begründung: Grund, Zweck

warum?	**Warum** tust du das?
wozu?	**Wozu** brauchen Sie das?

1.2.5 Definitionsfragen: „welch-?, was für ein-?"

→K16:
Ü24 – Ü26

a) „welch-?"

Guck mal, **der** Rock! ● ○ **Welchen** Rock meinst du – **den** roten?

Ich möchte **das** enge Kleid anprobieren. ● ○ **Welches** meinen Sie? **Das** weiße oder **das** grüne?

	SINGULAR MASKULIN	NEUTRUM	FEMININ	PLURAL
NOM	welch-**er** Rock?	welch-**es** Hemd?	welch-**e** Bluse?	welch-**e** Kleider?
AKK	welch-**en** Rock?			
DAT	(zu) welch-**em** Rock?	(zu) welch-**em** Hemd?	(zu) welch-**er** Bluse?	(zu) welch-**en** Kleider**n**?

Der Genitiv ist nicht üblich.

b) „was für ein- ...?"

Ich möchte auch **eine** Hose probieren. ● ○ **Was für eine**?

Eine Jeans, **eine** rote. ● ○ **Was für eine** Marke?

	SINGULAR MASKULIN	NEUTRUM	FEMININ	PLURAL
NOM	was für ein Rock?	was für ein Hemd?	was für ein-**e** Bluse?	was für Kleider?
AKK	was für ein-**en** Rock?			
DAT	(zu) was für ein-**em** Rock?	(zu) was für ein-**em** Hemd?	(zu) was für ein-**er** Bluse?	(zu) was für Kleider**n**?

Bei Verwendung ohne Substantiv sind die Formen im Nominativ „was für einer, was für ein(e)s, was für eine", Pl. „was für welche".
Der Genitiv ist nicht üblich.

1.2.6 Pronomen in Präpositional-Ergänzungen

Petra sieht ihre Freunde selten. Sie kann sich nicht oft **mit ihnen** verabreden.

„Das ist eben so in meinem Beruf, das **gehört** auch **dazu**", sagt sie.

Sie muss oft auswärts übernachten. Auch **daran** hat sie sich **gewöhnt**.

Mit wem verabredet sie sich? – **Mit ihnen.**

Woran hat sie sich gewöhnt? – **Daran.**
Wozu gehört das? – **Dazu.**

Fragewort: **Pronomen:**

wo(r)- + Präposition **da(r)** + Präposition

PERSONALPRONOMEN: Lebewesen (Menschen, Tiere)	PRONOMINALADVERB: Sachen oder Aussagen

2. Der Satz

2.1 Hauptsatz: Typen

→K1:
Ü1 – Ü2,
Ü8 – Ü11,
Ü13, Ü16

2.1.1 Wortfrage und Aussagesatz

Wo (wohnt) Jenny? – Jenny (wohnt) in Haarbach.

WORTFRAGE	–	AUSSAGESATZ

→K2:
Ü15 – Ü18

2.1.2 Satzfrage (positiv)

(Möchtest) du ins Museum?

– Ja.
– Nein (, lieber in die Stadt).

SATZFRAGE	**+**

Ja.	**+**
Nein.	**–**

→K2:
Ü15 – Ü18

2.1.3 Satzfrage (negativ)

(Möchtest) du nicht ins Museum? – Doch!
– Nein (, lieber in die Stadt).

SATZFRAGE	**–**

Doch!	**+**
Nein.	**–**

→K1:
Ü22 – Ü24
→K12:
Ü5 – Ü8

2.1.4 Aufforderungssatz

(Antworten) Sie!

AUFFORDERUNGSSATZ

(Sei) so nett, (bring) mir bitte die Zeitung mit!

(Kommt) doch auch mit ins Kino!

2.2 Satzbau: Ergänzungen

→K8:
Ü9 – Ü10

2.2.1 Subjekt und Nominativergänzung

| Herr Probst | ist | Turmwächter. |
| Der junge Mann | ist | Student. |

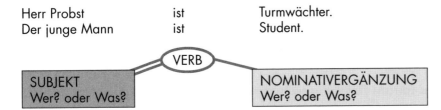

2.2.2 Subjekt und Akkusativergänzung

Herr Probst	hat	eine große Wohnung.
Die Wohnung	hat	zwei Zimmer, eine Küche und ein Bad.
Die Studentin	sucht	ein Zimmer.
Sie	ruft	ihre Freundin	an.

2.2.3 Subjekt und Dativergänzung

| Das Bild | gehört | meinem Freund. |
| Elena | gefällt | mir. |

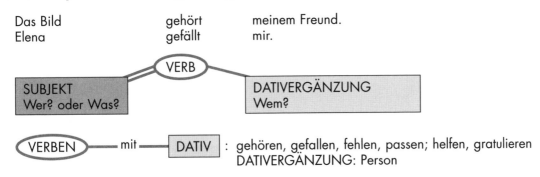

VERBEN — mit — DATIV : gehören, gefallen, fehlen, passen; helfen, gratulieren
DATIVERGÄNZUNG: Person

2.2.4 Subjekt und Dativergänzung + Akkusativergänzung

| Herr Probst | verkauft | den Touristen | Eintrittskarten. |
| Er | erzählt | ihnen | etwas über Bern. |

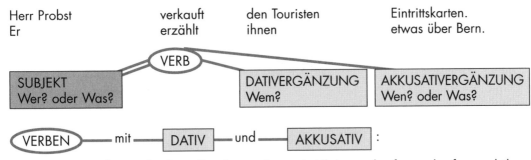

VERBEN — mit — DATIV — und — AKKUSATIV :

1. Bedeutung „geben und nehmen": geben, nehmen, (mit)bringen, kaufen, verkaufen, ausleihen
2. Bedeutung „informieren": sagen, erzählen, schreiben, erklären, vorlesen, zeigen

DATIVERGÄNZUNG: Person   AKKUSATIVERGÄNZUNG: Sache

2.2.5 Subjekt und lokale Situativergänzung

Susanne Leutenegger	ist	in Wil	geboren.
Die Studentin	hat	bei einer Freundin	gewohnt.

VERB

SUBJEKT
Wer? oder Was?

LOKALE SITUATIVERGÄNZUNG
Wo? oder Bei wem?

2.2.6 Subjekt und lokale Direktivergänzung

Susanne Leutenegger	ging	mit 16 Jahren	nach Fribourg.	
Sie	ist	dort	in die Schule	gegangen.

VERB

SUBJEKT
Wer? oder Was?

LOKALE DIREKTIVERGÄNZUNG
Wohin?

→K12:
Ü16 – Ü17
→K28:
Ü13 – Ü15

2.2.7 Subjekt und Präpositional-Ergänzung (+ andere Ergänzungen)

Petra	verabredet	sich	mit Freunden.	
Petra	hat	sich	an ihren Dienstplan	gewöhnt.

VERB

SUBJEKT
Wer? oder Was?

AKK-ERGÄNZUNG
Wen? oder Was?

PRÄPOSITIONALERGÄNZUNG
Mit wem? / Woran?

Wochenenddienst	gehört		zu ihrem Beruf.

VERB

SUBJEKT
Wer? oder Was?

PRÄPOSITIONALERGÄNZUNG
Wozu?

→K27:
Ü12 – Ü14

2.3 Satzbau: Angaben

SATZKERN	SATZKERN + ANGABEN
Sie ging nach Fribourg.	**Mit 16** ging sie **wegen der Schule** nach Fribourg. WANN? WARUM?
Sie hat ihre Matura gemacht.	**Dort** hat sie **zwei Jahre später** ihre Matura gemacht. WO? WANN?
Sie ist nach Irland gegangen.	**1982** ist sie **mit ihrem Mann** nach Irland gegangen. WANN? MIT WEM?
und hat Kunst studiert.	und hat **in Cork** **vier Jahre** **intensiv** Kunst studiert. WO? WIE LANGE? WIE?
Sie arbeitete als Künstlerin.	**Als sie zurückgekehrt war,** arbeitete sie als Künstlerin **in Oldenburg.** WANN? WO?

SATZKERN   **SATZKERN + ANGABEN**

2.4 Satzbau: Vorfeld und Mittelfeld

→K27:
Ü12, Ü20

(Kon-nek-tor)	Vorfeld	VERB	SATZKLAMMER		(VERB)
			Mittelfeld		
	Susanne L.	ist	in Wil		geboren.
	Mit 16	ging	sie wegen der Schule nach Fribourg.		
	Dort	hat	sie zwei Jahre später ihre Matura		gemacht.
und	Sie	hat	in England		unterrichtet.
	(...)	(...)	in Italien Italienisch		gelernt.
	1982	ist	sie mit ihrem Mann nach Irland		gegangen.
und	(...)	hat	in Cork vier Jahre intensiv Kunst		studiert.
	Als sie zurück-gekehrt war,	arbeitete	sie als Künstlerin in Oldenburg.		

↑ „das Bekannte" (meistens) ↑ „die neue Information" (meistens)

(Kon-nek-tor)	Vorfeld	VERB	SATZKLAMMER				(VERB)
			Mittelfeld				
0	Subjekt/ Ergänzung/ Angaben	finite Form (mit Endung)	(Subjekt)	DAT-Erg. oder AKK-Erg.	AN-GA-BEN	AKK-Erg. oder PRÄP-Erg.	(Präfix)/ (Infinitiv)/ (Partizip II)

2.4.1 Stellung im Mittelfeld: Dativ- und Akkusativergänzung

→K8:
Ü27 – Ü29

Elena und Heinz   zeigen   der Freundin   die Wohnung .

Elena und Heinz   zeigen   ihr   die Wohnung .

Elena und Heinz   zeigen   sie   der Freundin .
⚠ Pronomen!

Elena und Heinz   zeigen   sie   ihr .
⚠ Pronomen!

SUBJEKT	VERB	ERGÄNZUNGEN

3. Satzverbindungen

→K16:
Ü10 – Ü11

3.1 Hauptsatz und Hauptsatz: Konnektoren

Die Beatles beeinflussen die Jugend,	**und**	die schafft sich neue Konventionen.
Lara möchte immer das Besondere,	**aber**	das kann ganz schön unter Stress setzen.
Man hat weniger Freiheiten,	**denn**	man hat Kinder, vielleicht auch Schulden.
Gibt es denn gar keine Vorteile,	**oder**	siehst du nur Nachteile?

HAUPTSATZ	KON-NEK-TOR	HAUPTSATZ

Konnektoren verbinden ...

Eine Welt ohne Krieg	**und**	Gewalt.
Lange weite Hosen	**oder**	kurze enge Röcke – alles ist erlaubt.
Die Jugend ist gegen alte Konventionen,	**aber**	(sie) schafft sich neue.
Die Mutter sagt, dass man viele Erfahrungen hat	**und**	(dass) man sich auch über kleine Dinge freuen kann.

		K O N N E K T O R	
... Wörter/Satzteile:	Krieg		Gewalt
	lange weite Hosen		kurze enge Röcke
... oder Hauptsätze:	Die Jugend ist gegen Konventionen.		Sie schafft sich neue.
... oder Nebensätze:	..., dass man viele Erfahrungen hat.		..., dass man sich auch über kleine Dinge freuen kann.

→K22: Ü23

3.2 Hauptsatz und Hauptsatz: Verbindungsadverbien

Der alte Computer war sehr langsam. Er kaufte sich **deshalb** einen superschnellen neuen.

Der neue ist wirklich sehr schnell. **Trotzdem** sitzt er jetzt noch länger vor dem Computer als vorher.

3.2.1 Kausale Satzverbindung: „deshalb, darum, deswegen"

Der alte Computer war sehr langsam.	Er kaufte sich **deshalb** einen neuen.

1. VORAUSSETZUNG ⟶	2. FOLGERUNG

3.2.2 Konzessive Satzverbindung: „trotzdem"

Der neue Computer ist sehr schnell.	**Trotzdem** sitzt er jetzt noch länger vor dem Computer als vorher.

1. VORAUSSETZUNG ⟿	2. UNERWARTETE FOLGERUNG

3.3 Hauptsatz und Nebensatz

3.3.1 Nebensatz als Ergänzung

3.3.1.1 „dass"-Satz

➜K13:
Ü13 – Ü14
➜K16: Ü9

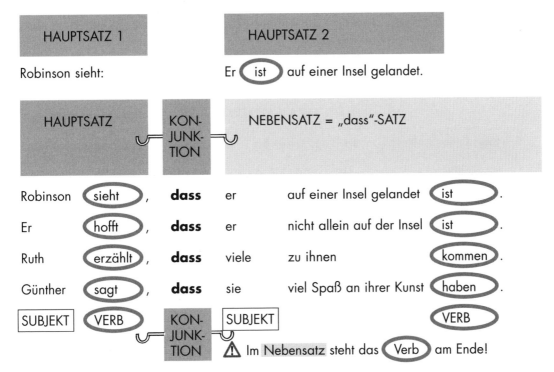

HAUPTSATZ 1	HAUPTSATZ 2
Robinson sieht:	Er ⟨ist⟩ auf einer Insel gelandet.

HAUPTSATZ	KON-JUNK-TION	NEBENSATZ = „dass"-SATZ
Robinson ⟨sieht⟩,	**dass**	er auf einer Insel gelandet ⟨ist⟩.
Er ⟨hofft⟩,	**dass**	er nicht allein auf der Insel ⟨ist⟩.
Ruth ⟨erzählt⟩,	**dass**	viele zu ihnen ⟨kommen⟩.
Günther ⟨sagt⟩,	**dass**	sie viel Spaß an ihrer Kunst ⟨haben⟩.
SUBJEKT VERB	KON-JUNK-TION	SUBJEKT VERB

⚠ Im Nebensatz steht das ⟨Verb⟩ am Ende!

3.3.1.2 Infinitiv-Gruppe mit „zu" und „dass"-Satz

➜K17:
Ü5 – Ü10

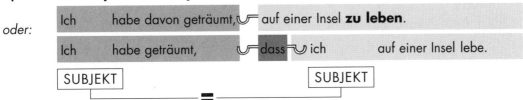

Ich habe davon geträumt,	auf einer Insel **zu leben**.
Es war sehr schön,	viel Zeit **zu haben**.
Aber dann hatte ich keine Lust mehr,	allein **zu sein**.
Ich habe mir gewünscht,	bald wieder in meine Stadt **zurückzukommen**.

⚠ Bei trennbaren Verben steht **„zu"** zwischen betontem Präfix und Infinitiv.

a) Gleiche Subjekte in Haupt- und Nebensatz

oder:

Ich habe davon geträumt, auf einer Insel **zu leben**.

Ich habe geträumt, dass ich auf einer Insel lebe.

SUBJEKT = SUBJEKT

b) Verschiedene Subjekte in Haupt- und Nebensatz

Gundi wünscht, dass ihr Sohn Südamerika kennen lernt.

SUBJEKT ≠ SUBJEKT

⚠ Infinitiv mit „zu" nicht möglich.

→K20:
Ü6 – Ü8, Ü15

3.3.1.3 Indirekter Fragesatz

„**Wo** kann ich telefonieren?"

HAUPTSATZ = WORTFRAGE (W-FRAGE)

Können Sie mir **sagen**, | **wo** | ich telefonieren   **kann** ?

NEBENSATZ = INDIREKTE FRAGE

„**Ist** das Reisen bei solchen Massen wirklich noch schön?"

HAUPTSATZ = SATZFRAGE

Ich **frage** mich ernsthaft, | **ob** | das Reisen bei solchen Massen wirklich noch schön   **ist** .

„**ob**" + NEBENSATZ = INDIREKTE FRAGE

Indirekter Fragesatz möglich nach:

fragen, sich fragen, sich informieren;
sagen, erzählen, beschreiben;
wissen, in den Sinn kommen, sich erinnern, verstehen;
bemerken, sehen, hören

+   INDIREKTER FRAGESATZ

→K28: Ü16

3.3.1.4 Nebensatz als Präpositional-Ergänzung

Man gewöhnt sich **daran** ,	zu den unterschiedlichsten Zeiten **zu arbeiten**.
Wir werden uns **daran** gewöhnen,	**dass** wir im Lauf unseres Berufslebens immer wieder neu und **weiter lernen müssen**.
Man redet viel **darüber** ,	**wie** sich die Arbeitswelt **entwickeln wird**.
Manche Leute streiten **darüber** ,	**ob** die Entwicklung der Arbeitswelt **gut ist** oder nicht.

⚠ Im Hauptsatz oft **Pronominaladverb** als Signal!

3.3.2 Nebensatz als Attribut: Relativsatz

→K20:
Ü9 – Ü11

3.3.2.1 Relativsatz: Referenz

Ist es **der Alltag** zu Hause, **der** die Menschen langweilt? Sind es **die fremden Menschen**, **die**

wir kennen lernen wollen? Oder ist es **die Stimmung** einer fremden Stadt, **die** uns fasziniert?

Was ist **es, das** die Menschen auch heute noch bewegt und in die Ferne zieht?

Die Erde ist rund. Darum kommen wir beim Reisen immer wieder **zu dem Punkt** zurück,

von dem wir weggegangen sind.

3.3.2.2 Relativsatz: Bildung

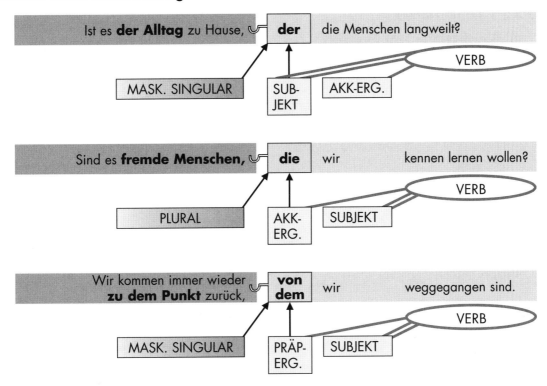

3.3.2.3 Relativpronomen „der, das, die"

	SINGULAR MASKULIN	NEUTRUM	FEMININ	PLURAL
NOM	der	das	die	die
AKK	den	das	die	die
DAT	dem	dem	der	⚠ denen

Das Relativ-Pronomen ist identisch mit dem bestimmten Artikel.
Nur im **Dativ Plural** und im **Genitiv** hat es andere Formen.

3.3.2.4 Relativsatz mit „wo"

→K20:
Ü16 – Ü17

„Wo/wohin/woher" leiten Relativsätze ein, die sich auf eine **Ortsbezeichnung** oder einen **Ortsnamen** beziehen.

⚠ Ortsnamen ohne Artikel: nur **„wo/wohin/woher"** möglich!

3.3.3 Nebensatz als Angabe

3.3.3.1 Temporalsatz

→K18:
Ü11 – Ü14

a) Gleichzeitige Temporalsätze

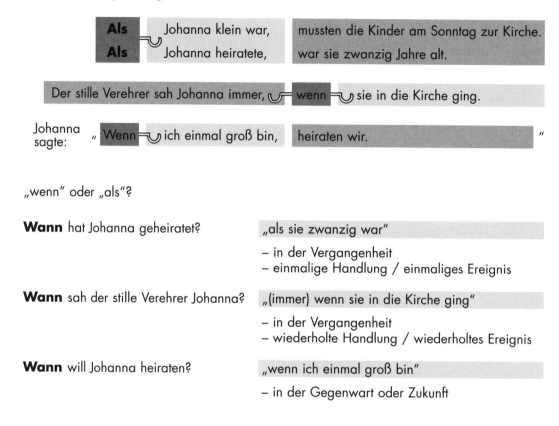

„wenn" oder „als"?

Wann hat Johanna geheiratet?	„als sie zwanzig war" – in der Vergangenheit – einmalige Handlung / einmaliges Ereignis
Wann sah der stille Verehrer Johanna?	„(immer) wenn sie in die Kirche ging" – in der Vergangenheit – wiederholte Handlung / wiederholtes Ereignis
Wann will Johanna heiraten?	„wenn ich einmal groß bin" – in der Gegenwart oder Zukunft

→K24: Ü13

b) Nicht-gleichzeitige Temporalsätze

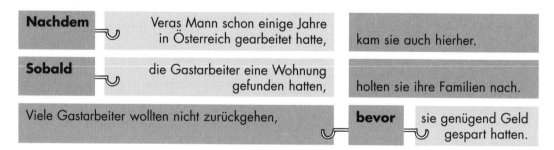

→K24: Ü9

Temporale Konjunktionen: Zeitverhältnis

Nicht-Gleichzeitigkeit	Gleichzeitigkeit
nachdem, als sobald bevor (= ehe)	als wenn während

c) Temporalsätze: Zeitdauer, Anfang, Ende

| Hauptsatz Nebensatz → | Nataša lebt lieber in Innsbruck, | **seitdem** | sie eine gute Stelle gefunden hat. |

| Hauptsatz Nebensatz | Die ersten Gastarbeiter blieben oft lange allein, | **während** | ihre Familien in der alten Heimat lebten. |

| Hauptsatz Nebensatz | Veras Familie wollte in Österreich bleiben, | **solange** | die Kinder hier in die Schule gingen. |

| Hauptsatz Nebensatz → | Viele Gastarbeiter wollten hier bleiben, | **bis** | sie genug gespart hatten. |

3.3.3.2 Kausalsatz: „weil, da"

→K13: Ü9 – Ü10
→K16: Ü9
→K22: Ü9 – Ü10

Diese Sendung höre ich gerne, **weil** der Moderator so eine sympathische Stimme **hat**.

Da sie bei ihrer Arbeit immer vor dem Computer **sitzt**, mag sie in ihrer Freizeit nicht im Internet surfen.

⚠ **„da"** + 1. URSACHE/GRUND ——→ 2. HANDLUNG/SACHVERHALT

3.3.3.3 Konzessivsatz: „obwohl"

→K22: Ü9 – Ü10

Ich vermisse den Fernseher **nicht**, **obwohl** ich ab und zu Lust auf einen Spielfilm **habe**.

1. HANDLUNG/SACHVERHALT ←——→ 2. **„obwohl"** + GEGENGRUND

Obwohl sie sich mit mir **unterhält**, telefoniert sie gleichzeitig mit ihrem Handy.

1. **obwohl** + GEGENGRUND ←——→ 2. HANDLUNG/SACHVERHALT

3.3.3.4 Konsekutivsatz: „(so) dass"

→K19: Ü29

Das Wasser verdunstet und steigt auf,	**so dass**	am Himmel Wolken entstehen.
Das Grundwasser wird vergiftet,	**so dass**	man es nicht mehr trinken kann.
Der Boden wird **so** behandelt,	**dass**	Gift ins Grundwasser kommt.

1. Hauptsatz: URSACHE/GRUND ——→ **„(so) dass"** + 2. Nebensatz: FOLGE

→K19:
Ü24 – Ü26

3.3.3.5 Finalsatz: „damit, um ... zu"

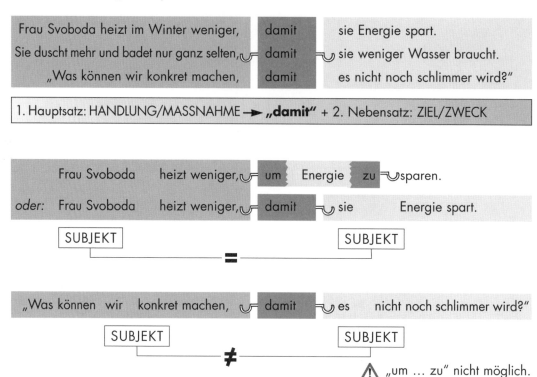

Frau Svoboda heizt im Winter weniger,	damit	sie Energie spart.
Sie duscht mehr und badet nur ganz selten,	damit	sie weniger Wasser braucht.
„Was können wir konkret machen,	damit	es nicht noch schlimmer wird?"

1. Hauptsatz: HANDLUNG/MASSNAHME → „damit" + 2. Nebensatz: ZIEL/ZWECK

| | Frau Svoboda | heizt weniger, | um | Energie | zu | sparen. |
| oder: | Frau Svoboda | heizt weniger, | damit | sie | | Energie spart. |

SUBJEKT = SUBJEKT

| „Was können wir konkret machen, | damit | es nicht noch schlimmer wird?" |

SUBJEKT ≠ SUBJEKT

⚠ „um ... zu" nicht möglich.

Bei gleichem Subjekt verwendet man fast immer **„um ... zu"**.

3.3.3.6 Konditionalsatz: „wenn"

→K14:
Ü17 – Ü18
→K16: Ü9

a) Konditionalsatz mit realer Bedingung

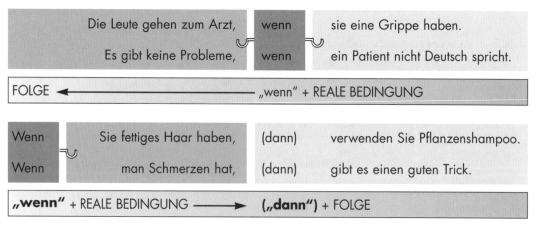

| Die Leute gehen zum Arzt, | wenn | sie eine Grippe haben. |
| Es gibt keine Probleme, | wenn | ein Patient nicht Deutsch spricht. |

FOLGE ◄──────── „wenn" + REALE BEDINGUNG

| Wenn | Sie fettiges Haar haben, | (dann) | verwenden Sie Pflanzenshampoo. |
| Wenn | man Schmerzen hat, | (dann) | gibt es einen guten Trick. |

„wenn" + REALE BEDINGUNG ──► („dann") + FOLGE

→K21:
Ü5 – Ü6, Ü21

b) Konditionalsatz mit irrealer Bedingung

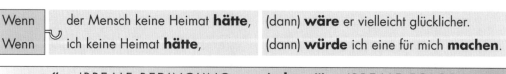

| Wenn | der Mensch keine Heimat **hätte**, | (dann) **wäre** er vielleicht glücklicher. |
| Wenn | ich keine Heimat **hätte**, | (dann) **würde** ich eine für mich **machen**. |

„wenn" + IRREALE BEDINGUNG ──► („dann") + IRREALE FOLGE

⚠ Der **wenn**-Satz mit irrealer Bedingung steht meistens **vor** dem Hauptsatz.

4. Verb

4.1 Tempusformen der Verben: Bedeutung

→K18:
Ü26 – Ü27

Das ist vorbei.	*Das ist jetzt.* *Oder: Das ist immer so.*	*Das kommt später.*
⬅	⊗	➡
Perfekt oder **Präteritum**	**Präsens**	**Präsens**
Berichten Erzählen mündlich schriftlich		
Plusquamperfekt (selten!)		**Futur I** (selten!)

4.1.1 Tempus: Präsens

→K2:
Ü3 – Ü5, Ü10

	suchen	arbeiten	nehmen	haben	**sein**
ich	such **e**	arbeit **e**	nehm **e**	hab **e**	**bin**
du	such **st** ⚠	arbeit **est** ⚠	n**i**mm **st** ⚠	**ha st** ⚠	**bist**
Sie	such **en**	arbeit **en**	nehm **en**	hab **en**	**sind**
er es } sie	such **t** ⚠	arbeit **et** ⚠	n**i**mm **t** ⚠	**ha t** ⚠	**ist**
wir	such **en**	arbeit **en**	nehm **en**	hab **en**	**sind**
ihr	such **t** ⚠	arbeit **et**	nehm **t**	hab **t**	**seid**
Sie	such **en**	arbeit **en**	nehm **en**	hab **en**	**sind**
sie	such **en**	arbeit **en**	nehm **en**	hab **en**	**sind**

4.1.2 Tempus: Präteritum

a) Regelmäßige Verben

→K11:
Ü4 – Ü5
→K18:
Ü6 – Ü10

	sagen	reden	⚠ denken	⚠ nennen	⚠ haben	ENDG.
ich	sag-**t**-e	red-**et**-e	d**a**ch-**t**-e	n**a**nn-**t**-e	**hatt**-e	**-e**
du	sag-**t**-est	red-**et**-est	d**a**ch-**t**-est	n**a**nn-**t**-est	**hatt**-est	**-est**
er/es/sie	sag-**t**-e	red-**et**-e	d**a**ch-**t**-e	n**a**nn-**t**-e	**hatt**-e	**-e**
wir	sag-**t**-en	red-**et**-en	d**a**ch-**t**-en	n**a**nn-**t**-en	**hatt**-en	**-en**
ihr	sag-**t**-et	red-**et**-et	d**a**ch-**t**-et	n**a**nn-**t**-et	**hatt**-et	**-et**
sie/Sie	sag-**t**-en	red-**et**-en	d**a**ch-**t**-en	n**a**nn-**t**-en	**hatt**-en	**-en**

PRÄSENS- + PRÄTERITUM-
STAMM   SIGNAL -(e)t-   ⚠ PRÄTERITUM- + PRÄTERITUM-
STAMM   SIGNAL -t-

denken, bringen; nennen, kennen,
brennen, senden, wenden; wissen

→K18:
Ü6 – Ü10

b) Unregelmäßige Verben

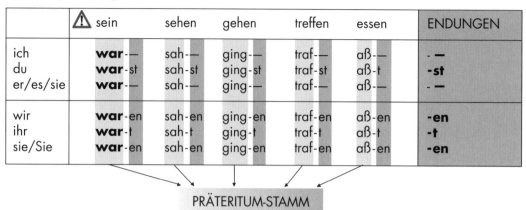

	⚠ sein	sehen	gehen	treffen	essen	ENDUNGEN
ich	**war**-—	sah-—	ging-—	traf-—	aß-—	- —
du	**war**-st	sah-st	ging-st	traf-st	aß-t	**-st**
er/es/sie	**war**-—	sah-—	ging-—	traf-—	aß-—	- —
wir	**war**-en	sah-en	ging-en	traf-en	aß-en	**-en**
ihr	**war**-t	sah-t	ging-t	traf-t	aß-t	**-t**
sie/Sie	**war**-en	sah-en	ging-en	traf-en	aß-en	**-en**

PRÄTERITUM-STAMM

4.1.3 Tempus: Perfekt

→K9: Ü14

a) Perfekt: Satzklammer

Ich	habe	einen Traum	ge-hab -t .
Ich	habe	dir doch von dem Brief	erzähl -t .
Wir	sind	nach Volary	ge-ritt -en .
Wir	haben	unsere Schlafsäcke	mit-ge-nomm -en .
„haben/sein"			PARTIZIP II

SATZKLAMMER

→K9: Ü25

b) Perfekt: Formen

ich	habe	...	gefunden	ich	bin	...	geritten
du	hast	...	gefunden	du	bist	...	geritten
er/es/sie	hat	...	gefunden	er/sie/es	ist	...	geritten
wir	haben	...	gefunden	wir	sind	...	geritten
ihr	habt	...	gefunden	ihr	seid	...	geritten
sie/Sie	haben	...	gefunden	sie/Sie	sind	...	geritten
	PRÄSENS + PARTIZIP II von **„haben"**				PRÄSENS + PARTIZIP II von **„sein"**		

Die meisten Verben
bilden das Perfekt mit „haben".

Verben mit der Bedeutung ‚Bewegung'
bilden das Perfekt mit „sein".

 sein: **ich bin gewesen**
bleiben: **ich bin geblieben**

→K9:
Ü15 – Ü17,
Ü22 – Ü24
→K18:
Ü9 – Ü10

Partizip II: regelmäßige Verben

Infinitiv:	Partizip II:		
haben	ge-	hab	-t
träumen	ge-	träum	-t
erzählen		erzähl	-t
	ge-	PRÄSENS-STAMM	**-t**

Partizip II: unregelmäßige Verben

Infinitiv:		Partizip II:		
sehen		ge-	seh	-en
reiten		ge-	ritt	-en
mitnehmen	mit-	ge-	nomm	-en
		ge-	PERFEKT-STAMM	**-en**

→K18:
Lehrbuch 7. GR

⚠ bringen: ge- brach **-t**
denken: ge- dach **-t**

4.1.4 Tempus: Plusquamperfekt

→K24:
Ü8 – Ü9, Ü13

PERFEKT	ich	bin	gekommen	ich	habe	gefunden
PLUS-QUAM-PERFEKT	ich	war	gekommen	ich	hatte	gefunden
	du	warst	gekommen	du	hattest	gefunden
	er/es/sie	war	gekommen	er/es/sie	hatte	gefunden
	wir	waren	gekommen	wir	hatten	gefunden
	ihr	wart	gekommen	ihr	hattet	gefunden
	sie/Sie	waren	gekommen	sie/Sie	hatten	gefunden

„war-"/„hatte-" + PARTIZIP II

4.1.5 Tempus: Futur I

→K28:
Ü20 – Ü21

		Infinitiv Präsens	Infinitiv Passiv	Modalverb + Infinitiv
ich	werd -e			
du	w**irst**			
er/es/sie	w**ird**	aussehen		
wir	werd -en			(uns) gewöhnen müssen
ihr	werd -et			
sie/Sie	werd -en		beschleunigt werden	

FUTUR I: **„werden"** + INFINITIV

⚠ Man verwendet Präsens, wenn die Bedeutung „Zukunft" klar ist:
Nächsten Monat macht sie Urlaub.

4.2 Trennbare Verben: Satzklammer

→K4:
Ü8 – Ü10,
Ü22 – Ü23

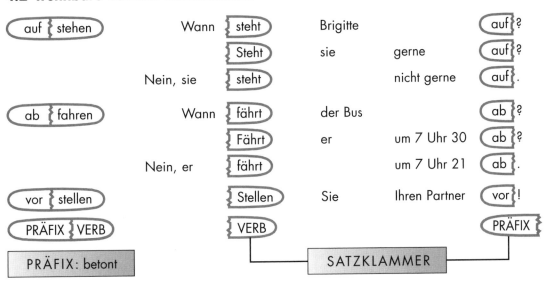

→K5:
Ü7 – Ü8

4.3.1 Modalverben

4.3.1.1 Modalverben: Satzklammer

	MODALVERB		INFINITIV
Die Studenten	**können**	für vierzehn Tage Bücher	**ausleihen.**
Sie	**müssen**	ihren Ausweis	**mitbringen.**
Sie	**wollen**	einen Film	**ansehen.**

SATZKLAMMER

4.3.1.2 Modalverben: Tempusformen

→K5:
Ü6, Ü8, Ü13

a) Modalverben: Präsens

	wollen	sollen	müssen	dürfen	können	mögen	
ich	will	soll	muss	darf	kann	mag	möcht - e
du	will st	soll st	muss t	darf st	kann st	mag st	möcht - est
er/es/sie	will	soll	muss	darf	kann	mag	möcht - e
wir	woll en	soll en	müss en	dürf en	könn en	mög en	möcht - en
ihr	woll t	soll t	müss t	dürf t	könn t	mög t	möcht - et
sie/Sie	woll en	soll en	müss en	dürf en	könn en	mög en	möcht - en

→K17:
Ü14 – Ü15

b) Modalverben: Präteritum

	wollen	sollen	müssen	dürfen	können	mögen	ENDUNGEN
ich	woll-t-e	soll-t-e	muss-t-e	durf-t-e	konn-t-e	moch-t-e	**-e**
du	woll-t-est	soll-t-est	muss-t-est	durf-t-est	konn-t-est	moch-t-est	**-est**
er/es/sie	woll-t-e	soll-t-e	muss-t-e	durf-t-e	konn-t-e	moch-t-e	**-e**
wir	woll-t-en	soll-t-en	muss-t-en	durf-t-en	konn-t-en	moch-t-en	**-en**
ihr	woll-t-et	soll-t-et	muss-t-et	durf-t-et	konn-t-et	moch-t-et	**-et**
sie/Sie	woll-t-en	soll-t-en	muss-t-en	durf-t-en	konn-t-en	moch-t-en	**-en**

PRÄSENS:
Gundi **mag** nicht mehr in Ferndorf wohnen
Sie **möchte** für die Dritte Welt arbeiten.

PRÄTERITUM:
⚠ Gundi **mochte** nicht mehr in Ferndorf wohnen.
⚠ Sie **wollte** für die Dritte Welt arbeiten.

→K26:
Ü7 – Ü8

c) Modalverben: Perfekt

Ich	**habe**	immer Lehrerin	werden	**wollen.**
Wir	**haben**	in der Schule immer	aufstehen	**müssen.**

INFINITIV + PARTIZIP II des MODALVERBS:
„INFINITIV"

⚠ Statt Perfekt/Plusquamperfekt der Modalverben wird meistens das Präteritum verwendet:

Ich **wollte** immer Lehrerin werden. Wir **mussten** in der Schule immer aufstehen.

„können" als Vollverb

Wenn wir etwas nicht **gekonnt** haben , gab es Strafen.

4.3.2 Vollverb „werden": Präsens, Präteritum, Perfekt

→K17:
Ü17 – Ü22

Gundi macht eine Ausbildung und **wird** Kauffrau.
Sie war verheiratet und hatte eine gute Arbeit, aber diese Welt **wurde** immer enger für sie.
„Ich **bin** dann weggegangen und Mitarbeiterin bei den Grünen **geworden**", erzählt sie.

	PRÄSENS	PRÄTERITUM	PERFEKT „sein" +	PARTIZIP II
ich	werd-e	wurd-e	bin ...	geworden
du	**wirst** ⚠	wurd-est	bist ...	geworden
er/es/sie	**wird** ⚠	wurd-e	ist ...	geworden
wir	werd-en	wurd-en	sind ...	geworden
ihr	werd-et	wurd-et	seid ...	geworden
sie/Sie	werd-en	wurd-en	sind ...	geworden

4.4 Formen der Verben

→K12:
Ü5, Ü7

4.4.1 Imperativ

INFINITIV	legen	schneiden	nehmen	fahren	sein	
SINGULAR 2. Person	leg(e)!	schneid(e)!	⚠ ni**mm**!	fahr(e)!	sei!	-(e)
	leg**en** Sie!	schneid**en** Sie!	nehm**en** Sie!	fahr**en** Sie!	sei**en** Sie!	-en
PLURAL 2. Person	leg**t**!	⚠ schneid**et**!	nehm**t**!	fahr**t**!	⚠ sei**d**!	-(e)t
	leg**en** Sie!	schneid**en** Sie!	nehm**en** Sie!	fahr**en** Sie!	sei**en** Sie!	-en

4.4.2 Passiv

→K19:
Ü8 – Ü18

4.4.2.1 Passiv im Text: Funktionen

Flüsse, Seen und vor allem das Meer **werden** heute immer noch als Mülleimer **missbraucht**. Es ist sehr problematisch, dass viele giftige Abwässer aus der Industrie und aus den Haushalten ins Meer **geleitet werden**.
In manchen Flüssen und Seen können Fische nicht mehr leben, und das Baden für Menschen **musste verboten werden**.

Gründe für das Passiv im Text:

1. Interesse am Vorgang:
   Was passiert? Was geschieht?

2. Der Urheber kann oder soll nicht genannt werden:
   Man erfährt nicht, wer ... .

4.4.2.2 Bildung des Passiv

Die Luft	**wird**	in der Höhe	**erwärmt.**
Die Wolken	**werden**		**abgekühlt.**
SUBJEKT	Hilfsverb „werden"		PARTIZIP II

SATZKLAMMER

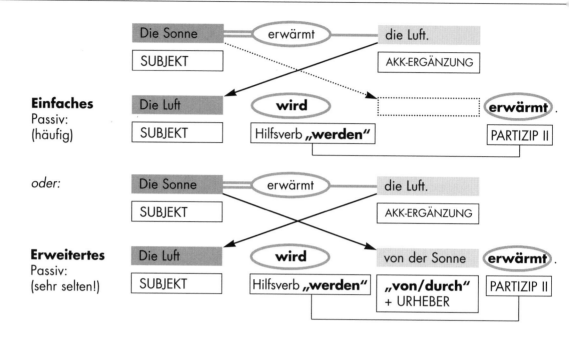

4.4.2.3 Tempusformen des Passiv: Präsens, Präteritum, Perfekt, Infinitiv Passiv

Die Luft	**wird**		**erwärmt.**	PRÄSENS
Der Boden	**wurde**	mit Chemikalien	**behandelt.**	PRÄTERITUM
Es	**ist**	schon sehr viel für die Umwelt	getan ⚠ worden.	PERFEKT
Es	**muss**	noch viel mehr	**gemacht werden.**	INFINITIV PASSIV (Part. II + „werden")

4.4.2.4 Passiv-Umschreibung mit „man"

Flüsse, Seen und vor allem das Meer **werden** heute als Mülleimer **missbraucht**.

oder: **Man missbraucht** heute Flüsse, Seen und vor allem das Meer als Mülleimer.

Statt Passiv kann man auch das Indefinitpronomen **„man" + Verb im Aktiv** verwenden.

→K21:
Ü3 – Ü6,
Ü11 – Ü13

4.4.3 Konjunktiv II

4.4.3.1 Konjunktiv II: Bedeutung

Hypothese (irreal):	**Wirklichkeit (real):**
„Ohne die zwei Sprachen und Kulturen ***würde*** *mir etwas* ***fehlen."***	Chantal lebt in Freiburg/Fribourg mit zwei Sprachen und Kulturen.
„Ich ***könnte*** *nicht in einem Land* ***leben***, *in dem nur eine Sprache gesprochen wird."*	Chantal lebt in der Schweiz, wo viele Sprachen gesprochen werden.

Konditionalsatz (mit irrealer Bedingung)

„Wenn der Mensch keine Heimat **hätte**, **wäre** er vielleicht glücklicher und **würde** mit weniger Vorurteilen **leben**."

4.4.3.2 Konjunktiv II: Formen

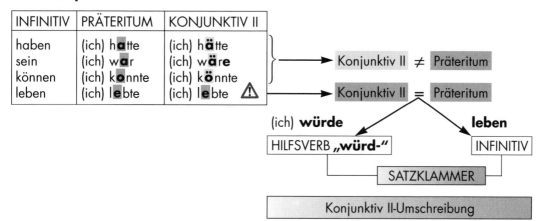

INFINITIV	PRÄTERITUM	KONJUNKTIV II
haben	(ich) hatte	(ich) hätte
sein	(ich) war	(ich) wäre
können	(ich) konnte	(ich) könnte
leben	(ich) lebte	(ich) lebte ⚠

Konjunktiv II ≠ Präteritum

Konjunktiv II = Präteritum

(ich) **würde** → HILFSVERB **„würd-"**   **leben** → INFINITIV

SATZKLAMMER

Konjunktiv II-Umschreibung

INFINITIV:	sein	haben	werden	wissen	
PRÄTERITUM:	war (ich)	hatte (ich)	wurde (ich)	wusste (ich)	
	KONJUNKTIV II				ENDUNGEN
ich	wär-**e**	hätt-**e**	würd-**e**	wüsst-**e**	**-e**
du	wär-**est**	hätt-**est**	würd-**est**	wüsst-**est**	**-est**
er/es/sie	wär-**e**	hätt-**e**	würd-**e**	wüsst-**e**	**-e**
wir	wär-**en**	hätt-**en**	würd-**en**	wüsst-**en**	**-en**
ihr	wär-**et**	hätt-**et**	würd-**et**	wüsst-**et**	**-et**
sie/Sie	wär-**en**	hätt-**en**	würd-**en**	wüsst-**en**	**-en**

a) Konjunktiv II: regelmäßige Verben

→K25: Ü15

Regelmäßige Verben sind im Präteritum und Konjunktiv II identisch. Man verwendet deshalb fast immer die Konjunktiv II-Umschreibung mit **„würd-" + INFINITIV**.

b) Konjunktiv II: unregelmäßige Verben

INFINITIV:	kommen	treffen	tun	gehen	
PRÄTERITUM:	kam (ich)	traf (ich)	tat (ich)	ging (ich)	
KONJUNKTIV II					ENDUNGEN
ich	käm-e	träf-e	tät-e	ging-e	**-e**
du	käm-est	träf-est	tät-est	ging-est	**-est**
er/es/sie	käm-e	träf-e	tät-e	ging-e	**-e**
wir	käm-en	träf-en	tät-en	ging-en	**-en**
ihr	käm-et	träf-et	tät-et	ging-et	**-et**
sie/Sie	käm-en	träf-en	tät-en	ging-en	**-en**

Die Konjunktiv II-Umschreibung mit **„würd-" + INFINITIV** ist bei den unregelmäßigen Verben immer möglich.

c) Konjunktiv II: Modalverben

→K21: Ü21

INFINITIV:	wollen	sollen	müssen	dürfen	können	mögen	
PRÄTERITUM:	wollte	sollte	musste	durfte	konnte	mochte	
	KONJUNKTIV II						ENDUNGEN
ich	wollt-**e**	sollt-**e**	müsst-**e**	dürft-**e**	könnt-**e**	möcht-**e**	**-e**

4.4.4 Konjunktiv I

→K29: Ü9 #### 4.4.4.1 Konjunktiv I: Formen

⚠	sein	haben	werden	müssen	machen	geben	ENDUNGEN
ich	sei- –	*hab- e*	*werd- e*	müss- e	*mach- e*	*geb- e*	**-e**
du	sei- (e)st	hab- est	werd- est	müss- est	mach- est	geb- est	**-est**
er/es/sie	sei- –	hab- e	werd- e	müss- e	mach- e	geb- e	**-e**
wir	sei- en	*hab- en*	*werd- en*	*müss- en*	*mach- en*	*geb- en*	**-en**
ihr	sei- et	hab- et	*werd- et*	müss- et	mach- et	geb- et	**-et**
sie/Sie	sei- en	*hab- en*	*werd- en*	*müss- en*	*mach- en*	*geb- en*	**-en**

⚠ Nur die Formen der 3. Person Singular kommen häufig vor.

→K29: Ü21 #### 4.4.4.2 Tempusformen der Redewiedergabe

„An dieser Stelle hat ein Mann von Hass und Vernichtung gesprochen. Damals kamen noch mehr Menschen, die zeigten noch mehr Begeisterung.

Elie Wiesel erinnerte daran, dass an dieser Stelle ein Mann von Hass und Vernichtung gesprochen habe. Damals seien noch mehr Menschen gekommen, die hätten noch mehr Begeisterung gezeigt.

Signal für Redewiedergabe:

Elie Wiesel erinnerte daran, dass ein anderer an dieser Stelle **gesprochen habe**.
Damals **seien** noch mehr Menschen **gekommen**, die **hätten** noch mehr Begeisterung **gezeigt**.

Seine Bitte **sei**, das nicht zu vergessen.

Dann **werde** die Welt Österreich anders **sehen**.

PERSPEKTIVE: „früher"

✗

PERSPEKTIVE: „später"

Bildung wie Perfekt ◄— KONJUNKTIV I —► Bildung wie Futur I

→K29: Ü10 #### 4.4.4.3 Ersatz der Konjunktiv I-Formen

● **Wir müssen** jetzt gehen, **wir können** nicht länger bleiben.
○ Es **tut uns** wirklich **leid**, aber sonst **verpassen wir** den letzten Bus!

■ Wo sind denn die Gäste?
□ Sie sagten, **sie müssten** jetzt gehen, **sie könnten** nicht länger bleiben. Es **tue ihnen leid**, aber sonst **würden sie** den letzten Bus **verpassen**.
■ Aber der fährt doch erst in zwei Stunden!

Konjunktiv I = Indikativ Präs. →Konjunktiv II
sie müssen = **sie müssen** →**sie müssten**

Konjunktiv II = Ind. Präteritum →„**würd-**" + Infinitiv
sie verpassten = **sie verpassten** →**sie würden verpassen**

4.5 Verben mit Reflexivpronomen

→K12:
Ü12 – Ü15

Christine freut sich über die Einladung. Auf dem Fest trifft sie viele Freunde. Die meisten Gäste haben Hunger und beeilen sich: Sie bedienen sich am Büfett selbst.
Schau mal, das habe ich mir heute gekauft. Philip kommt gleich, er holt sich schnell Zigaretten.

PERSONAL-PRONOMEN:	NOM	ich	du	Sie	er	es	sie	wir	ihr	Sie	sie
REFLEXIV-PRONOMEN:	AKK	mich	dich	**sich**		**sich**		uns	euch	**sich**	**sich**
	DAT	mir	dir								

4.6 Reziproke Verben

→K22:
Ü15 – Ü16

Meine Freundin und ich	kennen	**uns**	schon lange.		Ich kenne sie.
oder:	Wir kennen	**einander**	schon lange.		Sie kennt mich.
Eltern und Kinder	begegnen	**sich**	nur noch beim Fernsehen.
oder:	Sie begegnen	**einander**	nur noch beim Fernsehen.
Sie	sprechen viel zu wenig	**miteinander** .

⚠ Nach einer Präposition steht **-einander** .

5. Substantiv

5.1 Singular und Plural

→K4:
Ü24 – Ü26

SINGULAR	PLURAL	SINGULAR	PLURAL
der/ein Tag	die/— Tag e	das/ein Land	die/— L ä nd er
das/ein Jahr	die/— Jahr e	das/ein Haus	die/— H äu s er
die/eine Stadt ⚠	die/— Städt e		

1 der/ein das/ein die/— **-e**

3 das/ein die/— **¨-er**

die/eine Sprache	die/— Sprache n	der/ein Sänger	die/— Sänger ☐
die/eine Stunde	die/— Stunde n	das/ein Zimmer	die/— Zimmer ☐
		das/ein Zeichen	die/— Zeichen ☐
der/ein Name ⚠	die/— Name n	der/ein Artikel	die/— Artikel ☐

2a die/eine **-e** am Wortende die/— **-n**

4 der/ein das/ein -er -en -el die/— ☐

die/eine Zahl	die/— Zahl en	der/ein Ballon	die/— Ballon s
die/eine Zeitung	die/— Zeitung en	das/ein Hotel	die/— Hotel s
der/ein Mensch ⚠	die/— Mensch en	die/eine Band	die/— Band s

2b die/eine **Konsonant** am Wortende die/— **-en**

5 Fremdwort (englisch, französisch) die/— **-s**

→K18: Ü4 **5.2 Genitiv: Bildung**

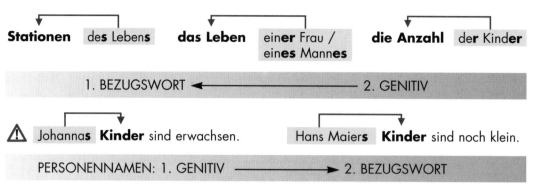

Stationen **des** Leben**s**   das Leben   ein**er** Frau / ein**es** Mann**es**   die Anzahl   der Kind**er**

1. BEZUGSWORT ◄──────────────── 2. GENITIV

⚠ Johanna**s** **Kinder** sind erwachsen.   Hans Maier**s** **Kinder** sind noch klein.

PERSONENNAMEN: 1. GENITIV ──────────► 2. BEZUGSWORT

Alle Personennamen haben im Genitiv ein **-s**.

→K21: Ü19 **5.3 Substantiv: n-Deklination**

Was Heimat wirklich ist?

Fragen   Sie   einmal   einen Politiker oder einen Demonstrant**en**, einen Bauer**n** oder einen Manager. eine Frau oder einen Mann.

VERB ═ SUBJEKT ──────── AKK.-ERGÄNZUNG

	SINGULAR			ENDUNGEN	PLURAL	ENDUNGEN
NOM	der Mensch	Junge	Student	– –	die Mensch **en**	-(e)n
AKK	den Mensch**en**	Junge**n**	Student**en**	-(e)n		
DAT	dem Mensch**en**	Junge**n**	Student**en**	-(e)n	den Mensch **en**	-(e)n
GEN	des Mensch**en**	Junge**n**	Student**en**	-(e)n	der Mensch **en**	-(e)n

der Mensch, der Herr der Bauer, der Bär   der Jung**e**, der Kolleg**e** der Schwed**e**, der Franzos**e**   der Stud**ent**, der Demonstr**ant** der Tour**ist**, der Sold**at**

Einige maskuline Substantive, vor allem Personen und Tiere	Maskuline Substantive auf **-e**	Viele maskuline internationale Wörter: (z.B. auf) **-ent**, **-ant**, **-ist**, **-at**

→K7: Ü4 **6. Adjektiv**

6.1 Prädikative Verwendung des Adjektivs

Der Baum (ist) schwarz . Das Haus (ist) grün . Die Farbe (ist) hell .

Die Bäume (sind) schwarz . Die Häuser (sind) grün . Die Farben (sind) hell .

(„sein") + ADJEKTIV OHNE ENDUNG

6.2 Attributive Verwendung des Adjektivs

→K7:
Ü5, Ü10, Ü16 – Ü17
→K14:
Ü2 – Ü3, Ü23 – Ü25
→K16:
Ü22 – Ü23

Sie hat ▆▆▆ hohe[s] Fieber.
Der Arzt gibt ihr ein starkes Mittel gegen da[s] hohe ▆ Fieber.

| SUBSTANTIV-GRUPPE: |
| ARTIKEL-WORT + ADJEKTIV MIT ENDUNG + SUBSTANTIV |

In der Substantiv-Gruppe hat der Artikel oder die Adjektivendung ein Kasus-Signal ☐.

6.2.1 Adjektivendungen nach dem bestimmten Artikel (Singular)

SING.	MASKULIN			NEUTRUM			FEMININ		
NOM	de[r]	heiß e	Tee	da[s]	gut e	Mittel	di[e]	schwer e	Grippe
AKK	de[n]	heiß en	Tee						
DAT	de[m]	heiß en	Tee	de[m]	gut en	Mittel	de[r]	schwer en	Grippe
GEN	de[s]	heiß en	Tee[s]	de[s]	gut en	Mittel[s]			

6.2.2 Adjektivendungen nach dem unbestimmtem Artikel *ein-, kein* und Possessivartikel (Singular)

SING.	MASKULIN			NEUTRUM			FEMININ		
NOM	(k)ein	heiß e[r]	Tee	(k)ein	gut e[s]	Mittel	(k)ein[e] schwer e		Grippe
AKK	(k)eine[n]	heiß en	Tee						
DAT	(k)eine[m]	heiß en	Tee	(k)eine[m] gut en		Mittel	(k)eine[r] schwer en		Grippe
GEN	(k)eine[s]	heiß en	Tee[s]	(k)eine[s] gut en		Mittel[s]			

6.2.3 Adjektivendungen nach Null-Artikel (Singular)

SING.	MASKULIN			NEUTRUM			FEMININ		
NOM	▆▆▆	heiß e[r]	Tee	▆▆▆	gut e[s]	Mittel	▆▆▆	schwer [e]	Grippe
AKK	▆▆▆	heiß e[n]	Tee						
DAT	▆▆▆	heiß e[m]	Tee	▆▆▆	gut e[m]	Mittel	▆▆▆	schwer e[r]	Grippe
GEN	▆▆▆	heiß en	Tee[s]	▆▆▆	gut en	Mittel[s]			

6.2.4 Adjektivendungen im Plural

PLURAL	MIT ARTIKEL-WORT			OHNE ARTIKEL-WORT		
NOM	di[e]	stark en	Schmerzen	▆▆▆	stark [e]	Schmerzen
AKK						
DAT	de[n]	stark en	Schmerzen	▆▆▆	stark e[n]	Schmerzen
GEN	de[r]	stark en	Schmerzen	▆▆▆	stark e[r]	Schmerzen

→K25:
Ü23 – Ü24

6.3 Adjektiv als Substantiv

ein erwachsen**er** Mensch = ein **Erwachsener**; der/die **Erwachsene**
mit **seinem** klein**en** Kind = mit seinem **Kleinen**

	SINGULAR					PLURAL
	MASKULIN		NEUTRUM		FEMININ	
NOM	ein Unbekannt-e**r**					
	de**r** Unbekannt-e	ein Klein-e**s**		ein**e** Bekannt-e		Erwachsen-**e**

6.4 Adjektiv: Graduierung

→K11:
Ü6 – Ü8

6.4.1 Regelmäßige Graduierung

Adjektive mit -d, -t, -s, -ß, -sch, -z am Wortende:

POSITIV	klein	stark	**–**
KOMPARATIV	klein-er	st**ä**rk-er	**-er-**
SUPERLATIV	der das klein-st-e die	st**ä**rk-st-e	**-st-e**
	am klein-st-en	st**ä**rk-st-en	**-st-en**

POSITIV	weiß	alt	**–**
KOMPARATIV	weiß-er	**ä**lt-er	**-er-**
SUPERLATIV	weiß-est-e	**ä**lt-est-e	**-est-e**
	weiß-est-en	**ä**lt-est-en	**-est-en**

6.4.2 Unregelmäßige Graduierung

POSITIV	gut	groß	hoch	⚠ **gern / lieb**	⚠ **sehr / viel**
KOMPARATIV	⚠ **besser**	größer	⚠ **höher**	lieber	⚠ **mehr**
SUPERLATIV	der das ⚠ **beste** die	⚠ **größte**	⚠ **höchste**	liebste	⚠ **das meiste**
	am ⚠ **besten**	⚠ **größten**	⚠ **höchsten**	liebsten	⚠ **meisten**

→K11:
Ü15 – Ü16,
Ü20 – Ü24

6.4.3 Vergleich

(1) Kleine Geschäfte sind **(genau)so wichtig wie** große.

… „(genau)so" + POSITIV + „wie" …

(2) Im Supermarkt kauft man **billiger als** auf dem Markt.

… KOMPARATIV + „als" …

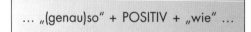

(3) Die Prager Straße ist **die bekannteste** Einkaufsstraße von Dresden.

… BEST. ARTIKEL + SUPERLATIV + SUBSTANTIV

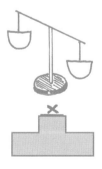

(4) Auf dem Markt kaufe ich **am liebsten**.

… „am" + SUPERLATIV

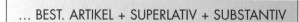
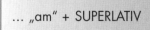

7. Nominale Gruppen

7.1 Nominale Gruppen im Satz

Eine zunehmende **Zahl** junger Akademiker **bekommt** einen **Vertrag** für kurze Zeit.

VERB

SUBJEKT	AKK-ERGÄNZUNG
NOMINALE GRUPPE	NOMINALE GRUPPE

eine zunehmende **Zahl** junger Akademiker

einen **Vertrag** für kurze Zeit

eine zunehmende **Zahl**
↳ junger Akademiker

einen **Vertrag**
↳ für kurze Zeit

7.2 Linksattribute und Rechtsattribute

➜K26:
Ü21 – Ü22

	Situation		
die			
Adjektiv berufliche *Partizip II* veränderte *Partizip I* sich verändernde		der jungen Leute am Arbeitsmarkt , die immer mehr Probleme macht,	*Genitiv-Attribut* *Präpositional-Attribut* *Relativsatz*
links vom Kern: *Linksattribute* ◄	**Kern der nominalen Gruppe**	rechts vom Kern: ► *Rechtsattribute*	

die **Situation**   der jungen Leute   mit Uni-Abschluss   , die eine Stelle suchen, …

KERN	1. *Genitiv-Attribut*	2. *Präpositional-Attribut*	3. *Relativ-Satz*

7.3 Nominale Gruppen mit Partizip II

mit dem **gesparten** Geld zurückkehren

das Ergebnis **gelungener** Jugendarbeit

das **gezeigte** Programm sehen wollen

am **vergangenen** Wochenende

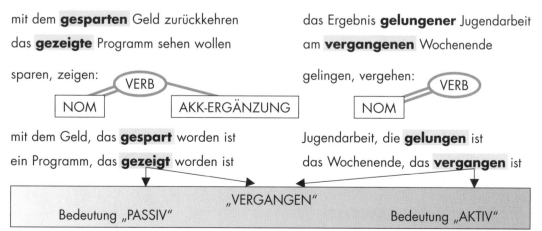

sparen, zeigen:

VERB

NOM	AKK-ERGÄNZUNG

gelingen, vergehen:

VERB

NOM

mit dem Geld, das **gespart** worden ist

Jugendarbeit, die **gelungen** ist

ein Programm, das **gezeigt** worden ist

das Wochenende, das **vergangen** ist

„VERGANGEN"

Bedeutung „PASSIV"   Bedeutung „AKTIV"

→K26:
Ü13 – Ü15

7.4 Nominale Gruppen mit Partizip I

Alarmierende Zahl: 40 000 ohne Lehrstelle!

Unternehmen schulen junge
Akademiker in vorbereitenden Kursen

Weiterführende Schule – und dann?

Frustrierende Jobs für Absolventen

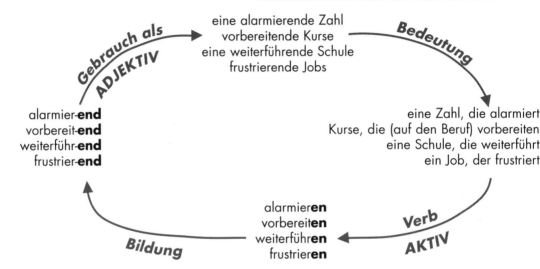

Gebrauch als ADJEKTIV

eine alarmierende Zahl
vorbereitende Kurse
eine weiterführende Schule
frustrierende Jobs

Bedeutung

eine Zahl, die alarmiert
Kurse, die (auf den Beruf) vorbereiten
eine Schule, die weiterführt
ein Job, der frustriert

alarmier-**end**
vorbereit-**end**
weiterführ-**end**
frustrier-**end**

alarmier**en**
vorbereit**en**
weiterführ**en**
frustrier**en**

Verb AKTIV

Bildung

⚠ Das Partizip I wird meistens mit Substantiv (= attributiv) verwendet.
Nur wenige Partizipien I können auch mit **„sein"** (= prädikativ) gebraucht werden:

Nicht möglich: Die Kurse sind vorbereitend.
Die Schule ist weiterführend.

Möglich: Die Zahl ist alarmierend.
Die Jobs sind frustrierend.

7.5 Nominale Gruppen mit Präposition

→K10:
Ü6 – Ü7

7.5.1 Präpositionen: Verwendung

Sabine kommt **aus** Bremen. Sie kann **seit** einem Jahr fliegen. Sie fährt **mit** ihrem Freund **zum** Flughafen. Sie fliegen **mit** dem Flugzeug **nach** Wilhelmshaven. **Vom** Flugzeug haben sie eine schöne Aussicht.

Nach einer Stunde landen sie. Reiner geht es nicht gut **beim** Rundflug. Er hat Angst. „Morgen fliegen wir **in** die Schweiz, **nach** Zürich", lacht Sabine.

NAME OHNE ARTIKEL		SUBSTANTIV MIT ARTIKEL-WORT		
aus Bremen		**seit** ein**em** Jahr		
nach Wilhelmshaven		**mit** ihr**em** Freund		
PRÄPOSITION + NAME		**PRÄPOSITION** + **KASUS-SIGNAL** + SUBST.		

→K10:
Ü18 – Ü19
Ü24 – Ü26

in, an, auf, vor, hinter, über, unter, neben, zwischen

Wohin?

MIT **AKKUSATIV**

Wo?

MIT **DATIV**

7.5.2 Präpositionen: Verwendung von „wegen, trotz, während"

→K22: Ü21 – Ü22

„Ich mache früh am Morgen das Radio an, **wegen** den Nachrichten, sagte die Frau.

Wegen eines Handspiels im Strafraum konnte die Schweiz durch einen Elfmeter ausgleichen.

Die Londoner Polizei sprach **trotz dieser Störung** von einem friedlichen Start der EM.

„Die Wetteraussichten: **Trotz leichten Wolken** im Süden ist das Wetter meist sonnig."

Während der Arbeit sprachen sie kaum.

„Während den Proben streiten wir nie", sagte Susi, „aber manchmal danach".

wegen, trotz, während + GENITIV (meistens geschriebene Sprache)

DATIV (meistens gesprochene Sprache)

7.5.3 Präpositionen: Übersicht

→K12: Ü23 – Ü26

PRÄPOSITIONEN mit ...			
... AKKUSATIV	... DATIV	... AKKUSATIV (wohin?) oder DATIV (Wo?)	... GENITIV oder DATIV
bis	aus	an	wegen
durch	bei	auf	trotz
für	mit	hinter	während
gegen	nach	in	
ohne	seit	neben	
um	von	über	
	zu	unter	
		vor	
		zwischen	

8. Pronomen

→K25: Ü15

8.1 Indefinitpronomen „jemand, niemand"

„Hallo, ist hier jemand?" – Pause.

„Hallo, ist denn hier niemand!?"

„Doch, hier ist schon jemand,

aber ich bin doch kein Niemand!"

NOM	jemand	niemand
AKK	jemand(en)	niemand(en)
DAT	jemand(em)	niemand(em)
GEN	jemandes*	niemandes*

* Genitiv sehr selten!

9. Wortbildung

9.1 Zusammengesetzte Verben: Adverb + Verb

ADVERB + INFINITIV		
weiter-	+ geben lernen	Ich möchte mein Wissen und Können an andere **weitergeben**. Es wird immer wichtiger, im Berufsleben **weiterzulernen**. *weitergehen, weiterfahren, weitermachen, weiterführen, weiterleben*
wieder-	+ geben erkennen	**Geben** Sie die Aussagen aus dem Text **wieder**. Ich habe dich beinahe nicht **wieder erkannt**! *wiederkommen, wieder sehen*
weg-	+ gehen sein	Wer **geht** aus seinem Land **weg**, um Arbeit zu suchen? Als ich zahlen wollte, **war** der Geldbeutel **weg**. *wegwerfen, wegfahren, wegkommen*
los	+ sein gehen	Bei uns **ist** immer etwas **los**! Wann **gehen** Sie von zu Hause **los**?
zurück-	+ gehen denken	Nach einigen Jahren wollte Vera M. wieder **zurückgehen**. Wenn ich an meine Schulzeit **zurückdenke**, dann … *zurück sein, zurückkommen, zurückbringen, zurückschicken*
zusammen-	+ arbeiten kommen	Die „Rot Runners" **arbeiten** mit einer Taxi-Zentrale **zusammen**. Zu Weihnachten gehört für viele, dass die Familie **zusammenkommt**. *zusammen sein, zusammenleben, zusammensitzen, zusammengehören, zusammenpassen*

→K27:
Ü16 – Ü18 ## 9.2 Substantive aus Verben

9.2.1 Tätigkeiten: Substantive vom Infinitiv

Zuerst war **das Malen** nur Susannes Traum.	malen	das Mal**en**
Beim Betrachten der Bilder fällt mir viel ein.	betrachten	beim (= bei dem) Betracht**en**
Die Malerin nimmt Kreiden **zum Zeichnen**.	zeichnen	zum (= zu dem) Zeichn**en**

VERB	→ **„das"** + INFINITIV

9.2.2 Personen: Substantive auf „-er/-erin"

Die Malerin macht selbst Kreiden.	malen	der Mal**er**, die Mal**erin**
Die Besucher fragen die Malerin.	besuchen	der Besuch**er**, die Besuch**erin**
Ein Redner eröffnet die Ausstellung.	reden	der Redn**er**, die Redn**erin**

VERB	→ VERBSTAMM + „**-er, -erin**"

9.2.3 Substantive auf „-ung"

Die Galerie macht **eine Ausstellung**.	ausstellen	die Ausstell**ung**
Es werden **Einladungen** verschickt.	einladen	die Einlad**ung**
Es gibt eine feierliche **Eröffnung**.	eröffnen	die Eröffn**ung**

VERB	→ VERBSTAMM + „**ung**"

9.3 Adjektive

9.3.1 Adjektive aus „un-" + Adjektiv / Partizip II

Manche glauben, Mode ist völlig **unwichtig**.   wichtig   **un**wichtig
Das Reisen mache **unzufrieden**, meinte Elise.   zufrieden   **un**zufrieden
Hier kann man **ungestört** Zeitung lesen.   gestört   **un**gestört

| ADJEKTIV | → **„un-"** + ADJEKTIV |
| PARTIZIP II | → **„un-"** + PARTIZIP II |

9.3.2 Adjektive aus Substantiven + „-lich" oder „-ig"

Was haben Sie bisher **beruflich** gemacht?   der Beruf   beruf**lich**
Was macht Sie in Ihrem Beruf **glücklich**?   das Glück   glück**lich**
Man hat etwas **Sachliches** zu bereden.   die Sache   sach**lich**

| SUBSTANTIV | → SUBSTANTIV + **„-lich"** |

„Ich komme **zufällig** aus diesem Land."   der Zufall   zuf**ällig**
Giftige Stoffe werden ins Meer geworfen.   das Gift   gift**ig**
Das Wetter heute: warm und **sonnig**.   die Sonne   sonn**ig**

| SUBSTANTIV | → SUBSTANTIV + **„-ig"** |

9.3.3 Adjektive aus Verben + „-lich"

Das Ehepaar sieht **nachdenklich** aus.   nachdenken   nachdenk**lich**
Unbeschreiblicher Jubel füllte den Platz.   beschreiben   **un**beschreib**lich**

| VERB | → VERBSTAMM + **„-lich"** |

9.3.4 Adjektive aus Adverbien + „-ig"

Was war Ihre **bisherige** Beschäftigung?   bisher   bisher**ig**
Und was ist Ihre **jetzige** Tätigkeit?   jetzt   jetz**ig**

| ADVERB | → ADVERB + **„-ig"** |

Kapitel 16

Ü1 a) (Vorschlag:) 1. traurig, nachdenklich, unglücklich, ernst; 2. ernst, nachdenklich; 3. fröhlich, locker; zufrieden; 4. wütend, unzufrieden
b) A2, B4, C …, D1/2

Ü2 a) bin … geritten, habe … geträumt, habe … gelesen, bin … gewesen, bin … ausgegangen, bin … gekommen, habe … bekommen
b) Perfekt = „haben" + Partizip II oder „sein" + Partizip II.

Ü3 1. hat, 2. haben, 3. sind, 4. haben, 5. haben, 6. bin, 7. haben, 8. haben

Ü6 a) Ihr habt die wahre Welt zerstört, mich gejagt und mich getrieben, mich belogen und betrogen.
„Reich und schön" ist das neue Gesetz … Ich kann nicht glauben, dass sich alles nur noch um Kohle dreht.
Ich nehm mein Leben in die Hand. Ich geb es nicht mehr her. Nein, nie wieder! Nie mehr! Ich sag: „Nein! Genug ist genug, und ab hier geh ich allein!"

Ü7 Ein Sohn / Eine Tochter sagt: 1, 4, 6, 7;
Ein Vater / Eine Mutter sagt: 2, 3, 5, 8, 9

Ü8 a) Du musst hier bleiben! = Du darfst nicht weggehen!
Du darfst zu dem Konzert fahren. = Du musst nicht zu Hause bleiben.
b) ○ Ja, gut, du darfst / Sie dürfen rauchen.
Nein, du darfst / Sie dürfen nicht rauchen.
○ Na gut, du musst / Sie müssen das nicht machen.
Aber du musst / Sie müssen das machen.

Ü9 a) 1. dass, 2. wenn, 3. wenn, 4. weil, 5. dass, 6. weil
b) richtig: 2., 3., 4.
c) Anfang – Ende – vor – nach – Verb

Ü10 a) und: 5-mal, oder: 2-mal
b) 1. und, 2. oder, 3. und, 4. und, 5. aber, 6. und

Ü12 1. weil, 2. dass, 3. aber, 4. und, 5. oder, 6. Wenn, 7. aber, 8. Denn, 9. und

Ü15 2. war 14. 4. … wollte lange Haare … Zentimeter Mini-rock … 5. … lange Haare … Mini tragen. 6. … eben kurze Haare … 7. Lange Haare …

Ü16 a) (Beispiele:)

	1965	**1971**	**1997**
Musik/ Film	Beatles	Musical „Hair", Jimi Hendrix	Techno, Hip-Hop
Mode	Mini	Mini, Supermini, weite Hosen, Roll-kragenpullover, Blockabsätze	„Multi"-Mode, Farben: grell-bunt oder schwarz
Frisuren	Jungen: lange Haare	Männer: Haare immer länger	Männer: Haare lang oder superkurz

Ü17 Die junge Generation hat nur eines gemeinsam: Jeder und jede ist jung. Die „Jungen" von 15–25 sind sonst ganz unterschied-lich. Es gibt viele verschiedene Gruppen – mit ihrer eigenen Mode, mit eigener Musik, mit speziellen Frisuren. In diesen Gruppen finden junge Leute Identität, Gemeinschaft, Spaß.
Das fehlt ihnen oft in der Familie, in der Schule oder im Beruf.

Ü18 a) 1E: Schickies, 2C: Beauties, 3A: Skinheads, 4B: Punks, 5D: Technos

Ü22 a) Adj. + best. Artikel-Wort: Singular NOM der grüne Pullover, das rote Kleid, die weiße Bluse; AKK den grünen Pullover, das rote Kleid, die weiße Bluse; DAT dem grünen Pullover, dem roten Kleid, der weißen Bluse; Plural NOM/AKK die grünen Pullover/Kleider/Blusen; DAT grünen Pullovern/Kleidern/Blusen.
Adj. + unbest. Artikel-Wort: Singular NOM ein grüner Pullover, ein rotes Kleid, eine weiße Bluse; AKK einen grünen Pullover, ein rotes Kleid, eine weiße Bluse; DAT einem grünen Pullover, einem roten Kleid, einer weißen Bluse; Plural NOM/AKK grüne Pullover/Kleider/Blusen; DAT grünen Pullovern/Kleidern/Blusen

Ü24 a) 1. was für eine, 2. Eine, 3. welche, 4. Welche, 5. Welche, 6. Die, 7. was für, 8. eine, 9. Was für eine, 10. Eine, 11. eine
b) 1. f, 2. r, 3. f, 4. f, 5. f

c) „Was für ein …?" ➔ Antwort mit dem bestimmten Artikel.
„Welche/r/s …?" ➔ Antwort mit dem unbestimmten Artikel.

Ü25 1. Einen weichen, warmen. 2. Für den weißen. 3. Ein langes, buntes. 4. Eine blaue oder eine grüne. 5. Die karierte. 6. Das für 99.90.

Ü27 a) 1B, 2C, 3E, 4A, 5D; 6I, 7J, 8F, 9H, 10G

Ü28 Zustimmung: 2, 4, 7, 8, 9; Zweifel: 1, 3, 6; Ablehnung 5, 10

Ü29 a) die Jugendlichen, die Erwachsenen, die Frauenmode, die Verkäuferin, die Sonnenbrille, die Krawatte, der Badeanzug, der Rollkragenpullover, Konventionen, Kompromisse, das Engagement, protestieren
b) ● Akzeptieren deine Eltern lange Haare? ○ Kein Problem.
● Meine Eltern möchten, dass ich sie abschneide.
○ Tust du das? ● Ich denke nicht daran! ○ Na, viel Glück!

Ü30 a) Freund, sehr, auch, Reise, dagegen – kennen

Ü31 a) ● Sommerkleider – ○ Stock; ● Röcke – ○ Schaufenster;
● Ja, die – ○ Hier, Ecke; ● teuer – ○ preiswert;
● anprobieren – ○ Gerne, Kabine.

Ü32 a) 1. [r], 2. [ɐ], 3. [ɐ], 4. [r], 5. [ɐ], 6. [r], 7. [ɐ]
b) Tür, ihr, Uhr, Friseur, Bäcker, Meer, Bier, Ohr

Ü33 Einen roten Pullover? Einen neuen Rock? Eine schwarze Hose? Eine weiße Bluse? Eine schicke Jacke?

R3 1. dass – Sie – wenn sie; 2. denn – wenn – weil ihre; 3. aber – und

Kapitel 17

Ü2 1. komm mal, 2. denn, 3. schau doch mal, 4. ja nicht mög-lich, 5. spinn, 6. ja, 7. erzähl doch keine Märchen, 8. wirk-lich, 9. mit eigenen Augen, 10. in Ruh, 11. glaub uns doch, 12. nicht er einen Scherz

Ü5 a) zu entspannen, hinzusetzen – hinzulegen, loszulassen – (still) zu sein, zu atmen, zu „träumen", zu erinnern – aufzuschreiben
b) Trennbare Verben: hinsetzen, hinlegen, loslassen, auf-schreiben; nicht trennbare Verben: machen, entspannen, sein, atmen, träumen, erinnern
c) Bei trennbaren Verben steht das „zu" nach dem betonten Präfix.

Ü7 a) 1. zu sitzen, 2. zu reisen, 3. vorbeizufliegen, 4. zu schweben, 5. allein zu sein, 6. zu landen, 7. auszusteigen, 8. spazieren zu gehen, 9. zu begleiten, 10. zu unterhalten
c) Verb: träumen, vorschlagen, beginnen;
Adjektiv + sein: wunderschön sein, eigenartig sein, froh sein;
Substantiv + Verb: Angst haben, Lust haben.

Ü8 2. Ich – ich, 3. Wir – wir, 4. Ich – ich, 5. Ich – ich
b) 1. Ich habe geträumt, mit Lalü ins fremden Planeten ken-nen zu lernen. 2. Ich habe mir vorgestellt, ganz leicht zu sein und zu fliegen. 3. Wir haben beschlossen, zuerst einen Berg anzusehen. 4. Ich war sehr froh, fliegen zu können. 5. Ich war begeistert, so schnell oben zu sein.
c) Subjekt – Nebensatz

Ü11 a) (Beispiele:) Traumland, Traumberuf, Traumfrau/-mann, Traumreise, Traumauto, Traumurlaub, Traumhaus

Ü12 A 6–7, B 10–11, C 14–17, D 19–24, E 22–23, F 35–37

Ü13 a) wollte – sollen: sollte – musste – dürfen: durfte – konnte – mögen: mochte
b) Das o bleibt o. Aus ü wird u. Nach dem Wortstamm kommt immer ein +t-. Aus ö wird o.

Ü14 a) ich wollte, du wolltest, er/sie wollte; wir wollten, ihr wolltet, sie wollten.
b) -e, -est, -e; -en, -et, -en

Ü15 a) 1. und, 2. Aber, 3. weil, 4. wollte 5. wollte, 6. und, 7. wollte, 8. aber/denn, 9. konnte, 10. musste, 11. mochte, 12. und, 13. weil, 14. durfte, 15. sollte, 16. und, 17. oder
b) Wirklichkeit: eine erfolgreiche Frau sein – eine gute Stelle haben – trotzdem nicht zufrieden sein – einen gut bezahlten Job haben – immer im Ferndorf leben – mit 21 heiraten – auch nach ihrer Berufsausbildung nicht nach Südamerika fahren können – zu Hause bleiben und Geld verdienen müssen – ihren Job und das Leben in der Familie nicht mögen – später bei Amnesty International mitarbeiten – sich für Politik

interessieren – nicht so leben dürfen – ihre Freizeit zu Hause verbringen und etwas mit ihrem Mann und ihrer Familie unternehmen sollen
Wunsch: mehr vom Leben wollen – reisen und interessante Menschen kennen lernen – Südamerika kennen lernen

Ü16 1. wird Ärztin, 2. glücklich werden, 3. werdet ... eine Band, 4. werden Millionäre, 5. werde ... schlanker, 6. wirst älter
b) ich werde, du wirst, er/es/sie wird; wir werden, ihr werdet, sie/Sie werden
c) werden + Adjektiv; werden + Substantiv

Ü17 a) A: 1. wird ... perfekt, 2. wird Journalistin, 3. wirst ... vernünftig, 4. wird wütend, 5. wird berühmt, 6. wird eine reiche Frau, 7. werden ... glücklich. – B: 8. wird Mutter

Ü19 a) 1.F: Seid – geworden? 2.E: ist – geworden. 3.G: sind – geworden. 4.B: Bist – geworden? 5.C: ist – geworden! 6.D: ist – geworden? 7.A: bin – geworden.
b) „sein" + „geworden"

Ü20 1. wurd-e, 2. wurd-et, 3. wurd-en, 4. wurd-en – wurd-e, 5. wurd-est, 6. wurd-e

Ü21 a) 1. „Der Froschkönig", 2. „Das tapfere Schneiderlein"

Ü22 Richtig: 2, 4, 6; falsch: 1, 3, 5

Ü23 a) (Möglichkeiten:) 1. aufstehen, 2. bleiben/liegen, 3. schlafen/träumen/lesen, 4. ansehen, 5. machen, 6. mich ausruhen / nichts tun, 7. frühstücken/essen, 8. kennen lernen/treffen, 9. bringen.
c) Modalverben – Infinitiv.

Ü24 a) 2. sehen – kommen, 3. hören – singen, 4. fühlen – hochsteigen, 5. bleiben – stehen, 6. lernen – tauchen, 7. lassen – sinken, 8. kommen – zusehen, 9. helfen – schwimmen, 10. lehren – tanzen
b) fahren und gehen, kommen und bleiben, sehen, hören und fühlen, lassen, helfen, lernen und lehren

Ü26 a) Wie alt möchtest du werden? Wofür bist du deinen Eltern dankbar? Wie viele Freunde hast du zur Zeit? Wie viel Geld möchtest du besitzen? Wen möchtest du nie treffen? Was hast du für einen Traum? Was fehlt dir zum Glück? Was tust du für Geld nicht? Wovor hast du Angst? Was tust du nur für Geld?

Ü27 a) Wochenenden – treffen – Freunden; essen – scherzen – erfinden – Geschichten; reisen – begegnen – interessanten – Menschen; vergessen – Schwierigkeiten – genießen zufrieden; arbeiten; reisen; Schwierigkeiten finden

Ü29 a) geheiratet; Kind; tolle / Erfahrung; sehr; Schule; Länder – Kulturen

Ü30 a) 1D; 2A, D; 3C, D; 4A; 5B, D

Ü31 Haben Sie Kinder? Hast du ein Problem? Brauchst du einen Job?

R3 aufgewachsen, angefangen, kennen gelernt, konzentriert, verdient, genossen, schließen, verlaufen, gefühlt, erfüllen

Kapitel 18

Ü1 Richtig: 1., 4., 6., 7., 10.; falsch: 2., 3., 5., 8., 9.

Ü4 a) 1. meine Großmutter, 2. meine Tante, 3. mein Vater / mein Schwiegervater, 4. meine Enkelin, 5. Großvater – Großmutter, 6. der Bruder / die Schwester, 7. Eltern, 8. der Enkel

Ü5 4 Töchter und 3 Söhne

Ü6 anschaute – gab – sah – ging – kam – traf – traf – stand – sagte – gab – sagte – wusste – liebte – trafen – redeten – dachten – verlobte – war – schickte

Ü7 b) Links: sagte/sagen – redete, redeten/reden – anschaute/anschauen – liebte/lieben – verlobte/verloben – schickte/schicken
Mitte: wusste/wissen – dachten/denken
Rechts: sah/sehen – ging/gehen – gab/geben – kam/kommen – traf, trafen/treffen – stand/stehen – war/sein

Ü8 a) ich: sagte – dachte – sah, du: dachtest – wusstest, er/es/sie: sagte – dachte – wusste – ging – stand, wir: redeten – wussten, ihr: dachtet – wusstet, sie/Sie: dachten – wussten
b) Regelmäßige Verben: ich: -e, du: -est, er/es/sie: -e; wir: -en, ihr: -(e)t, sie/Sie: -en;
unregelmäßige Verben: ich: -, du: -(e)st, er/es/sie: -; wir: -en, ihr: -(e)t, sie/Sie: -en
c) 1. -t oder -et; 2. -t; 3. unregelmäßigen

Ü10 fliegen – flog – ist/hat geflogen, abbiegen – bog ab – ist abgebogen, anbieten – bot an – hat angeboten, gießen – goss – hat gegossen, fließen – floss – ist geflossen, verlieren – verlor – hat verloren, ziehen – zog – hat/ist gezogen, anziehen – zog an – hat angezogen, schließen – schloss – hat geschlossen, erschließen – erschloss – hat erschlossen, schießen – schoss – hat/ist geschossen

Ü11 a) Handlung/Ereignis in der Vergangenheit / einmalig: 1., 3., 6.; Handlung/Ereignis in der Vergangenheit / wiederholt: 2., 5.; Handlung/Ereignis in der Gegenwart/Zukunft: 4., 7., 8.
b) 1. als; 2. wenn, wenn

Ü12 1. Wenn wir wenig Geld hatten, hörten wir oft zu Hause Musik. 2. Wenn wir mit andern zusammen sein wollten, trafen wir uns immer in der Disco. 3. Als ich Nina kennen lernte, hörte ich mit dem Rauchen auf. 4. Als wir einmal auf der Autobahn fuhren, ging uns das Benzin aus.

Ü15 1Bc, 2Ce, 3Gg, 4Ea, 5Df, 6Ab, 7Fd

Ü17 a) (Falsch – richtig:) 1. zugenommen – abgenommen, 2. weniger – mehr, 3. Großfamilie – Kleinfamilie, 4. halbiert – verdoppelt, 5. Abnahme – Zunahme, 6. kürzer – länger, 7. jünger – älter

Ü18 a) 1. zeigt, 2. betrug, 3. verdoppelte / veränderte, 4. betrug, 5. stieg, 6. betrug, 7. verdreifacht, 8. verändert, 9. zeigt, 10. verändert, 11. waren, 12. waren, 13. lebte

Ü20 Richtig: 1., 2., 3., 9., 11.; falsch: 4., 5., 6., 7., 8., 10., 12.

Ü26 c) 1. Perfekt – „haben", 2. Präteritum

Ü29 a/b) Vgl. Lehrbuch, K18, A13

Ü33 a) Spiel; Sprache; reden; verstand; Mann; Zeitung

Ü35 a) „über Stock und Stein"; „Hört die Töne: Löwentöne."

Ü36 Hast du die Zeitung gelesen? (Du) kannst sie haben. Vielen Dank. Gern geschehn!

R4 1. hat sich ... geändert; 2. lebten – halfen – passten ... auf; 3. hatten – fühlten; 3. waren – pflegten – starben; 4. ist

Kapitel 19

Ü3 a) Angst/Sorge: 1, 3, 4, 6, 7, 8; Faszination: 2, 5, 9

Ü4 a) 1. Die Sonne erwärmt das Meer. 2. Durch die Erwärmung verdunstet Wasser, das in Form von Dunst in die Luft steigt. 3. Der Dunst formt sich zu Wolken. 4. Die Wolken steigen in die Höhe auf, wo es kälter ist. 5. Hier kühlen sie sich ab. 6. Die Abkühlung bewirkt, dass es regnet. 7. Das Regenwasser sammelt sich in Bächen, Seen und Flüssen und fließt ins Meer zurück.

Ü5 1.F, 2.A, 3.E, 4.G, 5.B, 6.D, 7.C

Ü7 a) Zuerst einmal ..., Der nächste Punkt: ..., Ich komme zum letzten Punkt: ..., Abschließend ...
b) Ja: 1., 5., 6.; Nein: 2., 3., 4.

Ü8 a) Aktiv: 1. missbraucht, 2. leitet, 3. werfen; Passiv: 1. werden missbraucht, 2. werden geleitet, 3. werden geworfen
b) 2. „werden"

Ü9 Aktiv: 1., 5., 6., 7., 8.; Passiv: 2., 3., 4.

Ü10 1. Präsens, 2. Präteritum

Ü11 a) 2. wird ... geöffnet, 3. ist ... geholt worden, 4. sind ... gewaschen worden, 5. werden ... gereinigt, 6. wurde ... verbraucht, 7. wird ... verbraucht
b) Präsens: 2., 5., 7.; Präteritum: 1., 6.; Perfekt: 3., 4.

Ü12 1. a) Zuerst wurde das Projekt geplant. b) ... ist ... geplant worden. 2. a) Das Thema, die Hauptziele und die Aufgaben wurden bestimmt. b) ... sind bestimmt worden. 3. a) Dann wurde das Projekt durchgeführt. b) ... ist ... durchgeführt worden. 4. a) Die Aufgaben wurden erledigt. b) ... sind erledigt worden. 5. a) Zum Schluss wurde das Projekt bewertet. b) ... ist ... bewertet worden. 6. a) Was wurde gut gemacht? b) ... ist gut gemacht worden?

Ü13 Aktiv: 2. Das Regenwasser liefert auch einen Teil der Energie, die wir verbrauchen. 3. Welche Katastrophen verursacht der Regen? 4. Manchmal zerstören starke Regenfälle Straßen, Brücken und Häuser. 5. Wie messen Wissenschaftler die Menge des Regens?
Passiv: Ein Teil der Energie, die von uns verbraucht wird, wird vom Regenwasser geliefert. 3. Welche Katastrophen werden vom Regen verursacht? 4. Manchmal werden durch starke Regenfälle Straßen, Brücken und Häuser zerstört.

5. Wie wird die Menge des Regens von Wissenschaftlern gemessen?

Ü14 Aktiv: Subjekt + Akkusativ-Ergänzung =
Passiv: Subjekt (+ Ausdruck mit „von"/„durch")

Ü15 a) mussten ... gebracht werden, musste ... eingeliefert werden, konnte ... entlassen werden, konnte ... voraussehen, kann sich ... wenden, muss ... gerechnet werden
b) 2. kann ... wenden, 3. mussten ... gebracht werden, 4. musste ... eingeliefert werden, 5. konnte ... entlassen werden, 6. muss ... gerechnet werden
c) 1. Position 2 – am Ende. 2. „werden"

Ü16 2. In Zukunft muss das Trinkwasser geschützt werden. 3. Gestern konnte die Straße wegen der Überschwemmung nicht befahren werden. 4. Die Fische müssen gerettet werden. 5. In diesem Raum darf nicht geraucht werden. 6. In den letzten Jahren konnte viel für die Umwelt getan werden.

Ü17 a) (Beispiele:) Kaffee machen, Wäsche waschen, Geschirr spülen, die Toilette spülen, duschen, baden, das Auto waschen, Blumen gießen, Wasser verbrauchen, Wasser verschmutzen, Abwasser verursachen.

Ü19 Tut sie: 2., 5., 8.; tut sie nicht: 1., 3., 4., 6., 7.

Ü20 a) Richtig: 1., 5., 7., 9.; falsch: 2., 6., 8.; weiss nicht (im Text nicht erwähnt): 3., 4., 10.
b) Radio Megaband, „Das heiße Thema", Postfach 34821, 04159 Leipzig

Ü23 a) 1. Herr Hansen = Herr Hansen, 2. Politiker ≠ die Leute, 3. man ≠ unsere Kinder, 4. wir = (wir)
b) 3. damit; 4. um
c) Gleiches Subjekt = „um"; verschiedene Subjekte = „damit"

Ü24 1. Rotkäppchen brachte der Großmutter etwas zum Essen, damit sie gesund wurde. 2. Rotkäppchen ging zu Fuß, um Benzin zu sparen. 3. Der Wolf war im Bett, damit Rotkäppchen ihn nicht erkennen konnte. 4. Er trug eine Bettmütze, damit ihm nicht kalt wurde. 5. Der Wolf hatte große Ohren, um das Rotkäppchen besser hören zu können. 6. Der Wolf hatte große Zähne, um das Rotkäppchen besser fressen zu können.

Ü26 a) 1., 5., 7., 10.

Ü27 a) ess-en, die Lös-ung, bedroh-en, schütz-en, fließ-en
b) 1. Leben, 2. Bedrohung, 3. Verschmutzung, 4. Sterben, 5. Erwärmung, 6. Schutz

Ü28 b) 1. Die Industrie produziert nicht umweltbewusst genug, sodass die Umwelt kaputt geht. 2. Die Luft ist so schlecht, dass die Kinder oft Husten haben. / Die Luft ist schlecht, sodass ... 3. Man verbraucht zu viel Wasser, sodass es knapp wird. / Man verbraucht so viel Wasser, dass ... 4. Das Wasser wird von der Sonne erwärmt, sodass es verdunstet. 5. Fast alle Leute kaufen sich ein Auto, sodass es immer mehr Autos auf den Straßen gibt. 6. Der Wirtschaft geht es schlecht, sodass die Menschen weniger an die Umwelt denken.

Ü30 a) Heizt ihr schon mit Son̲nenenergie? Ist das teu̲er? Könnt ihr euch das leis̲ten? Ist das sehr̲ kompliziert? Ist es bei euch im Winter kal̲t? Oder ist es nur feu̲cht? Habt ihr oft Schn̲ee? Und gibt es manchmal Ei̲s?

Ü35 Bitte einsteigen! Immer langsam! Türen schließen! Entschuldigung!

R2 A: Müll wird gesammelt, getrennt, reduziert, (zum Teil) wieder verwendet; Energie wird gewonnen, gespart. B: Abgase werden reduziert, gereinigt; der Verkehr wird verbessert; Busse und Bahnen werden billiger gemacht, verbessert; das Auto wird teurer gemacht, verbessert; auf einigen Straßen wird der Verkehr reduziert, verboten; bestimmte Abgase werden verboten.

Kapitel 20

Ü1 a) 1. an das – in/von, 2. in – in, 3. in/von, 4. an die
b) A: Woran denkst du? C: Was siehst du (vor dir)? D: An wen erinnerst du dich?

Ü2 A ⑦, B ⑧, C ②, D ⑥, E ①, F ④, G ③, H ⑤

Ü3 a) 2. fragen, 3. schnell, 4. schreiben, 5. die Insel, 6. teuer, 7. der Berg

Ü6 a) 3. fragt, wie spät; 4. fragte, wer – woher; 5. wissen, ob – wie lange – wie oft; 6. erzählt, warum; 7. beschreibe, wie; 8. erzählen, was – wofür; 9. gefragt, wozu; 10. erklärte, wie alt – wem; 11. erinnern, worüber; 12. wußten, wohin.

b) fragen, erzählen, beschreiben, erklären
c) Personen: NOM wer?, DAT wem?, Sachen: wofür?, worüber?; Zeit: wie lange?, wie oft? Qualität, Quantität, Umstände: wie spät? wie alt? Position, lokale Angabe: woher?, wohin? Begründung: (Grund) warum?, (Zweck) wozu? Entscheidungsfrage: ob

Ü7 2. ob, 3. was, 4. wie viel, 5. wie teuer, 7. warum, 9. wie lange, 10. worauf

Ü9 a) Honda, die; Urlaub, den; Dorfes, in dem; Insel, auf der; Leute, die; Straßen, auf denen; Unfall, bei dem

b)

	Singular			Plural
	Maskulin	Neutrum	Feminin	
NOM	der	das	die	die
AKK	den	das	die	die
DAT	dem	dem	der	denen

c) Dativ Plural – „denen"

Ü10 a) 1. Das Foto, das Sie hier sehen, ...
Die Honda, mit der wir über die Insel fuhren, ...
Der Urlaub, den wir ... verbracht haben, ...
Wie heißt das Dorf, in dem Ihr gewohnt habt?
Die Leute, die hier leben, ...
die Touristen, mit denen wir Kontakt hatten.
b) Artikel, Verb

Ü11 1. Siehst du den Mann, der da vorn steht? 2. Wie heißt dein Freund, dem ich mein Motorrad gegeben habe? 3. Das Restaurant, in dem wir jeden Tag gegessen haben, war sehr gemütlich. 4. Die Freunde, mit denen wir in den Ferien waren, kommen aus der Türkei. 5. Die Autorin, die diesen Artikel geschrieben hat, ist Journalistin. 6. Hast du den Artikel schon gelesen, den ich dir gestern gegeben habe? / Hast du den Artikel, den ich dir gestern gegeben habe, schon gelesen? 7. Die Fotos, die wir in den Ferien gemacht haben, kannst du morgen holen. 8. Die Flugzeuge, die täglich auf der Insel landen, machen viel Lärm. 9. Erinnerst du dich an das Museum, das immer geschlossen war? 10. Die Ferien, auf die wir uns so gefreut haben, waren eine Katastrophe!

Ü12 a) A7, B6, C5, D2, E4, F3
b) Reisebild 1

Ü13 a)

	Heinrich Heine
Geburtsdatum/ Geburtsort	1797/Düsseldorf
Eltern	jüdische Eltern
Schule	Gymnasium, Handelsschule
Ausbildung	Jurastudium
Beruf	Jurist, Schriftsteller, Journalist
Wohnorte/Auslandsaufenthalte	Düsseldorf, Hamburg, München, Berlin, Paris/Frankreich, Reisen durch Europa
Todesdatum/Ort	1856/Paris

Ü16 a) 1. die Stadt, in der; 2. Paris, wohin; 3. Zürich, wo; 4. Westdeutschland, woher; 5. die Stadt, in der; 6. Orte, wohin; 7. Der Berg, auf dem; 8. eine Gegend, in die
b) „wo": 1, 3, 5, 7; „woher": 4; „wohin": 2, 6, 8.
c) „wo", „woher", „wohin"; Präposition

Ü17 1. aus der, 2. wo / in denen, 3. wo / in dem, 4. wo / auf der, 5. wo / in dem, 6. wo / auf der, 7. wohin, 8. wo / in dem, 9. wohin / in das, 10. wohin / in das

Ü19 a/b) 1. Wo kann ich hier Geld wechseln, bitte? – Bank. 2. Nehmen die da auch Schecks? – Bank. 3. Was kostet denn eine Postkarte nach Griechenland? – Post. 4. Und können Sie mir sagen, wo ich telefonieren kann? – Post. 5. Was kann ich für Sie tun? – Polizei. 6. Und wann ist das passiert? – Polizei. 7. Und wo war das? – Polizei. 8. Haben Sie Waren bei sich? – Zoll.

Ü20 a) (Vorschläge:) 1. Straße/Büro/Post/Bank/Polizei/Zoll,
2. Post, 3. Polizei/Schule/Firma, 4. Zoll/Polizei (Fahrzeugkon-
trolle), 5. Bank/Polizei/Zoll, 6. Post/Telekom, 7. Polizei/Zoll

Ü21 a) 1. ein Bleistift, 2. ein Glas / eine Tasse / eine Flasche,
3. ein Tischtennisball / Federball, 4. eine Palme, 5. Leim/
Klebstoff/Klebeband, 6. eine Schere

Ü22 a) 1. Heute, 2. Gedicht, 3. Kaléko, 4. gelesen, 5. ein

Ü23 a) 1. Korsika – Kreta; 2. Italienisch – Spanisch;
3. Brecht – Frisch; 4. Fahrrad – Zug; 5. Camping – Hotel;
6. Frühling – Herbst

Ü25 a) Lassen Sie den Alltag hinter sich! Machen Sie einen
Aktivurlaub, bei dem Sie Zeit finden, die Schönheiten der
Natur ohne Hektik zu genießen. Wir bieten Ihnen drei
Radtouren – ideal als Auftakt oder Abschluss Ihres Urlaubs.
Wir machen es Ihnen leicht mit Gepäcktransfer, Leihrad,
perfekter Routenwahl auf ebenen, wenig befahrenen Straßen
oder Radwegen. Eine Woche lang radeln Sie täglich
3 bis 4 Stunden ohne Anstrengung dahin, besichtigen viel
Interessantes, und abends lassen Sie den Tag im Weinlokal
oder Biergarten ausklingen. Unsere Touren sind problemlos
für Durchschnittsradler.

R4 der, woher, wohin, das, das, ob, ob, die, die, wo

Kapitel 21

Ü2 a) ① Museum, die Skulptur, der Baum, der Park, … ② die
Fußgängerzone, die Terrasse, das Straßencafé, der Sonnenschirm, die Gasse, das Geschäft, das Zentrum, … ③ der Parkplatz, die Haltestelle, der Turm, das Auto, der Platz, die Kirche,
das Zentrum, … ④ der Wohnblock, die Straße, die Siedlung, das Viertel, die Autobahn, die Wolken, der Stadtrand,
… ⑤ die Kreuzung, die Disco, die Ampel, der Zebrastreifen,
der Gehsteig, die Ecke, das Verkehrsschild, die Haltestelle, der
Baum, … ⑥ die Altstadt, der Fluss, die Brücke, der Hügel, der
Wald, das Zentrum, die Stadtmauer, der Turm, das Ufer, …

Ü3 a) 1. würde, 2. machen, 3. würde, 4. essen gehen, 5. würdest,
6. würde, 7. interessieren, 8. würde, 9. würde, 10. tun

Ü4 a)

Präteritum		Konjunktiv II	
ich	wurde	ich	würde
du	wurdest	du	würdest
er/es/sie	wurde	er/es/sie	würde
wir	wurden	wir	würden
ihr	wurdet	ihr	würdet
sie/Sie	wurden	sie/Sie	würden

b) Präteritums, „würd-"

Ü7 b) ① Freiburg/Fribourg → Deutsch/Französisch/Sprach-
grenze → 800 Jahre alt → 35 000 Einwohner → Altstadt /
Kathedrale / alte Häuser → soziale Situation im Mittelalter
→ die Armen: Unterstadt, die Reichen: Oberstadt
② neuere Stadtteile 19. und 20. Jahrhundert → Wirtschaftliches Zentrum: Banken, Geschäftshäuser → Bahnhof → Vergrößerungen in den letzten (25) Jahren → Westen und
Osten: Wohnsiedlungen, Norden: Industrie, Süden: mit Dorf
zusammengewachsen → ③ Verkehrsproblem dringend lösen:
außerhalb (wohnen) – Auto, Arbeit, einkaufen, Kino, Theater
→ 1. Wunsch: Menschen mehr Zeit, eigene Stadt zu
entdecken → 2. Wunsch: Deutschsprachige und Französisch-
sprachige – miteinander über Wichtiges an dieser Stadt
sprechen

Ü10 a)

	Hamburg	Chur	Mariazell
Lage	Elbe/ Nordsee	am Rhein, Berge	hohe Berge
Einwohner	1,8 Mio.	35000	2500
Verkehr	Seehafen, Flughafen	Autobahn	nur Bus
Wirtschaft	Wirtschafts- zentrum in Nord- deutschland-	Wirtschafts- zentrum des Kantons Graubünden	keine Industrie, Fremden- verkehrs- zentrum
Kultur	Museen, Uni, Hoch- schulen, Oper, großes kulturelles Angebot	Stadttheater, Theologische Fakultät, dreisprachig	Wallfahrts- ort, gotisch- barocke Kirche, Statue 12. Jahrhundert
Freizeit	Stadtpark, Tierpark, St. Pauli	Berge Theater	Wander- wege, Gaststätten
Tourismus	Kultur, St. Pauli	Winter- tourismus, verkehrsfreie Innenstadt	Fremden- verkehrs- zentrum, Winter- und Sommer- tourismus

Ü11 a) A: 2, 5, 6; B: 1, 8, 9, 10, (11); C: 3, 4, 7, 8, 10, 11
c) 1. wär-en – könnt-en, 2. wär-e – würd-e, 3. wüßt-e – sollt-e,
4. sollt-en – hätt-en – könnt-en, 5. wär-e – wollt-e – würd-e,
6. Hätt-en – könnt-e, 7. müßt-en, 8. möcht-e, 9. sollt-e,
10. wär-e – müsst-et – könnt-et, 11. hätt-et – hätt-en – dürft-e

Ü12 a) sein: wir wär-en, er/es/sie wäre, ich wäre; haben:
sie/Sie hätten, ihr hättet, wir hätten; werden: ich würde;
wissen: ich wüsste; müssen: wir müssten, ihr müsstet; können:
wir könnten, sie könnten, man könnte, ihr könntet; sollen: ich
sollte, sie sollten; wollen: ich wollte; dürfen: ich dürfte; mögen:
ich möchte
b) Präteritum, Infinitiv

Ü13 a) 1. Fast alle würden am liebsten in der Altstadt wohnen.
2. Aber viele würden auch gern in einer modernen Wohnung
mit Terrasse am Stadtrand leben. 3. Am liebsten hätten alle
einen Garten mit Bäumen vor dem Fenster. 4. Am liebsten
würde jeder sein Auto vor seiner Haustüre parken. 5. Fast
jeder könnte eine größere Wohnung brauchen .

Ü14 a) Donat: 21 Jahre, aus St. Blasien (Deutschland), lebt dort
mit 4 Geschwistern auf dem Bauernhof seiner Eltern.
Patricio: 23 Jahre, aus Santiago (Chile), mit 8 Jahren ausge-
wandert, zweite Heimat: Zell (Deutschland).
b) (Beispiel:) Für Donat ist Heimat der Ort, an den man sich
gewöhnt. Unter Heimat versteht Patricio: die eigenen vier
Wände so einrichten, dass man sich dort daheim fühlt.

Ü15 Fragen im Konjunktiv: Wie wäre es zum Beispiel, wenn du
wie der 21-jährige Donat aus St. Blasien stammen würdest?
Wie wäre es, wenn du wie der 23 Jahre alte Patricio aus der
chilenischen Hauptstadt Santiago kommen würdest?
Fragen im Indikativ: Wo ist das überhaupt, meine Heimat?
Ist Heimat nur Sehnsucht nach einem Ort, an dem ich mich
wohl fühle?

Ü18 a/b) Maskuline Substantive (Personen): der Mensch, der Junge, der Herr, der Student, der Bauer, der Nachbar, der Kollege, der Tourist, der Franzose, der Deutsche;
Maskuline Substantive auf -e: der Junge, der Kollege, der Franzose, der Deutsche;
Maskuline internationale Wörter auf -ent / -ant / -ist / -at:
der Student, der Tourist
d) „-en" oder „-n"

Ü20 1. wäre – müsste, 2. wäre – würde/könnte, 3. würden –
wäre, 4. würde/müsste – könnte, 5. müsste, 6. wäre – würde

Ü21 Befehl: 3 (unhöflich), Bitte: 2 (höflich), Frage: 1 (höflicher),
höfliche Frage: 4 (am höflichsten)

Ü23 d) Allensbach – in – Altstadt; Im – Mittelalter – Armen – in –
Unterstadt – und – in – Oberstadt; im – Osten – außerhalb;
Auto – Arbeit – und – Einkaufen; in – Altstadt – ist – aber –
immer – attraktiv; Am – Abend – und – Alt – im – am

Ü24 a) 1. [e:], 2. [ø:], 3. [e:], 4. [e:], 5. [ø:], 6. [ø:], 7. [e:]
b) 1. [ø:], 2. [œ], 3. [œ], 4. [ø:], 5. [œ], 6. [ø:], 7. [ø:]

Ü26 Gehen wir in die Stadt? Tut mir leid. (Das) macht nichts!

Kapitel 22

Ü1 a) 4., 6.
   b) 1. Knopf drücken, 2. Geld einwerfen, 3. Fahrkarte entwerten

Ü3 a) 1F, 2A, 3E, 4D, 5B, 6C

Ü9 a/b) Grund: 1, 3, 5 – Konjunktion „weil"
   Gegengrund: 2, 4, 6 – Konjunktion „obwohl"

Ü10 a) 1. weil, 2. obwohl, 3. weil, 4. obwohl, 5. Obwohl, 6. obwohl

Ü11 informativ/banal, ernst/leicht, objektiv/subjektiv, spannend/langweilig, sympathisch/unsympathisch, entspannend/anstrengend, lustig/traurig, kritisch/unkritisch, interessant/uninteressant, modern/altmodisch, aktuell/veraltet, stark/schwach, intelligent/dumm, klug/blöd, brav/frech, fiktiv/real, fantasielos/fantasievoll, locker/steif

Ü16 1. Wir haben einander schon lange nicht mehr gesehen. 3. Habt ihr einander gut verstanden? 4. Wir haben einander am Anfang einfach geholfen. 6. Sie haben einander vor zehn Jahren kennen gelernt. 8. Wir schreiben einander mit der elektronischen Post Briefe, sogenannte E-Mails.

Ü17 a) Lottozahlen: 8 – 12 – 16 – 20 – 28 – 41, Zusatzzahl: 22. „Superzahl": 3. „Spiel 77": 4 – 8 – 0 – 3 – 7 – 6 – 5. „Super 6": 3 – 5 – 2 – 8 – 3 – 0.
   b) 2., 3., 5.
   c) Schüler – anders – trotzdem – motivierter – effektiver – multimediales – Klassenzimmer – Schule – Perspektiven

Ü18 a) 1.C, 2.A, 3.D, 4.B

Ü19 a) ① E, I; ② G, A; ③ D, F, B; ④ C, H

Ü20 Präpositionen zu „wo?": im, in, an, unter;
   Präpositionen zu „wann?": (Uhrzeit) um, (Tag) am, (Monat/Jahr) im;
   Präpositionen zu „warum?": (Grund) wegen, (Gegengrund) trotz

Ü21 a) 2. trotz -m, 3. trotz -n, 4. trotz -s, 5. wegen -m, 6. wegen -s, 7. trotz -m
   b) gesprochene Sprache: Satz 3, 5, 7 + DATIV; geschriebene Sprache: Satz 1, 2, 4, 6 + GENITIV/DATIV.

Ü22 1. wegen, 2. trotz, 3. wegen – wegen, 4. trotz, 5. trotz

Ü23 a) 1. Darum/Deshalb/Deswegen, 2. trotzdem, 3. darum/deshalb/deswegen, 4. Trotzdem, 5. Deshalb/Deswegen/Darum
   b) Hauptsätze: Position 2, Nebensätze: Ende
   c) Anfang

Ü24 a) 1. Was ist das? 2. Das ist eine Maus. Damit kann man dem Computer Befehle geben. Schau mal . . . 3. Aber weshalb nennt man die Maus „Maus"? 4. Deshalb! 5. Und warum antwortest du nur mit „deshalb"? 6. Weil mir deine Fragerei auf den Wecker geht. 7. Weshalb denn?

Ü31 Möchtest du nicht mitfahren in die Schweiz? Was gibt es denn da? Eine Party bei Peter in Basel.

Kapitel 23

Ü1 a) 1. richtig, 2. richtig, 3. falsch, 4. richtig
   b) Lesen: 35 Minuten, Hören: 10–15 Minuten, kommunikative Aufgaben: 5 Minuten, mündlich: 10 Minuten.

Ü10 (Ü4:) 1. –, 2. +, 3. +, 4. +
   (Ü5:) 1. –, 2. +, 3. –, 4. –, 5. +
   (Ü6:) 1. +, 2. +
   (Ü7:) 1. +, 2. –, 3. –, 4. –
   (Ü8:) 1. +, 2. –, 3. –, 4. +
   (Ü9:) 1. +, 2. –, 3. +, 4. –, 5. –, 6. +

Ü11 b) 1. c), 2. b), 3. a), 4. b), 5. a), 6. c), 7. a), 8. b), 9. a), 10. c), 11. b), 12. a), 13. b), 14. c), 15. a)

Ü17 a) Hören: C, G; Lesen: A, D; Schreiben: F, I; an Gesprächen teilnehmen: B, K; zusammenhängend sprechen: E, H

Kapitel 24

Ü1 1. großen Küche; 2. Schränke, Nummern; 3. Gesicht zur Wand; 4. jeder für sich; 5. Arbeiterwohnheim, für sich allein; 6. Gastarbeiter; 7. im Ausland; 8. Schwarzweiß-, Kontraste; 9. zusammen, doch, allein; 10. verloren, fremden

Ü2 a) Foto ①: das Kreuz, arbeiten, die Schaufel, die Baustelle, das Verkehrsschild
   Foto ②: das Kopftuch, der Fernseher, das Wohnzimmer, der Teppich, die Teekanne
   Foto ③: die Fabrik, arbeiten, das Kopftuch

Ü3 (Vorschlag:) der Gast: das Gästezimmer, einladen, der Freund, zu Besuch kommen, besuchen, begrüßen, ein Geschenk mitbringen, sich freuen, die Musik, kochen; der Arbeiter: arbeiten, der Stress, die Arbeitszeit, der Lärm, das Werkzeug, der Lohn, verdienen, die Fabrik, der Kollege, die Wirtschaft

Ü4 a/b) (der) Ausländer, (der) Flüchtling, (der) Tourist, (der) Gast, (die) Arbeiterin / (die) Gastarbeiterin, (der) Besucher, (die) Bürgerin / (der) Einheimischer / (der) Einheimische, (der) Einwanderer, (die) Bevölkerung, (die) Emigrantin; (das) Asyl, (der) Antrag / (der) Asylantrag, (der) Aufenthalt, (die) Bewilligung / (die) Aufenthaltsbewilligung, (das) Recht, (das) Gesetz, (der) Gast, (das) Land / (das) Gastland, fremd, (die) Sprache / (die) Fremdsprache, (das) Heim / daheim, aus, (das) Land / (das) Ausland, unterwegs, (die) Flucht, (das) Exil, (die) Mutter, (die) Sprache / (die) Muttersprache, (der) Staat

Ü6 a) 1: Touristen, 2: Einheimische
   b) ungleich, im Gegensatz zu, normalerweise, meistens, gleich, ähnlich, anders, im Unterschied zu

Ü8 b) 1. waren ... gewesen, 2. Nachdem ... bekommen hatten, 3. Nachdem ... gearbeitet hatten, 4. Sobald ... gefunden hatten, 5. Als ... gewöhnt hatten
   c) „haben" – „sein" – Partizip II; „nachdem", „sobald", „als" – „früher", „vorher"

Ü9 1. klingelte, 2. war, 3. geöffnet hatte, 4. sah, 5. gekommen war, 6. anzog, 7. gewünscht hatte

Ü10 a) (Vorschlag:) 1957 kam Herr Lanari mit seinem Schwager in die Schweiz und fand Arbeit bei (der Firma) Landis & Gyr. Nachdem Carlo Lanari Arbeit gefunden hatte, folgte auch Laura Lanari ihrem Mann (in die Schweiz). Nachdem sie in die Schweiz gekommen war, wurde ihr Sohn Roberto geboren, vier Jahre später ihre Tochter Paola. Nachdem Carlo Lanari bis 1992 bei Landis & Gyr gearbeitet hatte, kehrte er nach Italien zurück. Die Kinder blieben (in der Schweiz). Zwei Jahre, nachdem Carlo Lanari nach Italien zurückgekehrt war, heiratete (sein Sohn) Roberto in der Schweiz.

Ü14 a) 1a gut – 1b gar nicht; 2a weil ... nicht – 2b obwohl; 3a weniger – 3b mehr; 4a seltener – 4b öfter.
   b) 1b, 2b, 3a, 4b

Ü15 richtig: 3, 4, 6, 7; falsch: 1, 2, 5

Ü16 1b, 2a, 3b, 4b, 5a, 6b, 7a, 8b, 9a, 10a

Ü18 9 – 4 – 3 – 1 – 5 – 6 – 10 – 8 – 7 – 2 – 11

Ü19 1. 'nem goldenen Adler, 2. oft die Haare, 3. hab ich, 4. niemals, 5. europäischem, 6. mit dem Zug, 7. sich ausweisen, 8. beweisen, 9. seine Sprache, 10. so blass, 11. die Ideen, 12. so richtig deutsch

Ü20 a) 1F, 2G, 3C, 4D, 5B, 6A, 7E

Ü21 a/b) A2, B3, C5, D1, E4, F6, G8, H7

Ü25 Neunzehn|hundert|sechzig|bin ich|aus Sizilien|nach Deutschland|gekommen.||Meine Familie|ist zunächst|in Sizilien|geblieben.||Ich habe in Deutschland|viel mehr Geld|verdient|als in Italien.||Aber|es waren|auch schwere|Jahre.|| Ich hatte|keine Freunde||und meine Familie|hat mir auch|sehr gefehlt.||Es war für mich|nicht leicht,||die deutsche|Sprache|zu lernen.||Noch heute|habe ich|ab und zu|Probleme|mit der Grammatik.||Im Urlaub|bin ich|immer|nach Italien|gefahren.||Neunzehn|hundert|achtund|sechzig|sind dann meine Frau|und die Kinder|nach Deutschland|gekommen.||Nun|war die Familie|wieder vereint.||Die Kinder|kamen|in eine deutsche|Schule.||Sie sprechen heute|besser Deutsch|als ich|und meine Frau . . . ."||

Ü26 a Liebe Christine,| lieber Hans,|
   ich schicke Euch|viele Grüße|aus der Türkei.||Ich besuche hier|meine Großeltern.||Ich habe sie|seit zwei Jahren|nicht gesehen.||Sie freuen sich,|dass ich sie besuche.||Sie sehnen sich sehr|nach ihren Kindern|und Enkeln|in Deutschland.||Hier

gehe ich | häufig | mit meinen Verwandten | baden. || Wir unter-
halten uns, || sie erzählen mir | von ihrem Leben | in der Türkei, ||
und ich erzähle ihnen | von Deutschland. ||

In der Türkei | gefällt es mir | sehr gut, || aber ich möchte hier |
nicht immer leben. || Ich habe hier | keine Freunde | und
spreche | die türkische Sprache | nicht sehr gut. || Aber die Leute |
sind sehr herzlich hier. ||

In drei Wochen | sehen wir uns wieder! || Bis dahin! ||

Euer Ahmet

Kapitel 25

Ü3　a) Text ②
　　b) 1. üblich, 2. günstig, 3. prima, 4. nicht, 5. klein, 6. Beruf,
　　7. nicht
Ü7　a) Ulli Steiner: 1., 4., 5.; Judith und Thomas: 2., 3.
Ü8　1. -e, 2. -en, -(e)s, 3. -es, 4. -(e)s, -em, 5. -e, -em, -en, 6. -e,
　　7. -es
Ü9　ein Drittel – jeder/-es/-e Dritte – einer/-es/-e von drei;
　　ein Viertel – jeder/-es/-e Vierte – einer/-es/-e von vier;
　　ein Fünftel – jeder/-es/-e Fünfte – einer/-es/-e von fünf
Ü10　ungefähr: (1) – (4) ca./circa/zirka, etwa, um, rund;
　　weniger als: (5) – (8) fast, beinahe, unter, knapp;
　　mehr als: (9) – (10) gut, über
Ü11　a) richtig: 1, 3; falsch: 2, 4, 5, 6, 7
　　b) 2. Ca. die Hälfte der Haushalte bestand aus 5 und mehr
　　Personen. 4. Gut/Über ein Fünftel / Mehr als ein Fünftel wohn-
　　te allein oder mit einer Person zusammen. 5. Heute wohnt in
　　Deutschland gut/über ein Drittel / mehr als ein Drittel der Leute
　　allein. 6. Fast jeder dritte Bewohner / jede dritte Bewohnerin
　　lebt zu zweit. 7. Fast/Beinahe/Knapp jede fünfte Person ....
Ü13　Ablehnung: 1, 3; Zustimmung ohne Bedingung: 5, 8, 9, 10;
　　Zustimmung mit Bedingung: 2, 4, 6, 7
Ü15　a) würde ... tun, wäre, wüsste, täte, ginge, wären, wüssten,
　　nähmen, müsste ... verzichten
　　b) wusst-e / wüsst-e, musst-e / müsst-e, nahm- / nähm-e –
　　ging- / ging-e, tat- / tät-e;
　　Konjunktiv II = Präteritum-Stamm + Umlaut bei a/o/u + ...
Ü19　a) 1. die Disco, 2. herzliche Gratulation, 3. aufgehe
Ü20　a) (Vorschlag:) der Weihnachtsmann, die Nuss, die Glocke,
　　der Weihnachtsbaum; den Sack tragen, die Dose öffnen,
　　die Schale mit Weihnachtsgebäck füllen, den Adventskranz/
　　Weihnachtsstern schmücken, die Laterne anzünden
Ü21　a) 1. Mann –, 2. Frau: +, 3. Mann: –
　　b) 1. fährt in Urlaub (in den Süden / in die Sonne); 2. isst
　　gut, liest und spielt, (genießt die Zeit zum Lesen und Spielen);
　　3. bleibt allein, liest viel und sieht fern
Ü22　(Vorschlag:) ☺Familie mit Kindern zusammen / gemeinsam
　　feiern / essen und trinken – Geschenke / Bescherung – Weih-
　　nachtsdekoration – Weihnachtsgebäck – schulfreie Tage – Zeit
　　zum Spielen – viele Süßigkeiten – spannendes Fernsehpro-
　　gramm – totale Ruhe
　　☹ kommerzielle, unfeierliche, laute, nervige Zeit –
　　Enttäuschungen – Theater und Museen geschlossen –
　　Straßen wie ausgestorben – Einsamkeit
Ü23　a) Wer? der Fremde, das Kleine, die Liebe, die Alten.
　　Wem? dem Fremden, dem Kleinen, der Lieben, den Alten.
　　Wen? den Fremden, das Kleine, die Liebe, die Alten.
　　Wessen? des Fremden, des Kleinen, der Lieben, der Alten
　　b) die gleiche Endung
Ü24　a) 1. -en, 2. -en, 3. -e, 4. -es, 5. -e, 6. -e, 7. -es, 8. -er, 9. -e,
　　10. -er, 11. -er, -e, 12. -er, -en, 13. -en, 14. -er
Ü25　1. der, 2. die – welche, 3. denen, 4. ein(e)s – Das, 5. Die,
　　6. Den
Ü26　Singular: keiner, keine, kein(e)s, keinen, keinem; jeder, jedes,
　　jede, jeden, jedem; einer, ein(e)s, eine, einen, einem.
　　Singular oder Plural: keine, keinen, keiner.
　　Plural: welche, welchen, welcher; beide, beiden, beider;
　　alle, allen, aller.
Ü27　1. -e(r), -e(r); 2. -(e)s, (e)s; 3. -e, -en; 4. -er, -e; 5. -e, -(e)s;
　　6. -e, -e; 7. -e, -e
Ü29　a) 1.b), 2.a), 3.b), 4.a)

Ü31　a) Peter: „Als Schüler haben wir in den Osterferien immer mit
　　Freunden eine Radtour gemacht, während sich unsere Eltern
　　irgendwo in den Bergen erholten. Das Klima ist zu Ostern
　　ideal für Radtouren, wenn es nicht gerade regnet. Einmal
　　sind wir mit den Rädern bis nach Paris gefahren. Das war
　　unsere schönste Reise, und wir werden sie nie vergessen!"
Ü32　a) Claudia: „Bei deiner Erzählung | kann man richtig | neidisch
　　werden. || Unsere Eltern | haben uns | solche Radtouren | nie
　　erlaubt! || Wir mussten Ostern | immer alles | mit ihnen zusam-
　　men | machen. || Dabei | war der Gottesdienst | besuch | besonders
　　wichtig, || aber auch | die vielen | gemeinsamen | Essen! || Am
　　Karfreitag | gab es | immer Fisch. || Und am Ostersonntag | aßen
　　wir | zusammen | mit unseren Onkels | und Tanten | in einem
　　Restaurant." ||
Ü34　1. wichtiges Fest – viele Geschenke – alle unsere Freunde –
　　die ganze Familie – bei der festlichen Bescherung – den
　　ganzen Tag – jede Menge Süßigkeiten – viel Zeit zum
　　gemütlichen Kaffeetrinken und zu langen Spaziergängen –
　　einen spannenden Krimi – überhaupt nicht gefallen.

　　2. ein wichtiges Fest – viele Geschenke – alle unsere Freunde
　　– die ganze Familie – bei der festlichen Bescherung – den
　　ganzen Tag – jede Menge Süßigkeiten – viel Zeit zum gemüt-
　　lichen Kaffeetrinken und zu langen Spaziergängen – einen
　　spannenden Krimi – überhaupt nicht gefallen.

Kapitel 26

Ü6　a/b) auswendig lernen (H. Langen) – Hausaufgaben machen
　　(I. Weil) – gute Noten bekommen (J. Hamburger) – Angst ha-
　　ben (H. Langen) – Prüfungen schreiben (I. Weil) – den Kopf
　　vollstopfen (J. Hamburger) – die Schule wechseln (—) – nach
　　der Meinung fragen (Esther J.) – in die 9. Klasse gehen
　　(I. Weil)
Ü7　a) 2. gekonnt haben – haben ... stehen müssen; 3. haben ...
　　gehen dürfen; 4. ... habe gewollt; 5. habe ... gehen wollen,
　　haben ... erlaubt; 6. habe gekonnt
　　b) 1. müssen, dürfen, wollen; 2. gekonnt, gewollt
　　c) Partizip II = Infinitiv; 2. Partizip II = gemusst, gedurft,
　　gewollt, gekonnt
Ü8　1. gewollt – können – dürfen, 2. dürfen – müssen – gemusst
Ü10　a)

...	Fachhochschule	Universität
19	Fachoberschule	
18	Berufsfachschule	
17	Berufsausbildung (Lehre)	
16	{G e s a m t s c h u l e}	
15		
14		
13	Hauptschule　Realschule	Gymnasium
12		
11		
10		
9	Grundschule	
8		
7		
6		

　　b) 1. 6/sechs; 2. 4/vier – Grundschule; 3. die Hauptschule – die
　　Realschule – aufs Gymnasium; 4. die Hauptschule – die Real-
　　schule; 5. Gymnasium; 6. 9/neun; 7. Hauptschule,

die Realschule; 8. das Gymnasium; 9. die Realschule;
10. die Gesamtschule

Ü12 Richtig: 2, 6; falsch: 1, 3, 4, 5

Ü13 a) 2. steigenden; 3. arbeitenden, kommenden; 4. vorübergehende; 5. funktionierendes, fehlenden; 6. sinkenden
b) 1. Verb + Endung -d- = Partizip I;
2. Partizip I beim Substantiv: Endungen wie das Adjektiv

Ü14 1. blühende, 2. rettenden, 3. führenden, 4. fehlenden,
5. erschreckenden, 6. bedeutende, 7. entscheidender

Ü15 1. Sie wollen nicht nur funktionierende Lern- und Arbeitsmaschinen sein. 2. Die Wirtschaft hat steigende Anforderungen an die Schule. 3. Wenn man eine weiterführende Schule
besucht, hat man mehr Chancen. 4. Die Gesellschaft hat
noch kein Rezept gegen die zunehmende Jugendarbeitslosigkeit gefunden.

Ü17 1. Dörthe Oberdieck, 2. in Düsseldorf, 3. 0211/4 37 09 84,
4. 16. April 1967, 5. Düsseldorf, 6. 1973, 7. 1977,
8. die (Wilhelm-Busch-)Grundschule, 9. Ratingen, 10. Dann /
Anschliessend / 1977, 11. Abitur, 12. Baumschulgehilfin,
13. der (Technischen) Fachhochschule (Berlin), 14. Biologie
und Geografie, 15. Düsseldorf

Ü18 2. Geburtsdatum, 3. Familienstand, 4. 1992 habe ich das
Abitur gemacht, 5. (von) 1993 bis 1996 habe ich eine
Ausbildung als Mediengestalter/in gemacht. 6. Seit 1997 bin
ich (als) Produzent(in) bei Radio Megaband (tätig).

Ü21 a) 1. für Akademiker, 2. letzten, 3. ausgebildete, 4. für kurze
Zeit, 5. vorbereitenden, 6. der Akademiker, 7. ..., die sich in
der Praxis schon bewährt haben
b) 1. Links: Adjektiv, Partizip I, Partizip II; 2. Rechts: Präpositional-Attribut, Genitiv-Attribut, Relativsatz

Ü22 a/b) 2. Die Zahl der Jungakademiker, ~~die nur einen zeitlich
begrenzten Vertrag bekommen,~~ nimmt zu. 3. Die Abnahme
~~von Arbeitsstellen~~ und die Zunahme ~~der Studenten und
Studentinnen an den Universitäten und Fachhochschulen~~
erhöhen die Zahl ~~der arbeitslosen Akademiker.~~ 4. Die Unternehmen stellen lieber Hochschulabsolventen ~~mit Berufs-
erfahrung~~ ein. 5. Viele Politiker und Leute ~~aus der Wirtschaft~~
beschreiben die Krise ~~des Bildungssystems,~~ aber niemand
hat bis jetzt die ~~rettende~~ Idee gehabt.

Ü23 a) (Vorschlag:) 1. in einem Taxi / auf einer Taxifahrt, 2. zum
Hauptbahnhof, 3. 15 Mark, 4. seit etwa 10 Jahren, 5. Jura,
6. Er hat sich damit abgefunden, dass er keine Stelle als Jurist
findet. Er ist froh, dass er wenigstens die Stelle als Taxifahrer
hat. 7. Ja, in den vergangenen zwei Jahren hat er über
100 Bewerbungen geschrieben. 8. Nein, weil viele danach/
nachher keine Stelle finden.

Ü24 Ihr Interviewpartner möchte im Gespräch etwas mehr ...
wissen: über Schul- und Berufsausbildung und die bisherige
Berufstätigkeit; was Ihre Stärken und Schwächen sind.
Stellen Sie Fragen, die Sie interessieren: Schwerpunkt der
Tätigkeit; was Sie bisher verdient haben oder welches Gehalt
Sie sich vorstellen. Wenn nicht, stellen Sie selbst die Frage;
... informieren Sie sich ein paar Tage nach dem Gespräch
über das Ergebnis.

Ü26 1. stimmlos, 2. stimmhaft, 3. stimmlos, 4. stimmlos, 5. stimmlos, 6. stimmhaft, 7. stimmhaft, 8. stimmlos

R4 b) rettenden, ausreichende, weiterführende, ausbildende, fehlenden, vorübergehende

Kapitel 27

Ü1 a) 1C: in der Straßenbahn, 2B: bei einer Stadtbesichtigung,
3A: beim Essen, 4D: im Zug
b) A: verwirrend, bedrohlich, beruhigend, verrückt, groß,
unbekannt, richtig, eng;
B) verrückt, lustig, verspielt, originell, toll;
C: kaputt, modern, Chaos, dekorativ;
D: absurd, faszinierend, originell, gut gemacht, klassisch

Ü6 ② Pinsel, ③ Farbe, ④ Stift, ⑤ Papier, ⑥ Bild, ⑦ Becher,
⑧ Leim

Ü7

„falsch"		richtig
1.	deiner Wohnung	deinem Atelier
2.	Skizzen	Bilder
3.	keine	wieder
4.	emotionalen	rationalen
5.	muss	kann
6.	Wirkung	Aussage
7.	Bleistift	Kohle
8.	schnell	langsam
9.	nicht	–
10.	kommen	bringen

Ü8 E1., D2., A3., C4., B5.

Ü9 a) die Kreide – der Ton – der Gips – das Farbpulver – das
Wasser – der Leim – das Papier – die Dachpappe – anrühren
– tauchen – mischen – malen
b) 1. Die Kreide wird (von ihr) selbst gemacht. 2. Die Kreide
wird (von ihr) angerührt. 3. Ton, Gips und Farbpulver werden
(von ihr) gemischt. 4. Die Kreide wird (von ihr) in den Leim ge-
taucht. 5. Die trockene Masse wird (von ihr) verdünnt.

Ü10 a/b) (Vorschlag:)

	Substantive:	Adjektive:	Verben:
flüssig	Anrühren, Wasser, Leimgemisch	verdünnbar wässrig fließend	anrühren, tauchen, (fließen, verdünnen)
fest	Kreide, Ton, Pulver, Gips, Pigmente	trocken	(trocknen)
hell	Licht, Ton, Gips, Helle(s)	hell	strahlen, leuchten
dunkel	Dunkel, Ton	schwarz, dunkel	(verdunkeln)

Ü12 a) Tisch – das ‚Super-Weiche' – die Landschaft – Felsen –
zwei/drei weiche Uhren – der Ast des Olivenbaums
b)

	Subj.	Verb	Ergän-zung	Angabe	Ergän-zung	(Verb)
1.	Das Bild	hat	den Titel „Die B. der E."			
2.	S. Dalí	hat	das Bild	1931		gemalt
5.	Das Bild	ist		wegen einem ... Erlebnis		entstan-den.
6.	Dalí	er-zählte		später einmal:		
7.	Wir	hatten		an die-sem Tag	unser A. mit einem ... C.	abge-schlos-sen.
10.	Diese Land-schaft	sollte	als H. für eine Idee			dienen.

	Angabe	Verb	Subj.	Angabe	Ergänzung
3.	In dieser Zeit	lebte	er		in Paris
		hatte	- - - - -	intensiv	Kontakt mit den Surrealisten. und
4.	Seit vielen Jahren	hängt	das Bild	in New York	im Museum of Modern Art.

Ü13

temporal: wann?	1931 – in dieser Zeit – später einmal – an diesem Tag
temporal: wie lange?	seit vielen Jahren
lokal: wo?	in Paris, in New York
modal: wie?	intensiv
kausal: warum?	wegen einem ... Erlebnis

Ü14 a) 1. in Paris; 3. einen wunderbaren Camembert, 4. über ein Bild, 5. eine Landschaft mit Felsen, 6. eine Idee, 7. eine Lösung, 8. zwei weiche Uhren, 9. dem Bild – den Titel
b) 1. seit ein paar Jahren, 2. mit seinen Freunden, 3. zum Schluss, 6. mit dem Bild, 7. Plötzlich, 8. wegen dem weichen Käse, 10. heute

Ü15 a) 1. eröffnen, 2. streichen, 3. verschicken, 4. aufhängen, 5. auspacken, 6. ausstellen, 7. verständigen, 8. abholen

Ü16 2. die eigene Kreideherstellung / die eigene Herstellung von Kreide; 3. die Anordnung von Elementen, 4. die Entwurfszeichnung, 5. die Skizzenbearbeitung / Bearbeitung von Skizzen, 6. die Bildbeschreibung, 7. die Stilveränderung, 8. die Verteilung von Licht und Schatten, 9. die Motivwiederholung / Wiederholung von Motiven, 10. die Bildersammlung / Sammlung von Bildern, 11. die Raumbeleuchtung

Ü17 a/b) (Vorschläge:) -MAL-: die Malerin – bemalt;
-FARB-: farbig – färbend;
-SPIEL-: spielen – abspielen – das Spiel – der Spieler – die Spielerin – die Spielerei – spielend – spielbar;
-UNTERNEHM-: unternehmen – das Unternehmen – der Unternehmer – die Unternehmerin – unternehmerisch – die Unternehmung;
-RED-: reden – zureden – einreden – der Redner – die Rednerin – die Rede;
-BILD-: das Bild – bilden – die Bildung – abbilden – das Abbild – die Abbildung – bildlich – gebildet – ausbilden – die Ausbildung – ausgebildet;
-ZEICHN-: zeichnen – die Zeichnung – der Zeichner – die Zeichnerin – abzeichnen – bezeichnen – die Bezeichnung – einzeichnen

Ü18 1. Maler – Malen, 2. Besucher – Besucherinnen, 3. Arbeiter – Unternehmer – Schweiger - Vielredner, 4. dem Essen und Trinken / des Essens und Trinkens, 5. Spieler – Erfinder – Könner, 6. Fehler – Betrachten

Ü20 a) 1F, 2C, 3B, 4A, 5D, 6G, 7E
b) (Vorschläge:) 1 – 4 – 6 – 2 – 7 – 3 – 5 / 1 – 6 – 2 – 3 – 4 – 7 – 5

Ü21 a) 1. A, 2. C, 3. A, 4. C, 5. A, 6. C, 7. B, 8. A
c) 1.8, 2.7, 3.6, 4.3, 5.4, 6.5, 7.1, 8.2

Ü24 Susanne|kam|mit sechzehn|nach Fribourg, || wo sie|ihre Matura|gemacht hat. || Später|hat sie zunächst|Sprachen| gelernt, || und dann|hat sie in England|Kunst studiert. || Nach ihrer Heirat|lebte sie mit ihrem Mann|in Oldenburg, || wo auch ihre Tochter|geboren wurde. || Sie arbeitete dort| als Lehrerin|und Künstlerin. || Neunzehn|hundert|drei| undneunzig|machte sie|in Passau|eine Ausstellung| mit dem Titel „Kapseln|und Schalen". |

Ü25 b) Das Motiv haben schon andere gemalt. Wer denn? Ich hab's in einer anderen Ausstellung gesehen. In welcher Ausstellung? Das Bild da kostet bestimmt viel Geld. Wie viel? Ich würde dieses Motiv ganz anders malen. Wie würdest du es denn malen? Ich würde es gerne in meinem Zimmer aufhängen. Warum? Dieses Blau gefällt mir gar nicht. Welches (Blau meinst du)?

Ü27 Langweilen Sie sich nicht? Ich? Wieso? Das ist doch ein blöder Film. Das finde ich aber gar nicht. Was gefällt Ihnen denn da dran? Na, halt die Action und so. Da haben Sie halt einen anderen Geschmack. Nun lassen Sie mich mal in Ruhe!

R4 b) Paul Klee wurde 1879 (in der Nähe von Bern) als Sohn eines Deutschen und einer Schweizerin (in der Nähe von Bern) geboren. 2. (Im Alter von 21 Jahren ging er) / (Er ging im Alter von 21 Jahren) nach München und besuchte ab 1900 (an der Akademie) die Malklasse von Franz Stuck (an der Akademie). 3. (In den folgenden Jahren machte er) / (Er machte in den folgenden Jahren) längere Reisen nach Italien und nach Paris. 4. (Nach seiner Hochzeit mit Lily Stumpf kehrte er 1906) / (1906 kehrte er nach seiner Hochzeit mit Lily Stumpf) nach München zurück. 5. In den folgenden Jahren lernte er Künstler aus der Gruppe „Der Blaue Reiter" kennen.

Kapitel 28

Ü1 a) Zu hören sind: 1., 3., 5.; 7., 9., 12.; 13., 15., 18.
b) (Vorschläge:) Bauer: Tiere füttern – Produkte erzeugen – Gemüse ernten – Waren transportieren;
Krankenschwester: Medikamente austeilen – Fieber messen – Kranke waschen – die Patienten pflegen – Kranken helfen – Fragen stellen;
Politikerin: Stellung nehmen – am Schreibtisch sitzen – Interessen vertreten – ein Streitgespräch führen – debattieren – Gesetze beschließen

Ü2 a) (Vorschläge:) Polizistin: Verdächtige festnehmen – Vermisste suchen – Fragen stellen – den Verkehr regeln;
Sportlerin: an den Start gehen – trainieren – einen Rekord brechen;
Musiker: ein Instrument spielen – ein Musikstück auswendig lernen – das Publikum begeistern;
Bäcker: Brot backen – einen Lehrling einstellen;
Arzt: Fieber messen – am Schreibtisch sitzen – eine Diagnose stellen – Kranken helfen – Fragen stellen – ein Rezept schreiben

Ü3 a) A: 2, 5, 7; B: 3; C: (1), 4, 8; D: (3), 6; E: 1; F: 7; G: 8; H: 5, 7

Ü6 a) Substantive: Sensibilität – Hilfsbereitschaft – Kreativität – Phantasie; Adjektive: kreativ – flexibel; Verb: kommunizieren
b) 1. Intuition – intuitiv, 2. Phantasie – phantasievoll, 3. Kreativität – kreativ, 4. Sensibilität – sensibel, 5. Hilfsbereitschaft – hilfsbereit, 6. Nachdenklichkeit – nachdenklich, 7. Erfahrung – erfahren, 8. Selbstsicherheit – selbstsicher, 9. Kommunikation – kommunikativ, 10. Flexibilität – flexibel
c) feminin

Ü12 richtig: 1, 5, 7, 8, 9, 10; falsch: 2, 3, 4, 6

Ü13 a) 2. daran (= an eine unregelmäßige Arbeitszeit) – damit (= mit der unregelmäßigen Arbeitszeit), 3. darüber (= über die Verspätung), 4. auf sie (= auf die Fahrgäste)
b) Person: 1, 4; Sache: 2, 3
c) 1. „da(r)-" + Präposition, 2. „wo(r)-" + Präposition, 3. Präposition + Personalpronomen
d) 1. denken an, 2. sich gewöhnen an – leben mit, 3. sich ärgern über, 4. warten auf

Ü14 1. darauf, 2. an ihn, 3. darauf, 4. Woran, 5. darüber, 6. darüber, 7. darauf, 8. damit/darüber, 9. vor ihm

Ü15 a) Thema: Motivation am Arbeitsplatz;
Mitarbeiter(innen) aus: Produktion, Verwaltung, Export/Import;
1. Entschuldigung: Frau Schöller;
2. Ziel des Tages: besser und effizienter arbeiten, sich (im Berufsalltag) wohler fühlen;
3. Vorgehen: zuerst Vor- und Nachteile notieren, dann Diskussion
b) (Vorschlag:) Lärm und Stress – 50%-Stelle bisher unmöglich – kein Vertrauen – zu viel Kontrolle – zu wenig miteinander reden – Rauchen stört andere – zu viele Formulare/Papiere – wenig Weiterbildung – unregelmäßige Arbeitszeit – viele Reisen

Ü16 a) 1. diskutieren über, 2. Angst haben vor, 3. sich freuen über
b) 1. darüber = wie sie besser und effizienter arbeiten können, 2. davor = arbeitslos zu werden, 3. darüber = dass alle ehrlich geantwortet haben
c) Hauptsatz

Ü17 1. Wovon träumen viele immer noch? – Sie träumen davon, viel Geld zu verdienen. 2. Worüber beschweren sich die Mitarbeiter (heute) nicht mehr? – Sie beschweren sich nicht mehr darüber, dass sie zu viel arbeiten müssen. 3. Worauf hoffen die Deutschen? – Sie hoffen darauf, dass es der Wirtschaft besser geht. 4. Worüber wird im Fernsehen viel gesprochen? – Im Fernsehen wird viel darüber gesprochen, wie die Berufe der Zukunft aussehen.

Ü18 der Zweifel an + DAT: zweifeln an + Dat
die Erinnerung an + AKK: (sich) erinnern an + AKK
die Antwort auf + AKK: antworten auf + AKK
die Hoffnung auf + AKK: hoffen auf + AKK
die Reaktion auf + AKK: reagieren auf + AKK
der Dank für + AKK: danken für + AKK
die Entschuldigung für + AKK: sich entschuldigen für + AKK
das Interesse für + AKK: (sich) interessieren für + AKK
die Beschäftigung mit + DAT: (sich) beschäftigen mit + DAT
der Vergleich mit + DAT: vergleichen mit + DAT
der Ärger über + AKK: sich ärgern über + AKK

die Freude über + AKK: sich freuen über + AKK
die Diskussion über + AKK: diskutieren über + AKK
das Gespräch über + AKK: sprechen über + AKK
die Verhandlung über + AKK: verhandeln über + AKK
die Bitte um + AKK: bitten um + AKK
der Traum von + DAT: träumen von + DAT
die Furcht vor + DAT: sich fürchten vor + DAT

Ü19 1E, 2B, 3A, 4F, 5C, 6D

Ü20 a) „werden" + Partizip II
b) 1. werden … arbeiten, 2. wird … verkürzt, 3. wird … werden, 4. werden … wechseln müssen, 5. wird … kaufen können, 6. aussehen wird

Ü25 Ihr Stellen|angebot:|Direktionsassistentin|im Stadtbüro|
Ihrer Fluggesellschaft||

Sehr geehrte|Damen|und Herren,||

hiermit|bewerbe ich mich|für die|von Ihnen ausgeschriebene|
Stelle.||Ich interessiere mich|seit langem|für den Tourismus|
und kenne mich|in Arbeitsbereichen|wie Reservierung|und
Buchung|gut aus.||Wie Sie|in meinem Lebenslauf|sehen
können,||habe ich praktische Erfahrung|in Betriebsorganisa-
tion,|Management|und Kommunikation.||Ich spreche|und
schreibe|fließend|Englisch|und Französisch,||kann mich aber
auch|auf Spanisch|und Italienisch|verständigen.||Zur Zeit|
besuche ich|einen Russisch-|Sprachkurs.||Ich halte mich|
für einen kontaktfreudigen|Menschen.||Der Umgang|
mit Menschen|aus verschiedenen Ländern|macht mir Freude;||
deshalb|möchte ich mich auch|in meinem Beruf|neu
orientieren.||Ich bin es gewöhnt,||selbständig|zu arbeiten;||
aber|ich arbeite|auch gerne|im Team.||Wie Sie sehen,|
habe ich|an mehreren Kommunikations-|und Marketing-
seminaren|teilgenommen.||

Ich möchte auch erwähnen,||dass ich mich|in der neuesten|
Computer-Software|auskenne.||

Über Ihre Einladung|zu einem persönlichen|Gespräch|
würde ich mich freuen.||

Mit freundlichen Grüßen||

R3 a) einige, beim, für, diesen, mich, für, damit, mit, mit, über alle möglichen, darüber, von, darauf, auf meine, mich, für einen großen

Kapitel 29

Ü1 a) A3, B2, C1, D4, E5, F7, G8, H6
b) Kaffeehaus – Schrammelmusik – Ziehharmonika – Zithermusik – Donauwalzer – Pferdekutsche – Rundfahrt – Wien-Touristen – Radetzky-Marsch – Donaumonarchie

Ü4 b)

Texte	Fotos im AB, Ü3	Fotos im LB, A1–A3
Ringstraße	⑤	
Volksgarten	①, ③	①, ③
Secession		②
Der Prater	②	⑤
Schloss Schönbrunn	④	
Haas-Haus		⑥
Hofburg / Neue Burg / Heldenplatz	⑤	
Staatsoper		⑥
Stephansdom		④, ⑥

Ü6 1. Station: Oper/Staatsoper;
2. Station: Burgring / Kunsthistorisches Museum – Samm-lung/Bilder aus Prag;
3. Station: Dr.-Karl-Renner-Ring / Naturhistorisches Museum –
● Wo muss ich denn aussteigen zum Volksgarten?
○ … Was wolln's denn machen im Volksgarten?
● Ich suche das Sissi-Denkmal.
○ No, da fahren's am besten bis zur Burg, bis zum Burg-theater, und dort gehen's beim Eingang gleich nach links, …
4. Station: Stadiongasse/Parlament – 1B, 2B;
5. Station: Rathausplatz/Burgtheater.

Ü7 1B, 2D, 3E, 4A, 5C / 6G, 7F, 8I, 9J, 10H / 11L, 12M, 13N, 14K, 15O

Ü8 a/b) … dass man vom Riesenrad aus eine prachtvolle Aus-sicht auf Wien habe und vom Aussichtspunkt des Stephans-doms könne man die ganze Stadt bewundern – Und tatsäch-lich, das kann man!
… sie zähle zu den attraktivsten Straßen der Welt. – Es ist tatsächlich beeindruckend.
… sie seien so höflich. – Die sind wirklich so!
… in Wien würden alle ein bisschen Theater spielen – Bei der Kulisse ist das kein Wunder!

Ü9 a) Ind. Präs: er/es/sie: ist – hat – gibt – kann; sie/Sie (Pl.): sind;
Konj. I: er/es/sie: sei – habe – gebe – könne; sie/Sie (Pl.): seien
b) ich gebe; wir haben/geben/können; sie/Sie haben …
c) Formen: -e; Ausnahme: sein;
Verwendung: 3. Person;
Ersatz des Konjunktiv I: gleich wie der Indikativ Präsens; verwendet man „würd-"

Ü10 2. sie könnten, 3. er habe, 4. wir seien, 5. er spiele, 6. sie könne, 7. sie zähle, 8. wir hätten, 9. er müsse, 10. du gebest, 11. ich sei, 12. es werde, 13. sie würden spielen, 14. ich würde zählen

Ü11 1. sei, 2. seien, 3. hätten, 4. seien, 5. hätten, 6. hätten, 7. hätten, 8. habe – könne, 9. werden würde, 10. habe, 11. sei – habe

Ü12 Wann? Zeitangaben: am frühen Vormittag – 365 Tage im Jahr – von früh bis spät;
Wer? Publikum: Schachspieler – Kartenspieler – Gäste, die fernsehen wollen – Schüler – Studenten – Berufstätige – Pensio-nisten – bunt gemischt – Tagespublikum – Nachtpublikum – vornehme Gesellschaft weniger;
Was? Aktivitäten: Zeitung lesen – Kaffee trinken – plaudern – Schach spielen – Karten spielen – fernsehen;
Wie? Atmosphäre: angenehm und unaufdringlich – einfach – vollkommen ungestört – lebendig – viel los

Ü13 (Vorschläge:) Nase/Mund: frische Blumen – Mehlspeisen – Kuchen – Strudel – Kipferl – Kaffee trinken – Glas Wasser – Ecke für Nichtraucher;
Ohren: man hört gedämpfte Musik – manchmal hört man das Rascheln von Zeitungen – der Ober begrüßt die Gäste sehr freundlich – die Leute sind friedlich – einige spielen Karten und lachen laut;
Augen: frische Blumen – an den Wänden hängen schöne Bilder – in einem Extrazimmer kann man auch fernsehen – andere spielen konzentriert Schach;
Hände / Tasten: gemütliche Sessel stehen um glatte Marmor-tische – zum Kaffee wird immer ein Glas Wasser serviert – andere spielen konzentriert Schach

Ü14 Richtig: B, C, E; falsch: A, D, F, G

Ü15 1G/E, 2D, 3F, 4B, 5A/B, 6C, 7E / 8K, 9N, 10I/H, 11M, 12H, 13J, 14L

Ü17 a) (Vorschläge:) A: 1., (3); B: 2., 5., 7.; C: (1.), 3., 4., 5.

Ü20 Adolf Hitler verkündete …, … rief der Führer; André Heller meinte …; Elie Wiesel erinnerte daran, dass … / bat seine Zuhörer …

Ü21 a) 2. hören / lesen, 3. erzählt/antwortet/sagt, 4. fragt, 5. sagt/antwortet, 6. beklagen sich / kritisieren/erzählen/ behaupten, 7. behaupten/sagen, 8. erinnert
b) A: 3, 5; B: 4, 6; C: 1, 2, 8

Ü22 a) Das britische Königshaus reagierte … – Der Schriftsteller F. F. lobte … / erklärte er … – Gegner forderten …

Ü23 Trick: 2, zwei: 3, Zeichnung: 2, Tradition: 2, Tschechisch: 2,
Träne: 2, zwar: 3, treffen: 2, Klasse: 2, quer: 2, kritisch: 2,
Klo: 2, Café: 1, krank: 2, Quadrat: 2, Chor: 1, Spaß: 2,
spritzen: 3, Schriftsteller: 2, Strichpunkt: 3, schlecht: 2,
selbstsicher:1, sprechen: 3, schwärmen: 2

Ü24 a) beispielsweise: 2, sprichwörtlich: 2, Teilzeitjob: 3,
Nachtzuschlag: 4, Kunsthandwerk: 4, Lieblingsbild: 3,
Arbeitsteilung: 3, selbstsicher: 5, zweisprachig:
3, trotzdem: 3, Streichquartett: 3, Arzthelferin: 5

Ü25 a) du kannst, du darfst, du denkst, du bückst dich, du möchtest, du definierst

R2 b) sei ... gewesen, sei ... gewesen. (Formulierungsbeispiele
für weiteren Brief:) Die Sonne habe geschienen. Sie hätten in
einem Hotel im Zentrum gewohnt. Es sei ein schönes Hotel
gewesen. Insgesamt sei es in Wien wunderbar gewesen. Sie
sei(en) mit dem Fiaker gefahren, in der Oper gewesen. Sie
hätte(n) Walzer getanzt, sei(en) jeden Tag im Kaffeehaus
gewesen und sei(en) auf den Stephansdom gestiegen. Sie
seien nur von Freitag bis Sonntag in Wien gewesen. –
Es habe die ganze Zeit geregnet. Das Hotel sei am Stadtrand
gewesen, und es sei sehr schlecht gewesen. Insgesamt sei es
ganz schön gewesen. Sie seien gar nicht mit dem Fiaker
gefahren, weil Carla Angst vor Pferden habe. Carla könne
nicht tanzen. Die Oper sei ausverkauft gewesen. Sie seien
nur einmal im Kaffeehaus gewesen; und auf den Stephansdom
seien sie nicht gestiegen, weil Carla unsportlich sei.

Quellenverzeichnis für Texte und Abbildungen

Seite

4   Fotos: 1–3 T. Scherling, 4 M. Müller

5   Tages-Anzeiger Zürich 16.7.1996, Text Annelies Friedli, Martin Huber (gekürzt und vereinfacht); Fotos: Beat Marti

9   Fotos: A: dpa/ZB Siegbert Heiland; B: bonnsequenz, Hans Windeck; C: dpa/A. Achim Scheidemann; D: Volker Derlath, Süddeutscher Verlag, Bilderdienst; E: TCL/Bavaria

10   Foto: o. r. Julia Reidel-Wiedmann, Maulberg

12   Hans Manz, Mit Wörtern fliegen, 1995 Beltz Verlag, Weinheim und Basel, Programm Beltz & Gelberg, Weinheim

14   Fotos: Susanne Busch, München

15   Foto: Yves Klein, Der Sprung in die Leere, © VG Bild-Kunst, Bonn 1997

22   Karte und Fotos: © Mondorama Reisen AG

23   Eugen Gomringer, Ideogramm, Erstdruck 1953 in „Konstellationen", Bern

25   Foto: L. Wertenschlag

26   Foto: M. Müller

30   Fotos: o. r. AP Photo/Lohmann; u. l. Dirk Hoppe/Netzhaut; u. r. Süddeutscher Verlag, Bilderdienst

31   Foto: Michael von Graffenried, Paris

34   Fotos: A: T. Scherling; B: Susanne Busch, München

35   Abb.en: 1 © World Wide Fund for Nature; 2 Christophe Vorlet, Troy, USA

38   Foto: Bernhard Lochmatter, Ried-Brig

40   Foto: Peter Schlecker

41   Scherenschnitt: © P. Rusch

45   Foto: T. Scherling

47   Fotos: o. l. Udo Thomas/GARP; u. l. Süddeutscher Verlag, Bilderdienst; u. r. Brigitte Müller

48   Foto: M. Müller

50   Fotos: 1 Gidal-Bildarchiv im Steinheim Institut; 2–4 Süddeutscher Verlag, Bilderdienst

51, 54 Fotos: M. Müller

55   Fotos: o. M. Müller, u. Heinz Gebhardt, Süddeutscher Verlag, Bilderdienst

57   Fotos: l. Süddeutscher Verlag, Bilderdienst; M. Beyerlein, Süddeutscher Verlag, Bilderdienst; r. Süddeutscher Verlag, Bilderdienst

58   Text (gekürzt und vereinfacht) Hussain Waseem und Fotos aus: Brückenbauer 31, 31.7.1996, S. 7–8; Fotos: Roland Tännler, Zürich

59   Foto: T. Scherling

60   Foto: Walter Bieri; Text gekürzt und vereinfacht aus: SonntagsZeitung, 28.7.1996, S. 25

63   Fotos: Susanne Busch, München

64   TV-Programm aus: TV Plus, Zürich

66   Foto: Felix Weber, Zürich, und Text (gekürzt und vereinfacht nach Emil Zopfi) aus: Die Weltwoche Nr. 35, 29.8.1996, S. 27

70   Günter Kunert, Leute

71   Fotos: C. Gick

76   Ü17 nach: „Raster zur Selbstbeurteilung" in „Sprachenportfolio". Entwurf für ein europäisches Fremdsprachenportfolio, hg. von der schweizerischen Arbeitsgruppe 'Cadre de référence pour l'évaluation en langues étrangères', Fribourg, Institut für deutsche Sprache 1996

78   Fotos: Nikolaus Walter

80   Fotos: Elio Lanari, Fribourg

84   Lilian Faschinger, Text und Abb. aus: „Frau mit drei Flugzeugen", © 1993 by Verlag Kiepenheuer & Witsch, Köln

85   Hans Baumann, Spur im Sand, aus: Hans-Joachim Gelberg (hg.), Überall und neben dir, 1986 Beltz Verlag, Weinheim und Basel, Programm Beltz & Gelberg, Weinheim

88   Fotos: l. Uli Steiner; r. Susanne Busch, München

91   Abb. aus Prospekt G. Riedo AG, Haushalt/Spielwaren, CH-Düdingen

93   Abb.: Merkur, Schweiz

98   Ü9: Texte gekürzt und überarbeitet nach: René Frick/Werner Mosimann, Lernen ist lernbar. Eine Anleitung zur Arbeits- und Lerntechnik. Sauerländer. 1994

100 Berufe mit Zukunft, nach: Spiegel special 11/1996, S. 122ff.

105 Fotos: 1–3 T. Scherling; 4 David Hockney, „Art Car", 1995, mit frdl. Genehmigung von BMW, München

106 Foto: Heinz Wilms, © Sigrid Wilms, Bad Zwischenahn-Ofen

108 Salvador Dalí, Die Beständigkeit der Erinnerung, © Demart pro arte B.V. / VG Bild-Kunst, Bonn 1997

112 Heinrich Heine, „Weltlauf", aus: Romanzero, Zweites Buch, Lazarus

113 Abbildungen: Jess Walter, Romantische Gefühle

114 Fotos von oben nach unten: Müller-Güll/Bavaria; Shot/Bavaria; Karl-Heinz Hug, Oberbalm/Schweiz

122 Fotos: Shot/Bavaria; Karl-Heinz Hug, Oberbalm/Schweiz; Thomas Etschmann, München; Michael Seifert, Hannover; Picture Cre/Bavaria; Rainer Binder/Bavaria

123 Abb.en: 1 „Sissi"-Filmplakat, UFA; 2, 3, 5 P. Rusch, 4 Österreich-Werbung, Wiesenhofer; 6 © Wiener Staatsoper

125 Stadtplan Wien, Hg. Wiener Tourismusverband, © Freytag-Berndt und Artaria-maps

127 Foto Ernst Jandl: fotografische Inszenierung zu „Ottos Mops", © Werner Bern, Berlin

128 Fotos: A P. Rusch; B Burgtheater Wien; C Gerhard Deutsch; Foto u. Bettina Flitner, Mein Denkmal

129 Text „Ein Drittel gegen Monarchie", gekürzt aus: Berner Zeitung, 9.1.1997

130 Text Ü24, Bewerbungstraining: VHS München; Robert Gernhardt, Immer, aus: Weiche Ziele. © 1994 by Haffmans Verlag AG Zürich

Alle anderen Abbildungen: Theo Scherling

In einigen wenigen Fällen ist es uns trotz intensiver Bemühungen nicht gelungen, die Rechteinhaber zu ermitteln. Für entsprechende Hinweise wären wir dankbar.

MEMO zeigt, wie kurz-
weilig und abwechs-
lungsreich Wortschatz-
lernen sein kann.
Gedächtnisfreundliche
Übungsformen und
individuelle Lernstrate-
gien ermöglichen den
persönlichen Lernerfolg.

MEMO ist konzipiert für
jugendliche und er-
wachsene Lerner mit Vor-
kenntnissen und enthält
neben diesem neuartigen
Wortschatztraining
vielfältige Übungs-
möglichkeiten zu den 4
Fertigkeiten Hören, Lesen,
Sprechen und Schreiben im
Hinblick auf das Zertifikat
Deutsch als Fremdsprache.

MEMO eignet sich für
Selbstlerner und den
Kursunterricht und ist auch
einsetzbar in der Wieder-
holungsphase am Anfang
der Mittelstufe.

Lehr- und Übungsbuch
200 Seiten,
3-468-49791-1

Audiocassette 100 Min.
3-468-49792-X

Lernwortschatz
in verschiedenen Sprachen,
bis zu 128 S.

MEMO beschreitet auch
im Bereich Landeskunde
ganz neue Wege mit
Berücksichtigung der 3
deutschsprachigen Länder,
Österreich, Schweiz und
Deutschland.

Postf. 40 11 20 · 80711 München · Tel. 0 89/360 96-0